INHALT
Jahrbuch Polen 2016
Minderheiten

3		Einführung
		Essays
7	Hans-Jürgen Bömelburg	Polens plurales und multikulturelles Erbe
19	Lech M. Nijakowski	Die Politik des polnischen Staates gegenüber den nationalen und ethnischen Minderheiten
39	Jan Sowa	Das einsame Lebensgefühl
49	Andrzej Kaluza / Peter Oliver Loew	Nationale und ethnische Minderheiten in Polen. Ein Überblick
61	Marcin Wiatr	Deutsch sein in Polen
73	Michał Smolorz / Piotr Semka	Das Wesen des Oberschlesischen. Ein Streitgespräch
85	Zbigniew Kadłubek	Eine neue Minderheit? Eigensinn und Traum der Oberschlesier
95	Irena Wiszniewska	„Illegal im Reich der Geister". Jüdisches Leben im heutigen Polen
107	Bella Szwarcman-Czarnota / Irena Wiszniewska	Wiegenlieder in Jiddisch. Ein Gespräch
125	Bohdan Osadczuk / Basil Kerski / Andrzej St. Kowalczyk	Polnisch-ukrainische Beziehungen. Ein Gespräch
139	Sokrat Janowicz	Eine nationale Minderheit zu sein erfordert Charakter
147	Andriy Korniychuk / Anna Piłat / Justyna Segeš Frelak	Zur Situation der Polonia in den Nachbarländern Polens
173	Joanna Erbel	Auf dem Weg zur heterogenen Metropole. Öffentliche Kunst und Minderheitenkunst in Warschau
185	Maciej Gdula	Freiheitliche Bewegungen in der jüngsten Geschichte Polens
		Reportage
201	Matthias Kneip	Reise in Ostpolen
223		Reise in Westpolen
		Anhang
227		Autoren und Übersetzer
231		Bildnachweis

Jahrbuch Polen 2016
Band 27 / Minderheiten

Herausgegeben vom Deutschen Polen-Institut Darmstadt
Begründet von Karl Dedecius
Redaktion: Dr. Andrzej Kaluza (konzeptionelle Verantwortung), Benjamin Voelkel
www.deutsches-polen-institut.de

Die Bände 1–6 des Jahrbuchs erschienen unter dem Titel „Deutsch-polnische Ansichten zur Literatur und Kultur", die Bände 7–16 unter dem Titel „Ansichten. Jahrbuch des Deutschen Polen-Instituts Darmstadt".

Das *Jahrbuch Polen* erscheint jeweils im Frühjahr.

Zu beziehen über den Buchhandel oder beim Verlag: verlag@harrassowitz.de
Einzelpreis € 11,90, Abonnementspreis € 9,–

Gedruckt auf alterungsbeständigem Papier
Layout: Tom Philipps, Darmstadt, und Willi Beck, Dachau
Umschlagabbildung: Joanna Furgalińska
Abbildungen s. Bildnachweis
Satz: Adam Pituła
Druck und Verarbeitung: Memminger MedienCentrum AG
Printed in Germany
www.harrassowitz-verlag.de

Das Deutsche Polen-Institut dankt der Merck KGaA für die Unterstützung des Projekts *Jahrbuch Polen*.

ISSN 1863-0278
ISBN 978-3-447-10557-6

Einführung: Vom Vielvölkerstaat zum homogensten Volk Europas

Noch am Vorabend des Zweiten Weltkriegs gehörte mehr als ein Drittel der Bevölkerung Polens nationalen Minderheiten an. Die junge Republik, um deren Grenzverläufe noch nach dem Ersten Weltkrieg gekämpft wurde, beanspruchte das territoriale Erbe der Polnisch-Litauischen Union, deren Gebiet einst weit nach Osten reichte. Millionen von Ukrainern, Weißrussen, Juden und Deutschen wurden in der Zwischenkriegszeit zu polnischen Bürgern. Ihre Rechte als Minderheiten wurden durch die Verfassung und internationale Abkommen bestimmt. Allerdings führte der polnische Wunsch, sich als Nationalstaat zu verstehen und zu behaupten, zunächst nicht zu großzügigen Freiheiten für die nationalen Minderheiten. Im Gegenteil: Trotz der entgegenkommenden Haltung des Staatsgründers Józef Piłsudski wurden die Minderheiten von ihren Gegnern aus dem nationalistischen Lager (Endecja) immer mehr aus dem politischen und gesellschaftlichen Leben verdrängt. Angesichts der zahlreichen Probleme reagierte der Staat nervös: Bei Grenzkonflikten, Zollkriegen etc. wurden Minderheiten nicht selten zu Sündenböcken erklärt. So wurden soziale Proteste in den ukrainischen Siedlungsgebieten gewaltsam niedergeschlagen, antisemitische Gesetze erlassen, Angehörige der deutschen Minderheit pauschal als Handlanger Deutschlands betrachtet, Grenzkonflikte heraufbeschworen und sogar Gebiete annektiert (Teile Litauens und der Tschechoslowakei). Die Vertreter der Minderheiten standen ihrerseits dem neu erstandenen polnischen Staat größtenteils distanziert gegenüber. Im Zweiten Weltkrieg schließlich wurde die polnische Gesellschaft entlang der (rasse-)politischen Interessengrenzen brutal gespalten: Deutsche und sowjetische Besatzer privilegierten die einen und unterdrückten die anderen Bevölkerungsgruppen auf dem eroberten Territorium.

Nach den schrecklichen Erfahrungen des Zweiten Weltkriegs – der grausamen deutschen Besatzung, dem Holocaust, dem ukrainischen „Banden"-Krieg, der Kollaboration vieler Volksdeutscher, Weißrussen, Ukrainer und Litauer mit dem Nazi-Regime – überwog die Überzeugung, dass das neue Polen nun als homogener Nationalstaat wiedererstehen müsse. Ein Zusammenleben mit den Deutschen schien nicht mehr möglich, Millionen von ihnen flohen vor der Front oder wurden nach dem Krieg vertrieben. Ebenfalls wurden die im Lande verbliebenen Ukrainer und Lemken für die Verbrechen der Ukrainischen Aufstandsarmee (UPA) an Polen verantwortlich gemacht und in der „Aktion Weichsel" über das ganze Land verstreut. Die beinahe vollständig vernichtete jüdische Gemeinschaft, vor dem Krieg weltweit die zweitgrößte innerhalb eines einzelnen Nationalstaates, machte sich daran, Polen zu verlassen. Die wenigen geretteten Roma wurden schon bald zur Aufgabe ihres traditionellen Wanderlebens gezwungen. Und schließlich mussten die „autochthonen" Bevölkerungsgruppen in den neuen West- und Nordgebieten (Oberschlesier, Masuren) sich nun für die polnische Nationalität entscheiden und den deutschen Teil ihrer Biografie offiziell ablegen. Sie nutzten immer wieder die Chance, das Land im Rahmen der sogenannten Familienzusammenführung als Aussiedler in Richtung Bundesrepublik Deutschland (anfangs auch der Deutschen Demokratischen Republik) zu verlassen.

Heute lebt in Polen nur noch ein Bruchteil dieser einst sehr bedeutsamen Volksgruppen. Die Ergebnisse der Volkszählung von 2002 und 2011 sind insgesamt ernüchternd. Nur etwa 1,5 Prozent der polnischen Bevölkerung gehören heute nationalen und ethnischen Minderheiten an. Was hat uns also bewogen, gerade diesen „marginalen" Gruppen das aktuelle *Jahrbuch Polen* zu widmen?

Dafür gibt es mehrere Gründe: Das demokratisch-pluralistische Polen bekennt sich seit dem politischen Umbruch der Jahre 1989/90 zu seinen Minderheiten. Bereits 1990 setzte der Sejm einen Minderheitenausschuss ein, der die polnische Politik gegenüber den Minderheiten in den zurückliegenden Jahrzehnten kritisch unter die Lupe nahm und im Jahr 2005 die Annahme eines Minderheitengesetzes bewirkte. Auch die polnische Verfassung von 1997 gewährleistet „polnischen Staatsangehörigen, die nationalen und ethnischen Minderheiten angehören, die Freiheit der Erhaltung und der Entwicklung der eigenen Sprache, der Erhaltung von Bräuchen und Traditionen sowie der Entwicklung der eigenen Kultur" (Art. 35,1). Und weiter: „Nationale und ethnische Minderheiten haben das Recht auf Bildung eigener Ausbildungs- und Kultureinrichtungen sowie der Einrichtungen, die dem Schutz der religiösen Identität dienen. Sie haben auch das Recht an Entscheidungen in solchen Angelegenheiten beteiligt zu werden, die ihre kulturelle Identität betreffen"[1] (Art. 35,2). Insgesamt kann von einer für Minderheiten erfreulichen Entwicklung der Gesetzgebung, aber auch von einer zunehmenden Aufmerksamkeit der Politik gesprochen werden. Gerade in Hinblick auf die Anerkennung der Deutschen in Oberschlesien als nationale Minderheit und die anfänglichen Berührungsängste auf beiden Seiten kann man die Situation heute als verhältnismäßig entspannt bezeichnen, auch wenn hier und da Probleme auftauchen. Der polnische Staat stellt nicht unerhebliche Finanzmittel bereit, um seiner Verpflichtung nachzukommen, die kulturelle und nationale Identität der Angehörigen nationaler und ethnischer Minderheiten zu bewahren.

Doch nicht nur die Politik, sondern auch die polnische Öffentlichkeit zeigt sich offen und interessiert. Institutionen, die sich der Förderung von Minderheiten annehmen, etwa das Haus der Deutsch-Polnischen Zusammenarbeit in Gleiwitz oder das Kaschubische Institut in Danzig, Stiftungen wie Fundacja Shalom, internationale Begegnungshäuser oder zahlreiche NGOs wie Borussia in Allenstein setzen mit Ihren Dialog-Angeboten (Publikationen, Veranstaltungen) Maßstäbe für die erfolgreiche Arbeit als Brückenbauer zwischen der Mehrheit der polnischen Bevölkerung und den Minderheiten. Apropos Mehrheitsbevölkerung: Dass sich heute 98 Prozent der Landeseinwohner für ethnische Polen halten, ist auch das Ergebnis zahlreicher, zumeist freiwilliger Assimilationstendenzen seit der Mitte des 19. Jahrhunderts, als die modernen europäischen Nationen entstanden. Auch wenn die Polen damals keinen eigenen Staat hatten, so übten sie ausreichend Anziehungskraft auf die nichtpolnischen Bevölkerungsteile aus, weshalb sehr viele von ihnen heute als vollständig polonisiert gelten. Viele Deutsche, Juden, Litauer oder Tataren stehen beispielhaft für diese Entwicklung. Heute weisen nur noch manche für „polnische" Ohren fremd anmutende Nachnamen (etwa bei bekannten Schauspielern wie Alek-

---

1 Verfassung der Republik Polen, http://www.sejm.gov.pl/prawo/konst/niemiecki/niem.htm (20.01.2016).

sander Bardini, Jerzy Stuhr, Borys Szyc, Adam Ferency oder Wojciech Mecwaldows-
ki) auf eine fremdländische Herkunft hin.

Das aktuelle *Jahrbuch Polen* setzt sich mit historischen wie gegenwärtigen Entwick-
lungen der in Polen ansässigen Minderheitengruppen, -strukturen und -identitäten
auseinander. Hans-Jürgen Bömelburg beschwört das Erbe der multikulturellen
Rzeczpospolita und leitet daraus Handlungsempfehlungen für die gegenwärtige
Flüchtlingspolitik Polens ab. Der Autor Jan Sowa überlegt, wie es ist, das historische
Erbe der kulturellen Vielfalt gewaltsam verloren zu haben, was die neue Lebens-
realität in Polen nach 1945 kennzeichnete. Lech Nijakowski erklärt die rechtliche
Lage der Minderheiten aufgrund der Entwicklung der polnischen Gesetzgebung. Es
folgen Beiträge, die verschiedene Minderheitengruppen in Polen charakterisieren,
aber auch die Lage der polnischen Minderheit (Polonia) in den Nachbarländern
Polens sowie in den Nachfolgerepubliken der Sowjetunion beleuchten. Mehrere
Autoren beschäftigen sich mit einzelnen nationalen bzw. ethnischen Gruppen,
es können dabei jedoch nicht alle Entwicklungen gleichermaßen ausführlich in
den Blick genommen werden. Das Jahrbuch konzentriert sich auf die Entwicklung der Deutschen (Beitrag von Marcin Wiatr), der Juden (Irena Wiszniewska),
der Weißrussen (Sokrat Janowicz) und der den Status einer ethnischen Gruppe
beanspruchenden Oberschlesier (Zbigniew Kadłubek), während die Lage der Roma
im Beitrag von Lech Nijakowski ausführlicher behandelt wird. In den Interviews
stehen Fragen nach der Identität von Juden (Bella Szwarcman-Czarnota), der Streit
um die oberschlesischen Befindlichkeiten (Michał Smolorz/Piotr Semka) oder die
polnisch-ukrainischen Beziehungen (Bohdan Osadczuk) im Mittelpunkt.

Minderheiten beschränken sich natürlich nicht auf ethnische und nationale
Gruppen, sie stoßen mit aller Kraft bis in die Mitte der Gesellschaft vor und lassen
die vorhandenen gesellschaftlichen Strukturen entweder langsam erodieren oder
schnell und gewaltsam zerfallen. Maciej Gdula zeigt am Beispiel der demokratischen Opposition, der radikalen pazifistischen, feministischen, ökologischen und
LGBT-Bewegungen, die heute zwar noch nicht die dominierenden politischen
Diskurse darstellen, zu denen aber mittlerweile alle politischen Akteure Stellung
beziehen müssen, wie sich freiheitlich gesinnte gesellschaftliche Bewegungen seit
den 1970er-Jahren immer mehr Gehör in der polnischen Öffentlichkeit verschafften. Einen spannenden Beitrag über Warschauer Kunstprojekte und ihren Einfluss
auf den gesellschaftlichen Mainstream liefert die Kunsthistorikerin und Stadtaktivistin Joanna Erbel. Auf explizit literarische Beiträge wurde diesmal zugunsten einer
Reportage-Reihe des Autors und DPI-Mitarbeiters Matthias Kneip verzichtet, der
uns hautnah in die Welten der Roma, Ukrainer, Weißrussen, Tataren und anderen
Minderheiten entführt. Den Umschlag und die Zwischentitelblätter gestaltete mit
viel Humor Joanna Furgalińska. Für die zahlreichen zur Verfügung gestellten Bilder
danken wir unseren Partnern, allen voran dem Außenministerium der Republik
Polen.

Andrzej Kaluza

Hans-Jürgen Bömelburg

Polens plurales und multikulturelles Erbe

Wenn ausländischen Gästen polnische kulturelle Wurzeln und Traditionen präsentiert werden sollen, werden sie gerne mit der mehr als 600 Jahre alten Geschichte der Polnisch-Litauischen Union, mit dem Erbe von armenischen Kaufleuten in Zamość, Italienern in Krakau oder dem jüdischen Polen als historischem Zentrum der jüdischen Welt vertraut gemacht. Das historische Polen gilt auch heute noch vielen im Land als eine multikulturelle Gesellschaft. Danzig wirbt mit dem Slogan: „Polen, Engländer, Deutsche, Holländer, Franzosen und Juden lebten hier in Eintracht zusammen und schufen eine besondere Atmosphäre multikultureller Zusammengehörigkeit." Ähnliche städtische Werbekampagnen könnte man für Krakau mit seinen jüdischen Traditionen, für den multikulturellen Mikrokosmos Breslau oder für Białystok auf den Spuren Ludwik Zamenhofs und der Erfindung des Esperanto nachzeichnen.

Diese Vermittlung einer traditionellen Minderheitenkultur und eines Minderheitenschutzes in der Erinnerungskultur reicht bis in das Besichtigungsprogramm für internationale Gäste: Prinz Charles besuchte 2010 auf einer seiner Polenreisen – interessant wäre zu wissen, wer ihm diesen Ort vorgeschlagen hatte – das 200-Seelen-Dorf Kruszyniany direkt an der weißrussischen Grenze, dort steht die älteste erhaltene tatarische Moschee des Landes. Vermittelt wurden ihm hier die mehr als 600 Jahre alten Traditionen eines Lebens von tatarischen Muslimen in Polen-Litauen.

Tatsächlich ist das historische Polen-Litauen, in der polnischen Geschichtstradition der „erste moderne Staatsverband" (*Pierwsza Rzeczpospolita*), wohl das eindrucksvollste europäische Beispiel für einen historischen multiethnischen und multikulturellen Staat. Ethnische Polen machten in der Frühen Neuzeit kaum die Hälfte der Bevölkerung aus; mehrheitlich nichtkatholischen Bauern und anderssprachigen Städtern standen ein polnischer Adel und ein international rekrutiertes Königtum mit einem multikulturellen Hof gegenüber. Im 16. und 17. Jahrhundert sprach man am polnischen Königshof in Warschau neben Polnisch auch Latein, Deutsch, Französisch oder Italienisch; die polnische Sprache oder Ethnizität spielten nur eine untergeordnete Rolle für den sozialen Aufstieg.

In hartem Kontrast dazu steht die gegenwärtige gesellschaftliche Situation: Polen ist nach 1945 und spätestens seit den 1960er-/70er-Jahren ein kulturell und sprachlich homogener Nationalstaat mit über 98 Prozent ethnisch und sprachlich polnischer Bevölkerung. Tatsächliche Minderheiten – sieht man einmal von der innenpolitisch umstrittenen Region Oberschlesien ab – bewegen sich im Promillebereich. Innerhalb Europas mit seinen zunehmend multikulturellen Bevölkerungen in Frankreich, Deutschland oder Skandinavien und Staaten mit historischen Minderheiten wie den baltischen Staaten, Belarus oder der Ukraine nimmt sich Polen – noch stärker als die Slowakei und Tschechien mit ihrer Romabevölkerung – als eine extrem homogene Gesellschaft aus. Auch in der alltäglichen Wahrnehmung hat dies

> Integration ist nicht nur eine Frage der Anstrengung und Bereitschaft von Migranten, sich
> in die Kultur des Staates einzufügen, in dem sie sich niederlassen wollen, sowie in die
> Gesellschaft, die sie aufnimmt. Dieser Prozess geht in beide Richtungen, was in den heutigen
> Debatten nur zu selten thematisiert wird: Integration gelingt, wenn man Flüchtlinge integrie-
> ren will, wenn man sie aufnimmt und sie bei ihren Assimilationsversuchen unterstützt. In
> einem solchen Fall werden sie schnell Teil unserer Gesellschaft, tragen zu deren Wohlstand
> bei, und ihre Kinder sind natürliche Bürger der Nation, die sie aufgenommen hat. Das ist die
> vorherrschende Dynamik. Man darf dabei nicht vergessen, dass die Voraussetzung für eine
> gelungene Integration der gute Wille und die Offenheit von Gesellschaften ist.
>
> Ich werde erneut auf meine eigenen Erfahrungen zurückgreifen: Nach der Rückkehr aus dem
> Irak fiel mir der Einstieg in eine polnische Schule sehr schwer. Die kulturelle Verschlossenheit
> der Volksrepublik Polen war bedrückend, der Rassismus war präsent. Kinder riefen mir „Ara-
> ber, Araber" hinterher. Aber bereits nach einem halben Jahr wurde ich zum festen Bestandteil
> meiner Schulklasse. Dies war in Hinsicht auf die polnische Gesellschaft eine interessante Er-
> fahrung. Sie reichte von anfänglicher Abneigung bis hin zu vollkommener Akzeptanz, ich habe
> verstanden, dass diese Gesellschaft widersprüchliche Elemente in sich birgt – nicht nur Ängste
> und Vorurteile, sondern auch ein Potenzial an Toleranz und Brüderlichkeit; man muss nur
> verstehen, diese positiven Energien freizusetzen – an diesem Punkt sind Autoritäten gefragt.
>
> Basil Kerski: Migranten und die Zukunft Europas, in: Deutsch-Polnisches Magazin Dialog
> Nr. 113 (03/2015), S. 41 f.

Folgen: Ein iranischer oder ein türkischer Deutscher, geschweige denn ein Deutscher mit afrikanischen Wurzeln, wird, wie Erfahrungen in meinem Bekanntenkreis
zeigen, auch in polnischen Großstädten anders wahrgenommen und latent stärker
als „fremd" behandelt.

Die staatliche Medienpolitik versucht diesem Image entgegenzutreten. Insbesondere wird hier auf die Aufnahme von Hunderttausenden weißrussischen und
ukrainischen Saisonarbeitern hingewiesen, mit denen Polen seinen Beitrag zu einer
europäischen Aufnahmepolitik geleistet habe. Zugleich wächst der Druck der EU-
Behörden und einer europäischen Öffentlichkeit auf Polen, mehr Flüchtlinge aus
dem Nahen Osten und aus Afrika aufzunehmen.

Besteht angesichts dieser Ausgangssituation die Möglichkeit, in Polen die teils
historisch stichhaltigen, teils eher imaginierten Traditionen einer einstigen Multikulturalität aufzugreifen und in der gegenwärtigen Situation fruchtbar zu machen?
Können die in Architektur, Städtebild, Selbstwahrnehmung und Wissenschaftskul-
tur weitverbreiteten multikulturellen Traditionen aktuelle Handlungsstrategien und
Praktiken generieren? Oder ist der Weg zu einer Neubelebung der Traditionen des
„Staates der vielen Nationen" (*Rzeczpospolita wielu narodów*) versperrt?

600 Jahre Muslime in Polen. Ein Vorbild für Integration heute?

Polen ist neben Litauen der einzige Staat der Europäischen Union, der auf eine
mehr als sechshundertjährige Tradition einer Koexistenz mit muslimischen Bevöl-
kerungsanteilen verweisen kann: Seit den Zeiten des Großfürsten Witold (Vytautas)
lebten muslimische Tataren in Litauen und Polen und dienten vor allem im Militär.
Weitere Tataren traten nach dem Zerfall der Goldenen Horde um 1500 in polnisch-
litauische Dienste. Tatarische Kaufleute haben sich nachweislich in Lemberg und
anderen Städten angesiedelt.

Die muslimischen Tataren besaßen durch Religion, Sprache und Kultur einen Status, der sie deutlich von der polnisch-litauischen Bevölkerung unterschied. So existierten in Polen-Litauen keine muslimischen Gemeinden mit eigenem, durch Privilegien gesichertem Rechtsstatus – im Unterschied zu Armeniern, Karäern oder Juden waren die muslimischen Bevölkerungsgruppen nur geduldet. Dennoch bestanden in der Frühen Neuzeit mit unterschiedlicher Dauer insgesamt ca. 50 bis 60, in der Regel hölzerne Moscheen, zumeist in Vor- und Privatstädten, autonomen Gerichtsbezirken oder ländlichen Siedlungen.

Zwar verschärfte sich im 17. Jahrhundert im Kontext des osmanisch-polnischen Konflikts die antiislamische Politik – die Moschee in Trakai wurde 1609 abgerissen, 1616 bestätigte der Sejm ein Verbot islamisch-christlicher Ehen, 1668 wurde per Erlass des Sejm die Errichtung von Moscheen an neuen Orten untersagt. Doch überdauerten die muslimischen Tataren bis zu den Teilungen Polen-Litauens und in der darauffolgenden Zeit unter russischer Herrschaft.

Nach 1945 erfolgte teilweise eine „Repatriierung" nach Polen; ca. 5.000 Nachkommen der muslimischen Tataren leben heute hier, unter anderem in Danzig. Symbole dieser tatarischen Kontinuität sind Moscheen in den Dörfern Kruszyniany und Bohoniki nahe der weißrussischen Grenze, die bis auf das 18. Jahrhundert zurückgehen und heute vor allem Touristenattraktionen sind, aber vielfach als ideelle Zentren der tatarischen Muslime beschworen werden. An welche Modelle und Erfahrungen aus dieser sechshundertjährigen Geschichte des „polnischen Orients", der *en miniature* in Podlachien überdauerte, kann heute angeknüpft werden? Die Muslime tatarischer Herkunft, maximal 5.000 Personen, bilden heute unter den ca. 30.000 Muslimen in Polen (weniger als 0,1 Prozent der Gesamtbevölkerung) eine kleine und gut integrierte Gruppe mit einer tatarisch-polnischen Identität. Mehrheitlich sind die heute in Polen lebenden Muslime jedoch ehemalige Studenten und

Geschäftsleute aus muslimischen Staaten sowie zuletzt anerkannte tschetschenische Flüchtlinge, von denen sich die meisten in Warschau angesiedelt haben.

Der 1989 unternommene Versuch, ein tatarisch-muslimisches Kulturzentrum in Białystok aufzubauen, scheiterte, die Bauruine wird gegenwärtig abgerissen. Der Gemeinschaft fehlte das Geld, und internationale Geldgeber waren nicht zu gewinnen, auch aufgrund der eher auf tatarische Folklore ausgerichteten Schwerpunkte. Mehr noch: Engagierte Tierschützer verhindern die Schlachtung von Tieren durch das traditionelle Schächten, das durch den Sejm 2013 verboten wurde; eine Serie von Anschlägen auf die Moschee und das Kulturzentrum in Danzig und Białystok sowie Schmierereien an der historischen Moschee in Kruszyniany im Juni 2014 und die Schändung des dortigen Friedhofs verdeutlichen die Konflikte und Feindbilder auch im Umfeld der „alteingesessenen" muslimischen Tataren. Die Jugend assimiliert sich polnisch oder beklagt fehlende tatarische Angebote und geht fort in andere Städte oder ins Ausland.

Zwar sollen EU-Mittel für ein tatarisches Kulturzentrum in Kruszyniany bereitgestellt werden, doch wird sich der Nutzen angesichts der geschilderten Situation auf schöne neue Fassaden beschränken. Anders wäre es, wenn muslimische Flüchtlinge in der Region Białystok untergebracht und für diese auf den Spuren des touristischen „Tatarenpfades" ein funktionierendes Kulturzentrum und eine Moschee hergerichtet würden. Doch ist so etwas heute möglich?

In den zentralen Großstädten sind die Probleme andere, die Anknüpfungsmöglichkeiten sind noch stärker verschüttet: Zwar ist in Warschau der repräsentative Ausbau der Moschee beabsichtigt, doch blockiert ein langjähriger Streit mit der Gemeinde Wilanów die Ausbaupläne. Bis heute gibt es Überreste und Grabsteine des im Warschauer Aufstand zerstörten muslimischen Friedhofs an der ul. Tatarska, doch spielt die tatarische Geschichte für arabische Geschäftsleute und muslimische Diplomaten heute keine Rolle. Auch aus der muslimischen Gemeinschaft Polens kommen deshalb keine Impulse, an die historische Multikulturalität des Landes anzuknüpfen.

Mögliche Quellen einer solchen positiven muslimischen Tradition werden kaum genutzt: Zwar spielt im polnischen Bewusstsein die historische polnisch-osmanische Koexistenz eine große Rolle – vielen Polen ist die unzutreffende Anekdote geläufig, das osmanische Hofzeremoniell habe noch nach den Teilungen Polens (1772–1795) immer wieder nach Vertretern des Landes gefragt und lakonisch mitgeteilt, „der Botschafter von Lechistan" sei noch nicht erschienen. Doch gehen davon allenfalls wissenschaftspolitische Impulse aus: Anlässlich des eher willkürlich gesetzten Jubiläums „600 Jahre polnisch-türkische Beziehungen" fanden 2014 in Polen und der Türkei zahlreiche Kongresse statt. Die in beiden Ländern schwierige Auseinandersetzung mit der jeweiligen multikulturellen Vergangenheit wurde auf diesen Kongressen allerdings nicht thematisiert.

Dabei gäbe es durchaus historische Beispiele: So etwa die Aufnahme zahlreicher polnischer Flüchtlinge im muslimischen Osmanischen Reich des 19. Jahrhunderts, wo einige wie Michał Czajkowski (Mehmed Sadık Paşa, 1804–1886) oder Konstanty Borzęcki (1826–1876), ein Vorfahre des türkischen Schriftstellers Nâzım Hikmet, sogar Karriere machten. Dies ist jedoch nur noch wenigen Spezialisten bekannt und wird gegenwärtig kaum thematisiert. So gibt es aktuell wohl kaum eine Möglichkeit, beim Aufbau moderner islamischer Gemeinden an die historische muslimisch-polnische Koexistenz in Polen anzuknüpfen. Eine Rolle spielt dabei sicher auch, dass die historischen Orte einer Koexistenz, an denen diese auch heute noch sichtbar ist, etwa Vilnius, Trakai oder Lemberg, außerhalb der heutigen polnischen Grenzen liegen. Um 1900 gelang es den polnischsprachigen „Krajowcy" (den litauischen „Landespatrioten") noch, vor Ort die lebendigen multikulturellen Traditionen des Großfürstentums Litauen wiederzubeleben. Die zwei Weltkriege zerstörten vielfach lokale Anknüpfungspunkte, und mit den ethnischen Säuberungen ging auch die lokale Vielfalt verloren.

Aber es fehlen auch moderne Akteure, die einen christlich-muslimischen oder politischen Dialog ins Leben rufen und glaubhaft führen könnten – Persönlichkeiten, wie sie etwa im christlich-jüdischen Dialog heute in Polen zur Verfügung stehen. Es ist unvorstellbar, dass der polnische Staatspräsident Andrzej Duda ähnlich wie Großfürst Witold vor mehr als 600 Jahren 20.000 muslimische Flüchtlinge nach Polen einlädt und ihnen halbwegs auskömmliche Lebensbedingungen ermöglicht. An historischen Vorbildern mangelt es nicht, sehr wohl aber an der politischen Bereitschaft, diese Traditionen aufzugreifen und gerechtfertigte historische Parallelen zu ziehen.

Republikanismus und Toleranz: Ein Vorbild für politische Initiativen und die Aufnahme von Flüchtlingen?

In der polnischen Erinnerung gilt das historische Polen-Litauen als ein Ort der Toleranz und eines mehrkonfessionellen Nebeneinanders, ja als Zufluchtsort für

von der Amtskirche als „häretisch" angesehene Gruppen. Zwar ist die ältere Parole des „Landes ohne Scheiterhaufen" (*państwo bez stosów*) nachweislich falsch, auch in Polen wurden Häretiker hingerichtet. Doch beschwört die polnische auswärtige Kulturpolitik gerne die historische „Toleranz" Polens gegenüber verfolgten Minderheiten und religiösen Gemeinschaften, wobei fachhistorische Diskussionen den modernen Toleranzbegriff infrage stellen und von „Duldung" sprechen. Immerhin: Die Warschauer Konföderation von 1573, mit Unterstützung der polnischen Kulturpolitik zum Weltkulturerbe befördert, ächtete Gewalt und erklärte feierlich: „das Wir Uns obschon ungleich in Geistlichen gewissens sachen gesint / des lieben Friedens untereinander befleissen / und wegen ubung dieser oder jener Religion / oder enderung des Gottesdiensts kein Menschen Blutt zu irgend einer zeit vergissen wollen". Wie die zeitgenössische deutsche Übersetzung zeigt, fand die Erklärung europaweit Resonanz und ist ein zentrales Dokument für eine friedliche Lösung von konfessionellen Streitigkeiten in Europa.

Polnische protestantische Gemeinden und adlige Protektoren boten als beinahe einzige Instanzen im Europa des späten 16. und frühen 17. Jahrhunderts den Antitrinitariern Zuflucht, die das rational schwer verständliche Dreifaltigkeitsdogma ablehnten – aus dem deutschen Sprachraum etwa Johannes Crell und Martin Ruar. Die Kleinstadt Raków wurde so im ersten Drittel des 17. Jahrhunderts zum Sitz eines europaweit bekannten Gymnasiums und Lissa (Leszno) Zufluchtsstätte für international bekannte Persönlichkeiten wie den Bildungsreformer Johann Amos Comenius. Aus der antitrinitarischen Zuwanderung entstand die Tradition eines europaweit mit Polen verbundenen rationalen Sozinianismus, dessen Ausläufer bis in die Philosophie eines Descartes reichten, bis heute ein Faszinosum für die Forschung.

Die Duldung großer jüdischer Bevölkerungsschichten machte Polen-Litauen jahrhundertelang zum weltweiten Zentrum jüdischen Lebens, ein Aspekt, der seit 2014 im Museum für die Geschichte der polnischen Juden breit und medientauglich aufbereitet wird.

Zusammen mit dem Partizipationsanspruch des Adels, der in der Wendung „Nichts über uns ohne uns" (*Nic o nas bez nas*) seinen Ausdruck fand, und dem Begriff des Staatsbürgers (*cives – obywatel*) entstand aus solch einem toleranten Nebeneinander eine Praxis des Umgangs miteinander, die Polen-Litauen zu einem frühparlamentarischen und demokratische Partizipation einschließenden Staatsverband machte. Doch sind diese einstige republikanische Duldungspraxis und die frühparlamentarischen Traditionen auch heute noch so wirkungsmächtig und in der Lage, einen Weg zu einer proaktiven Politik zur Aufnahme von religiös bedrohten Menschen zu weisen?

Historische Beispiele zeigen die Grenzen, aber auch die Erfolge des altpolnischen Republikanismus. Dieser war durchaus auf Integration bedacht: In den Reformen des 18. Jahrhunderts und der Verfassung von 1791 wurden u. a. die Sonderrechte der Juden beschnitten. In diesen Konzeptionen war kein Raum mehr für eine jüdische Autonomie, auch wenn die Gemeindeautonomie in der Praxis noch lange Zeit beibehalten werden sollte. Der Vierländerrat als überregionale Institution der jüdischen Selbstverwaltung wurde bereits 1764 durch den Sejm (Reichstag) für aufgelöst erklärt, da er als Ansprechpartner in Finanzfragen überflüssig geworden war. Den Teilnehmern des Vierjährigen Sejm (1788–1992) schwebte vor, dass sich die Juden an ihre nichtjüdische Umgebung anpassten. Die Bevollmächtigten der jüdischen Gemeinden des 18. Jahrhunderts wiederum, die *Shtadlanim*, stellten den nichtjüdischen Vorstellungen einer „Eingliederung der Juden in die Nation" das Modell von vertraglichen Regelungen gegenüber, die mit „modernen" staatswirtschaftlichen Argumenten Problemlösungen anboten und zugleich die herkömmliche Grundlage ständischer Aushandlungsprozesse beibehielten. Der Konflikt wurde letztendlich nicht gelöst, zeigt aber das historische Spannungsfeld auf.

Zugleich berief sich der polnische Republikanismus des 19. Jahrhunderts immer wieder geradezu beschwörend auf die gemeinsame Freiheitstradition: Der Historiker Joachim Lelewel griff diese Sachverhalte 1830 auf und schuf daraus die Parole „Für unsere und eure Freiheit" (*Za naszą i waszą wolność*), mit der die polnischen Aufständischen 1831 vergeblich russländische Soldaten zu gewinnen suchten. Kann die bekannte Parole heute noch Sympathie für verfolgte Oppositionelle und Flüchtlinge aus anderen Staaten wecken? Immerhin fanden nach dem Novemberaufstand von 1830 Zehntausende Bürgerkriegsflüchtlinge – hier ist die Parallele zu Syrien oder dem Irak historisch statthaft – in anderen Staaten, vor allem Frankreich, Aufnahme.

Mit einem gewissen Erfolg wurde die Parole „Für unsere und eure Freiheit" 2014 zur Unterstützung der für ihre Freiheit gegen eine russische Intervention kämpfenden Ukrainer angewandt und löste eine Welle von Hilfsbereitschaft aus. Es scheint, als wäre sie dazu in der Lage, Solidarität mit den historischen Nationen der Rzeczpospolita zu schaffen. Aber besitzt sie Relevanz für die heutige polnische Flüchtlingspolitik? Gibt es vor dem skizzierten historischen Hintergrund die Bereitschaft, nun in größerem Maße syrische oder irakische Flüchtlinge aufzunehmen? Man könnte die grundsätzliche polnische Bereitschaft, christliche Flüchtlinge aufzunehmen, als eine langfristig wirksame Folge ansehen: Gerade die polnische Freiheitsbewegung des 19. Jahrhunderts wurde teilweise sehr stark christlich und

Emigrationswelle jüdischer Polen 1968

Den Hintergrund für die Emigrationswelle der Juden aus Polen im Jahr 1968 bot der Sechs-
tagekrieg (5. bis 10. Juni 1967) zwischen Israel und den arabischen Staaten, die von der
Sowjetunion unterstützt wurden. Polen brach wie andere sowjetische Satellitenstaaten
daraufhin jegliche bilateralen Beziehungen zu Israel ab. Es folgte eine staatlich organisierte
und immer wieder angefachte antisemitische Hetzkampagne, bei der polnische Juden einer
zionistischen Verschwörung bezichtigt wurden und ihnen mangelnde Loyalität gegenüber
der Volksrepublik Polen unterstellt wurde. Dies fand bei vielen polnischen Bürgern Anklang.
Daraufhin wurden Juden in ganz Polen von Behörden, Arbeitgebern, Gewerkschaften, Armee
und Polizei massiv unter Druck gesetzt und zur Emigration gedrängt. Über die damaligen Ereignisse berichten heute mehrere Bücher (z. B. Teresa Torańska: „Wir sind da", in: JAHRBUCH
POLEN 2010 MIGRATION, S. 176–183) sowie Filmdokumentationen (z. B. *Dworzec Gdański*
(Danziger Bahnhof) von Maria Zmarz-Koczanowicz aus dem Jahr 2007).

katholisch aufgeladen und kann deshalb ethnisch auf ein ausschließlich polnisch-
katholisches Staatsvolk verengt werden. Die heutige Spaltung der polnischen Nation
(und auch der Intelligenz) in ein christliches, ethisch und ethnisch überhöhtes
„gottgefälliges Volk" auf der einen und eine laizistische, linke, postmoderne und
„gegenderte" Nation auf der anderen Seite ist offenkundig. Auffällig ist, dass im
gegenwärtigen polnischen Diskurs keine auch in den liberalen Bereich ausstrahlen-
den und prägenden katholischen Stimmen zu vernehmen sind. Andererseits böte
etwa Adam Mickiewiczs „Jüdische Legion", die von Istanbul und Smyrna (Izmir) aus
agieren sollte, ein ganz anderes Narrativ.

Historische Multikulturalität: Gefahr oder Chance?

Eine Ursache, warum das tatsächlich multikonfessionelle und multikulturelle
Erbe der Rzeczpospolita so schwer wiederzubeleben ist, liegt an der mehrfachen
Brechung dieses Erbes durch Überfremdungsängste und Vorstellungen eines „historischen Verrats". Diese Erzählungen, die gerade in der kommunistischen Volksrepublik immer wieder in Propagandakampagnen tradiert wurden – nach 1945 der

„Verrat der Volksdeutschen" und deren Tätigkeit als angebliche „Fünfte Kolonne", 1967/68 die angebliche „nationale Unzuverlässigkeit" der Juden –, können bis heute mobilisiert werden. Doch diese Verrats- und Verschwörungstheorien gehören schon früheren Erinnerungsschichten an: Der Republikaner Julian Ursyn Niemcewicz sah um 1817 sein Warschau in der Erzählung *Rok 3333* durch eine Überfremdung durch Juden bedroht und skizzierte die Antiutopie einer jüdischen Dominanz, die vom späteren Antisemitismus mit Freude aufgegriffen wurde. Die nationalkonservative, den Nationaldemokraten (Endecja) nahestehende Publizistik beschwor um 1900 eine Gefahr durch die deutsche Kolonisation herauf und sah im deutsch und jüdisch überformten „Lodzermenschen" den Typus eines national unzuverlässigen Asphaltliteraten und Kapitalisten.

Andererseits sind solche zeitgenössisch aggressiven Brechungen auch modern zu „entgiften": Die Lodzer Stadtpublizistik um die Zeitschrift *Tygiel Kultury* schuf in den 1990er-Jahren den positiven Begriff eines „Lodzermenschen", indem man auf Andrzej Wajdas Spielfilm *Das gelobte Land* zurückgriff, der seinerseits bereits in den 1970er-Jahren das in manchen Passagen durchaus antisemitische Erbe von Władysław Rejmonts gleichnamigem Roman in eine wirkungsmächtige neue Mythologie umgegossen hatte. Daraus entstand die für viele junge Lodzer prägende Vorstellung, die Stadt sei von einer multikulturellen Melange aus Deutschen, Polen und Juden errichtet worden und der Lodzermensch sei eine regionale Besonderheit, die auch heute wieder stärker aufgegriffen werden müsse.

Sind also die publizistischen Brechungen multikultureller Traditionen durch das nationalistische Zeitalter ihrerseits aktuell zu „entgiften" und umzuwerten? Um beim lokalen Lodzer Beispiel zu bleiben: Möglich wurde das vor Ort durch das wirkungsmächtige und identitätsprägende Narrativ von Wajdas Film *Das gelobte Land*, der vom modernen Stadtmarketing aufgegriffen und zu einer modernen Version von Lodz umgedeutet wurde. Eine städtische Imagekampagne, publizistische Akteure, Medienereignisse wie das „Festival Lodz der vier Kulturen" (Festiwal Łódź Czterech Kultur) und historische Persönlichkeiten (Artur Rubinstein, Julian Tuwim, Karl Dedecius) stützten sich wechselseitig.

Wie stichhaltig ist aber das Argument, historische und aktuelle multikulturelle Gesellschaften tendierten zu Parallelgesellschaften, die in Krisensituationen leichter aufgespalten werden könnten? Waren nicht auch die Teilungen Polens deshalb durchführbar, weil die „Minderheiten" (ein falscher Begriff für das historische Polen-Litauen) sich abwandten? Dafür gibt es keine historischen Belege. Der Widerstand gegen die Teilungen war unter den deutschsprachigen Danzigern nicht geringer als unter dem polnischen Adel; jüdische Warschauer wandten sich ebenfalls gegen das Teilungsregiment. Unter den Personen, die sich mit den Teilungsmächten arrangierten, befanden sich, wie der Warschauer Historiker Jarosław Czubaty gezeigt hat, auch zahlreiche polnische Eliten von Stanisław Szczęsny Potocki bis zu dem fulminanten Literaten Henryk Rzewuski. Gerade die Geschichte der Teilungen Polen-Litauens bietet kein Argument, multikulturellen Gesellschaften generell einen geringeren Gemeinschaftsgeist zu unterstellen.

Das Erbe Polen-Litauens: Erinnerungsort oder kulturelle Chance?

Ist das multikulturelle Erbe der Rzeczpospolita aktuell wiederbelebbar? Ich tendiere dazu, den historischen Multikulturalismus als eine potenzielle Kraft der polnischen Geschichte zu beschreiben, die unter bestimmten Bedingungen fruchtbar gemacht werden kann, deren historische Brechung durch Überfremdungs- und Verratsdiskurse aber zunächst überwunden und historisiert werden muss. Die nicht polnischsprachigen Teile der Gesellschaft waren historisch keine „Verräter" oder „Fünften Kolonnen", sondern lebendiger Bestandteil einer internationalen polnischen Gemeinschaft.

Zweitens bedarf es kulturpolitischer Akteure, die attraktive Modelle dieser Vergangenheit beschreiben und Brücken zwischen Vergangenheit und Gegenwart bauen. Am besten ist dies auf lokaler Ebene durch ein „Grabe, wo Du stehst" möglich: Czesław Miłosz und Tomas Venclova haben das für Vilnius gezeigt, Günter Grass, Stefan Chwin und Paweł Huelle für Danzig. Auf regionaler Ebene kann auf die Tätigkeit von Kulturgesellschaften wie Borussia und Pogranicze verwiesen werden.

Allerdings: Die Tätigkeit solcher Akteure und die Entwicklung solcher Modelle lassen sich kaum von der lokalen und persönlichen auf die nationale Ebene übertragen. Es ist zu fragen, ob das Umfeld um das Museum für die Geschichte der polnischen Juden in Warschau auch auf einer nationalen Ebene dauerhaft polnischjüdisches Leben auf die Tagesordnung kultureller und politischer Debatten setzen kann. Für die polnisch-litauische Symbiose fehlen in Vilnius leider jüngere Akteure, da diese von eigentlich überwunden geglaubten älteren nationalen Konflikten auch aktuell immer wieder zerrieben werden.

Wer wären öffentlichkeitswirksame Akteure, die Beispiele für ein jahrhundertelanges gelungenes multikulturelles deutsch-polnisches Zusammenleben etwa in Danzig oder Lodz in einer polnischen Öffentlichkeit vertreten könnten? Angesichts alter, aber, wie die Jahre nach 2002 gezeigt haben, noch nicht der Vergangenheit angehörender deutsch-polnischer Konflikte und Feindbilder, die Deutsche leicht zu „Fremden" und „Gästen", polnische Stimmen, die eine deutsch-polnische Annäherung unterstützen, hingegen zu „Agenten deutschen Geldes" machen, benötigte man dazu wahrscheinlich internationale Akteure: einen Amerikaner, Waliser oder Franzosen, der glaubwürdig ältere multikulturelle Modelle entfalten könnte. Ganz im Ernst: Die Geschichte Polens bietet Modelle für ein gelungenes historisches Miteinander und einen historischen Multikulturalismus, die nur von den aktuellen Akteuren aufgegriffen und bekannt gemacht werden müssten. Das polnische Erbe der Toleranz ist historisch stärker als deutsche Bezugspunkte, die mit den Hugenotten und der kurzen Episode der Polenfreundschaft schnell erschöpft sind. Es liegt in der Hand der polnischen Intellektuellen, dieses Erbe gegen die Propagandisten einer „ethnischen Reinheit" und einer religiösen Intoleranz in Stellung zu bringen!

Zum Weiterlesen

Hans-Jürgen Bömelburg: Lodz. Gegen den Strich, in: Deutsch-Polnische Erinnerungsorte, Bd. 2 geteilt/gemeinsam, hg. v. Hans Henning Hahn u. Robert Traba, Paderborn 2014, S. 93–109.

Jarosław Czubaty: Zasada „dwóch sumień". Normy postępowania i granice kompromisu politycznego Polaków w sytuacjach wyboru (1795–1815) [Das Prinzip der „zwei Gewissen". Verhaltensnormen und Grenzen des politischen Kompromisses der Polen in Wahlsituationen (1795–1815)], Warszawa 2005.

Jerzy Kłoczowski: Rzeczpospolita wielu narodów [Der Vielvölkerstaat], Lublin 2012.

Polen in der europäischen Geschichte. Ein Handbuch, Bd. 2, Frühe Neuzeit, Stuttgart 2011–2015.

Rzeczpospolita państwem wielu narodowości i wyznań XVI–XVIII wiek [Die Rzeczpospolita als Staat vieler Nationen und Konfessionen, 16.–18. Jh.], hg. v. Tomasz Ciesielski u. Anna Filipczak-Kocur, Warszawa 2008.

Jan Tyszkiewicz: Tatarzy w Polscy i Europie. Fragmenty dziejów [Tataren in Polen und Europa. Eine Auswahl aus ihrer Geschichte], Pułtusk 2008.

Lech M. Nijakowski

Die Politik des polnischen Staates gegenüber den nationalen und ethnischen Minderheiten

Im Ergebnis des Zweiten Weltkriegs sowie der darauf folgenden Grenzverschiebung, Aussiedlung und Auswanderung ist Polen heute ein ethnisch und national *de facto* homogenes Land. Dies belegen die Untersuchungen von Ethnografen und Soziologen sowie die offiziellen statistischen Daten. Bei der letzten Volkszählung von 2011, auf der diese Daten beruhen, konnten die Befragten erstmals komplexe ethnisch-nationale Identitäten benennen, d. h., sich einer oder auch zwei ethnischen Kategorien zugehörig erklären. Die Mehrheit der Einwohner in Polen bekennt sich zu einer polnischen nationalen Identität (36.522.000, das sind 94,83% der Bevölkerung). Nur 917.000 Befragte gaben eine zweifache ethnisch-nationale Identifikation an. Zu einer ausschließlich nichtpolnischen nationalen oder ethnischen Zugehörigkeit bekannten sich 597.000 Personen (1,55%), von denen 46.000 (0,12%) zwei nichtpolnische Nationalitäten anführten. Obwohl zahlreiche Vorbehalte gegen die Volkszählung (darunter schwerwiegende Bedenken gegen die Erhebungsmethoden) laut wurden, so gibt sie doch das Größenverhältnis der einzelnen Minderheiten, ihre geografische Verteilung sowie generell den niedrigen Prozentsatz von Personen, die sich zu einer nichtpolnischen Nationalität bekennen, gut wieder.

Offiziell anerkannt sind in Polen neun nationale und vier ethnische Minderheiten; die Rechte einer Minderheit genießen darüber hinaus die Kaschuben, die sich des Kaschubischen als Regionalsprache bedienen. Da die zahlenmäßige Stärke der Minderheiten für die Umsetzung der gesetzlichen Vorschriften von Bedeutung ist, hat das Hauptamt für Statistik (GUS) ein besonderes Berechnungsverfahren angewendet: Es berücksichtigt die Antworten auf die erste und zweite Frage nach der Nationalität. Dort, wo ein Befragter die Zugehörigkeit zu zwei Minderheiten angab, wurde jedoch nur die Antwort auf die erste Frage gezählt. Die zahlenmäßige Stärke der Gruppe, die sich einer Regionalsprache (des Kaschubischen) bedient, wurde aufgrund der Antworten auf die Frage nach der in häuslichen Kontakten verwendeten Sprache ermittelt. Zu den 14 ethnisch-nationalen Minderheitengruppen gehören insgesamt 1,02% der Bewohner Polens. Die genauen Zahlen sind in Tab. 1 zu sehen.

Trotz des geringen Anteils an Minderheiten betreibt Polen eine aktive Minderheitenpolitik. Die aktuellen rechtlichen und institutionellen Verhältnisse sind die Frucht langjähriger Arbeit, die von heftigen Emotionen und Konflikten begleitet war. Der Grund dafür liegt in dem besonderen historischen Erbe, mit dem sich die Polen nach 1989 auseinandersetzen mussten. Bevor wir zu einer detaillierten Beschreibung der aktuellen Regelungen kommen können, müssen einige Worte zur polnischen Erinnerungspolitik und zum Modell der nationalen Identität gesagt werden, da beide auch heute noch die Einstellungen gegenüber den Minderheiten

Tab.1. Nationale und ethnische Minderheiten sowie kaschubischsprachige Gemeinschaft gemäß der Volkszählung 2011

Aufschlüsselung	Zahl	%
Gesamtbevölkerung Polens	38.511.824	100
weißrussische Minderheit	43.878	0,114
tschechische Minderheit	2.831	0,007
karäische Minderheit	314	0,001
litauische Minderheit	7.376	0,019
Minderheit der Lemken	9.640	0,025
deutsche Minderheit	144.236	0,375
armenische Minderheit	1.683	0,004
Minderheit der Roma	16.723	0,043
russische Minderheit	8.796	0,023
slowakische Minderheit	2.739	0,007
tatarische Minderheit	1.828	0,005
ukrainische Minderheit	38.795	0,101
jüdische Minderheit	7.353	0,019
kaschubischsprachige Gemeinschaft	108.140	0,281

Quelle: Główny Urząd Statystyczny (Hauptamt für Statistik)

und die praktische Anwendung der Gesetze beeinflussen. Es sei betont, dass dieser
Artikel eine Einführung in das Thema darstellt und lediglich die wichtigsten Aspekte aufgreift. Insbesondere das Rechtssystem ist um einiges komplizierter.

Der „Pole = Katholik" im Staat der einen Nation

Im Vergleich mit den anderen Europäern sind die Polen als Nation ein Sonderfall.
123 Jahre lang (1795–1918), in jener Epoche, als die modernen Nationalstaaten
entstanden, waren sie ihrer Souveränität beraubt und Bürger der drei Teilungsmächte Preußen (später Deutschland), Russland und Österreich. Zahlreiche ge-
scheiterte Aufstände in Verbindung mit einem politisierten Katholizismus und
dem Gedankengut der Romantik führten zur Entstehung eines nationalistischen
Diskurses, in dem das Opfer heroisiert und sakralisiert wurde. Auch wenn schon
früher eine Verbindung zwischen Polentum und Katholizismus gezogen wurde,
ein gutes Beispiel dafür ist die Ausrufung der Gottesmutter zur „Königin Polens"
durch König Johann II. Kasimir 1656, so haben wir es doch im 19. Jahrhundert
mit einer intensiven Entwicklung des Diskurses „Pole = Katholik" zu tun. Die
Teilungsmächte wurden unter dem Gesichtspunkt der vorherrschenden Religion
wahrgenommen: das zaristische Russland als orthodoxes Imperium, Preußen und
später Deutschland als protestantische Staaten (auch wenn der Anteil der Katholiken bekanntlich beträchtlich war). Die religiöse Differenz wurde zum Ausgangspunkt für die Konstruktion einer ethnischen Grenze.[1] Dieser Diskurs lebt bis heute

---

1   Ausführlicher dazu Janusz Tazbir: Łyżka dziegciu w ekumenicznym miodzie [Ein Wermutstrop-
    fen im ökumenischen Honig], Warszawa 2004.

fort. Die Zweite Republik – ein vollkommen souveräner Staat – existierte nur zwei Jahrzehnte; danach folgten ein totaler Krieg und eine verbrecherische Besatzung (nicht nur durch das Dritte Reich, sondern auch durch die UdSSR). Nach dem Krieg war die Volksrepublik Polen 45 Jahre lang ein von Moskau abhängiger Staat, in dem die historischen Debatten den Klischees der Propaganda folgten und der Zensur unterlagen. Dabei suchten die kommunistischen Eliten nach einer nationalistischen Legitimation ihrer Macht[2] und beförderten damit die Reproduktion zahlreicher nationalistischer Mythen. Erst seit dem Jahr 1989 haben wir es mit der Entwicklung eines freien öffentlichen Lebens und einer neuen Erinnerungspolitik zu tun. Dieser Prozess war nicht selten konfliktträchtig, was auch damit zu tun hatte, dass die Polen die dunklen Seiten ihrer nationalen Geschichte entdeckten.

Die Einstellung gegenüber den Minderheiten ist in hohem Maße von der in Polen nach wie vor lebendigen Erinnerung an den Zweiten Weltkrieg beeinflusst. Nach einer Erhebung des Zentrums zur Erforschung der Öffentlichen Meinung von 2009 ist für 72% der Befragten der Zweite Weltkrieg ein „immer noch lebendiger Teil der polnischen Geschichte, an den immer wieder erinnert werden muss". 2009 war ich an dem Forschungsprojekt „Der Zweite Weltkrieg in der Erinnerung der modernen polnischen Gesellschaft" beteiligt, das im Auftrag des Museums des Zweiten Weltkriegs in Danzig vom Meinungsforschungsinstitut Pentor Research International durchgeführt wurde. Im Rahmen dieses Projekts wurden von einer Stichprobe von 1.200 erwachsenen Polen über 18 Jahren quantitative und (in 12 fokussierten Diskussionsgruppen) qualitative Daten erhoben.[3] Die Teilnehmer wurden u. a. danach gefragt, ob es in der Familienerinnerung Geschichten über Kontakte von Familienmitgliedern mit anderen Nationen aus der Zeit des Zweiten Weltkriegs gibt und, wenn ja, welcher Art diese Erinnerungen sind. Im Familiengedächtnis wurden Erzählungen vor allem über vier Nationen bewahrt: über Deutsche (48,7%), Russen (40,8%), Juden (32,3%) und Ukrainer (14,7%). Andere Nationen sind mit weniger als 10% vertreten. Wie sich herausstellte, wurde die Rolle der Feinde mit drei Nationen besetzt: Deutschen, Russen und Ukrainern. Überraschenderweise kommen, was eindeutig negative Erinnerungen betrifft, die Ukrainer an erster Stelle, erst an zweiter die Deutschen und an dritter Stelle die Russen. Addiert man die Prozentzahlen der Antworten „eindeutig negativ" und „eher negativ", ändert sich an der Reihenfolge nichts: Ukrainer (63,8%[4]), Deutsche (62,6%), Russen (57%). In absoluten Zahlen stellt sich die Situation natürlich anders dar. So beschuldigen viele die Ukrainer des Völkermords an den Polen in Wolhynien und anderen Gegenden im Südosten der Zweiten Republik (wo die Ukrainische Aufstandsarmee UPA in

2   Marcin Zaremba: Komunizm, legitymizacja, nacjonalizm. Nacjonalistyczna legitymizacja władzy komunistycznej w Polsce [Kommunismus, Legitimierung, Nationalismus. Die nationalistische Legitimierung der kommunistischen Herrschaft in Polen], Warszawa 2001.

3   Zur vollständigen Darstellung der Forschungsergebnisse s. Piotr T. Kwiatkowski, Lech M. Nijakowski, Barbara Szacka, Andrzej Szpociński: Między codziennością a wielką historią. Druga wojna światowa w pamięci zbiorowej społeczeństwa polskiego [Zwischen Alltag und großer Geschichte. Der Zweite Weltkrieg in der kollektiven Erinnerung der polnischen Gesellschaft], mit einer Einleitung von Paweł Machcewicz und einem historischen Kommentar von Marcin Kula, Warszawa/Gdańsk 2010.

4   Diese Zahlen beziehen sich wohlgemerkt nicht auf die Gesamtheit der Befragten, sondern nur auf diejenigen, in deren Familien Erinnerungen an die Beziehungen zu einzelnen Nationen bewahrt worden sind.

den Jahren 1949/44 75.000 bis 100.000 Polen tötete). Die Erinnerung an den verbrecherischen Krieg und die deutsche Besatzung spielte eine wichtige Rolle in der Propaganda der Volksrepublik und prägt auch heute noch das Verhältnis vieler Polen zur deutschen Minderheit und zu deutschen Staatsangehörigen. Den Russen wiederum werden die Invasion des Jahres 1939, die Besatzung und die Deportationen von Polen in die Sowjetunion sowie – das ist das wichtigste Symbol im polnischen nationalistischen Diskurs – die Ermordung von kriegsgefangenen Offizieren der polnischen Armee und Polizisten vorgehalten, die auf den Friedhöfen in Katyn, Mednoje und Charkiw begraben liegen. Was schließlich die polnisch-jüdischen Beziehungen angeht, so kann man hier von einer eigenartigen Konkurrenz um den Status als größeres Opfer des Zweiten Weltkriegs sprechen. Die Polen tun sich auch schwer mit den dunklen Seiten ihrer eigenen Geschichte: mit der Erpressung bzw. Auslieferung versteckt lebender Juden an die deutschen Besatzer (*szmalcownictwo*), der Beteiligung an der Ermordung von Juden (der bekannteste Fall, der Mord von Jedwabne, ist dank Jan T. Gross' Buch *Nachbarn* ins öffentliche Bewusstsein gedrungen) sowie den Nachkriegspogromen an zurückkehrenden und aus ihren Verstecken auftauchenden Juden (am bekanntesten ist der Pogrom von Kielce, den Gross in seinem Buch *Angst* beschrieben hat[5]).

Dieses schwierige Erbe stellte – im Zusammenspiel mit dem Propagandabild von Polen als homogenem Nationalstaat, in dem es fast keine Minderheiten mehr gebe – ein erhebliches Hemmnis dar für die offizielle Anerkennung der Minderheiten nach 1989 und die Verabschiedung eines Gesetzes, das ihnen die Freiheit sichern sollte, ihre ethnische und nationale Identität zu bewahren und zu entwickeln. Zum Glück ist es – nach jahrelangen hitzigen Auseinandersetzungen, darunter auch symbolischen Kriegen um Denkmäler, Tafeln und andere Erinnerungsorte – gelungen, ein Modell zu entwickeln, das zwar nicht perfekt ist, aber im Vergleich mit vielen Staaten Ostmitteleuropas doch als vorbildlich gelten kann. Die Geschichte ist nach wie vor belastend, manchmal erschwert sie auch die Durchsetzung von Recht und Gesetz, aber nach 25 Jahren der Dritten Polnischen Republik befinden wir uns in einer völlig neuen Wirklichkeit, in der pragmatische Diskussionen über die Formen gesetzlichen Schutzes und konkrete institutionelle Regelungen an die Stelle unrealistischer Streitigkeiten um die Erinnerung getreten sind.

Das System des rechtlichen Minderheitenschutzes in Polen

Schon in der Verfassung der Republik Polen vom 2. Juni 1997 wurden die Rechte der nationalen und ethnischen Minderheiten festgeschrieben. Art. 27 lautet: „In der Republik Polen ist die polnische Sprache Amtssprache. Diese Vorschrift verletzt nicht die Rechte der nationalen Minderheiten, die sich aus ratifizierten völkerrechtlichen Verträgen ergeben", und in dem hier besonders wichtigen Art. 35 heißt es: „1. Die Republik Polen gewährleistet den polnischen Staatsangehörigen, die nationalen und ethnischen Minderheiten angehören, die Freiheit der Erhaltung und der

---

5   Jan T. Gross: Angst. Antisemitismus nach Auschwitz in Polen, Berlin 2012; ders.: Nachbarn. Der Mord an den Juden von Jedwabne, München 2002. Ausführlicher zur polnischen Erinnerungspolitik s. Lech M. Nijakowski: Polska polityka pamięci. Esej socjologiczny [Die polnische Erinnerungspolitik. Ein soziologischer Essay], Warszawa 2008.

Entwicklung der eigenen Sprache, der Erhaltung von Bräuchen und Traditionen sowie der Entwicklung der eigenen Kultur. 2. Nationale und ethnische Minderheiten haben das Recht auf Bildung eigener Ausbildungs- und Kultureinrichtungen sowie der Einrichtungen, die dem Schutz der religiösen Identität dienen. Sie haben auch das Recht, an Entscheidungen in solchen Angelegenheiten beteiligt zu werden, die ihre kulturelle Identität betreffen."[6]

Auch wenn die Begriffe der nationalen und der ethnischen Minderheit in der Verfassung nicht definiert sind, so bestimmt Art. 35 die Angehörigen dieser Minderheiten doch eindeutig als polnische Staatsbürger. Damit wurde das System des rechtlichen Schutzes nationaler und ethnischer Minderheiten von der Ausländergesetzgebung getrennt. Das bedeutet, dass zum Beispiel Roma, die als Ausländer nach Polen einreisen, nicht von den Rechten Gebrauch machen können, die der ethnischen Minderheit der Roma zustehen.

Die Verfassung der Republik Polen hat die Rahmenbedingungen für den Schutz der Rechte nationaler und ethnischer Minderheiten in Polen geschaffen. Sie spricht jedoch vor allem von Freiheiten und garantiert den Angehörigen der Minderheiten nur sehr wenige konkrete Rechte.[7] Daher forderten trotz der Annahme der Verfassung in einem Referendum weite Kreise von Minderheitenangehörigen die Verabschiedung eines Gesetzes zur detaillierten Regelung der Minderheitenrechte. Die Arbeit an diesem Gesetz dauerte viele Jahre. Viele Parlamentarier der politischen Rechten vertraten die Auffassung, es würde die Souveränität Polens bedrohen. Mehrere Entwürfe landeten am Ende der jeweiligen Legislaturperiode im Papierkorb des Sejm; erst in der 4. Legislaturperiode wurde das Gesetz verabschiedet, das am

6   Der vollständige Text der Verfassung der Republik Polen in deutscher Übersetzung ist zu finden unter: http://www.sejm.gov.pl/prawo/konst/niemiecki/kon1.htm (25.07.2015).

7   Ausführlicher hierzu s. Jan Boć: Konstytucje Rzeczypospolitej oraz komentarz do Konstytucji RP z 1997 roku [Die Verfassungen der Rzeczpospolita sowie Kommentar zur Verfassung der Republik Polen von 1997], Wrocław 1998.

24. Januar 2005 vom Präsidenten feierlich unterzeichnet wurde. Der Gesetzge-
bungsprozess löste Emotionen und Verdächtigungen aus, die – aus dem Abstand
eines Jahrzehnts betrachtet – verblüffen mögen. Doch gerade der heutige Dialog
und die Bereitschaft zur Verständigung sind in hohem Maße dem Inkrafttreten
dieses Gesetzes zu verdanken.[8]

Bevor ich zu einer detaillierteren Besprechung des Gesetzes übergehe, das (zusam-
men mit weiteren Verordnungen) heute den wichtigsten Rechtsakt in Bezug auf die
Minderheitenrechte darstellt, muss darauf hingewiesen werden, dass in ihm Regelungen für Polen übernommen wurden, die in zwei internationalen Verträgen des
Europarats festgehalten sind: dem Rahmenübereinkommen zum Schutz nationaler
Minderheiten, das am 1. Februar 1995 in Straßburg ausgefertigt wurde, und der
am 5. November 1992 in Straßburg zur Unterzeichnung aufgelegten Europäischen
Charta der Regional- oder Minderheitensprachen. Das Rahmenübereinkommen
wurde von Polen relativ zügig unterschrieben und ratifiziert: Der Präsident vollzog
die Ratifizierung am 10. November 2000, und am 1. April 2001 trat sie in Polen in
Kraft. Weniger glatt verlief dieser Prozess im Falle der Charta: Die Republik Polen
unterzeichnete sie am 12. Mai 2003, ratifiziert wurde sie jedoch erst am 12. Februar 2009, als das Minderheitengesetz bereits in Kraft getreten war. Die Charta trat
in Polen zum 1. Juni 2009 in Kraft.[9] Das polnische Minderheitengesetz folgt damit
zwei Logiken: einerseits dem Schutz der nationalen und ethnischen Minderheiten
und andererseits dem Schutz ihrer Sprachen wie auch der Regionalsprachen. Dass
es bis zur Ratifizierung der Charta so lange dauerte, lag zweifellos daran, dass die
sprachlichen Rechte der Minderheiten – die die wichtigste Veränderung im polnischen Rechtssystem darstellten – gewisse Befürchtungen weckten.

Der wichtigste Rechtsakt zur Regelung der Rechte und Pflichten der nationalen
und ethnischen Minderheiten in Polen ist das Gesetz über nationale und ethnische
Minderheiten sowie die Regionalsprache vom 6. Januar 2005. Es regelt – abgese-
hen von den politischen Rechten und Fragen der Bildung, die Teil des allgemeinen
Bildungssystems sind – alle Fragen, die die nationalen und ethnischen Minderhei-
ten sowie die Sprecher einer Regionalsprache betreffen. Auch enthält es präzise
Definitionen der Begriffe „nationale Minderheit", „ethnische Minderheit" und
„Regionalsprache".[10]

---

8 Näheres hierzu in S. Łodziński: Równość i różnica. Mniejszości narodowe w porządku demo-
   kratycznym w Polsce po 1989 roku [Gleichheit und Differenz. Die nationalen Minderheiten in
   der demokratischen Ordnung Polens nach 1989], Warszawa 2005, S. 126–223.
9 Ausführlicher hierzu s. Dobiesław Rzemieniewski, Edyta Tuta (Hg.): Europejska karta języków
   regionalnych lub mniejszościowych. Od teorii do praktyki. Materiały z konferencji, Warszawa
   16–17 czerwca 2003 r. [Die Europäische Charta der Regional- oder Minderheitensprachen. Von
   der Theorie zur Praxis. Materialien einer Konferenz in Warschau, 16.–17.06.2003], Warszawa
   2004.
10 Deutsche Übersetzung des Gesetzes unter: http://mniejszosci.narodowe.mac.gov.pl/down
   load/86/12626/niemiecki.pdf (25.07.2015).

Sprachliche Rechte

Laut Gesetz haben die Angehörigen der Minderheiten das Recht, ihre Vor- und Nachnamen gemäß den orthografischen Regeln der Minderheitsprache zu verwenden und zu schreiben; dies betrifft insbesondere die Registrierung in standesamtlichen Akten und in Ausweispapieren. Vor- und Nachnamen von Angehörigen der Minderheiten, deren Sprachen ein anderes als das lateinische Alphabet verwenden, unterliegen der Transliteration. Der polnische Staat garantiert den Angehörigen der Minderheiten also das aus der Perspektive der ethnischen Identität fundamentale Recht, Vor- und Nachnamen in der „Sprache des Herzens" zu schreiben. Die zwangsweise Änderung von Vor- und Nachnamen, ihre Anpassung an die phonetischen Regeln der polnischen Sprache wurde von den Angehörigen der Minderheiten immer als schwere persönliche Demütigung, als Verlust eines Teils der eigenen Biografie und als schmerzhafter Angriff auf die persönliche Identität empfunden (so beispielsweise in Polen nach dem Zweiten Weltkrieg).

Die Angehörigen der Minderheiten haben insbesondere das Recht, sich ihrer Sprache im privaten wie im öffentlichen Raum frei zu bedienen, Informationen in der Minderheitsprache zu verbreiten und auszutauschen, Informationen privater Natur in der Minderheitsprache zu veröffentlichen, die Minderheitsprache zu lernen oder in ihr unterrichtet zu werden.

Das Gesetz bestimmt weiterhin, dass gegenüber den Organen der Gemeindeverwaltung neben der Amtssprache auch eine Minderheitsprache als Hilfssprache verwendet werden kann. Damit eine Minderheitsprache den Status einer Hilfssprache erlangen kann, muss eine Reihe von Voraussetzungen erfüllt sein. Eine Hilfssprache kann nur in Gemeinden verwendet werden, in denen die Angehörigen der Minderheit, deren Sprache als Hilfssprache verwendet werden soll, nicht weniger als 20% der Gesamteinwohnerzahl ausmachen; diese Gemeinden müssen in ein amtliches Register eingetragen sein. Die Quelle für die zahlenmäßige Stärke der betreffenden Minderheit in einer Gemeinde ist die jeweils letzte Volkszählung.

Die Möglichkeit der Verwendung einer Hilfssprache bedeutet, dass Angehörige einer Minderheit – mit Ausnahme eines Berufungsverfahrens, das ausschließlich in der Amtssprache abläuft – das Recht haben: 1.) sich in schriftlicher oder mündlicher Form in der Hilfssprache an die Organe der Gemeindeverwaltung zu wenden, 2.) auf ausdrücklichen Antrag auch Antworten in schriftlicher oder mündlicher Form in der Hilfssprache zu erhalten. Auch das Einreichen von Gesuchen in der Hilfssprache ist zugelassen. Es gibt jedoch zugleich den eindeutigen Vorbehalt, dass niemand sich der Ausführung einer in der Amtssprache, d. h. in polnischer Sprache gegebenen, rechtmäßigen Anordnung oder amtlichen Entscheidung entziehen kann, wenn die Umstände die unverzügliche Ausführung dieser Anordnung oder Entscheidung verlangen. Jegliche Zweifelsfälle werden auf der Grundlage des in der Amtssprache ausgestellten Dokuments entschieden.

Das Gesetz hat darüber hinaus die Möglichkeit eingeführt, zusätzliche traditionelle Bezeichnungen in der Minderheiten- oder Regionalsprache zu verwenden. Sie

können neben den amtlichen Bezeichnungen für Ortschaften und physiografische
Objekte sowie Straßennamen verwendet werden. Solche zusätzlichen Bezeichnungen können nur auf dem Gebiet von Gemeinden verwendet werden, die in ein
entsprechendes Register bei dem für religiöse Bekenntnisse sowie nationale und
ethnische Minderheiten zuständigen Minister eingetragen sind. Das Gesetz führt
also zwei verschiedene Register ein.

Angesichts der Tatsache, dass die Verwendung von in der Zeit des Nationalsozialis-
mus eingeführten Ortsnamen durch Angehörige der deutschen Minderheit – z. B.
bei der Restaurierung und Errichtung von Denkmälern für Soldaten der Wehr-
macht – starke Emotionen hervorrief, hat der Gesetzgeber beschlossen, solchen
Praktiken, die nach Auffassung vieler Abgeordneter eine Provokation gegenüber
der polnischen nationalen Identität darstellen, entgegenzutreten. Deshalb wurde
festgelegt, dass zusätzliche Bezeichnungen nicht an Namen aus der Zeit zwischen
1933 und 1945 anknüpfen dürfen, die von den Behörden des Dritten Reichs oder
der UdSSR vergeben wurden.

Zusätzliche Namen können auf dem Gebiet einer ganzen Gemeinde oder in einzelnen Ortschaften eingeführt werden. Sie dürfen nur nach dem Namen in der polnischen Version angeführt und somit nicht selbstständig verwendet werden. Die
Festsetzung eines zusätzlichen Namens in einer Minderheitsprache erfolgt gemäß
den orthografischen Regeln dieser Sprache.

Im Falle doppelter Ortsnamen sind die Voraussetzungen für den Eintrag einer
Gemeinde in das entsprechende Register einfacher zu erfüllen als in Bezug auf
eine Hilfssprache im behördlichen Verkehr. Die zusätzliche Bezeichnung einer
Ortschaft oder eines physiografischen Objekts in einer Minderheitsprache kann
auf Antrag des Gemeinderats festgelegt werden, wenn die Gemeindebewohner, die
der jeweiligen Minderheit angehören, einen Anteil von nicht weniger als 20% der
Gesamtbevölkerung in dieser Gemeinde ausmachen oder wenn sich mindestens die

Hälfte der teilnehmenden Ortsbewohner für eine solche zusätzliche Bezeichnung ausgesprochen hat. Der Antrag des Gemeinderats muss von der Kommission für die Bezeichnung von Ortsnamen und physiografischen Objekten positiv beschieden werden. Zusätzliche Bezeichnungen können also auch von den Bewohnern einer Ortschaft eingeführt werden, in der keine zahlenmäßig starke Minderheitengruppe lebt. Die Motive können unterschiedlicher Natur sein: von dem Wunsch, die Forderungen von ortsansässigen Angehörigen einer Minderheit, deren Anteil an der Gesamtbevölkerung der Gemeinde unter 20% liegt, zu unterstützen, bis hin zur Schaffung eines multikulturellen Image einer Ortschaft, was für den Tourismus von Bedeutung sein kann.

Gegenwärtig sind im Amtsregister 33 Gemeinden eingetragen, in denen eine Hilfssprache verwendet wird. Vier Gruppen ist dies gelungen: Deutschen, Litauern, Kaschuben und Weißrussen. Deutlich mehr Gemeinden, nämlich 58, verzeichnet das zweite Register. Insgesamt sind mehrere Hundert Ortschaften eingetragen, in denen doppelte Bezeichnungen verwendet werden (in deutscher, kaschubischer, litauischer, lemkischer und weißrussischer Sprache). Diese Initiativen haben das ethnische Gesicht vieler Regionen in Polen verändert und sind ein greifbarer Beleg für die Wirksamkeit des Minderheitengesetzes.

Eine symbolische, da für polnische Bürger eher nicht praxisrelevante Dimension hat Art. 16, der dem für religiöse Bekenntnisse sowie nationale und ethnische Minderheiten zuständigen Minister die Übersetzung der Gesetze in die Minderheitensprachen aufträgt. Im Falle seltener anzutreffender Sprachen stellte diese Aufgabe eine große Herausforderung dar. Auch bedienen sich manche Gruppen mehr als einer Sprache (die Juden sprechen Hebräisch und Jiddisch, die Roma Bergitka-Romani und Polnisches Romani).

Rechte im Bildungsbereich

Die Rechte der nationalen und ethnischen Minderheiten sowie der Sprecher von Regionalsprachen sind im Minderheitengesetz für den Bildungsbereich nicht detailliert geregelt. Man verfolgte das Ziel, das Bildungswesen der Minderheiten nicht aus dem allgemeinen Schulsystem auszugliedern. Daher wurde festgelegt, dass das Recht der Angehörigen von Minderheiten, die Minderheitensprache zu lernen oder in ihr unterrichtet zu werden, und ihr Recht auf Unterricht in „Geschichte und Kultur der Minderheit" nach den Grundsätzen und Verfahrensweisen realisiert werden, die im Gesetz über das Bildungssystem vom 7. September 1991 festgelegt sind. Dieses Gesetz bestimmt, dass Schulen und öffentliche Bildungseinrichtungen „den Schülern die Bewahrung des Gefühls ihrer nationalen, ethnischen, sprachlichen und religiösen Identität und insbesondere Unterricht in der Sprache sowie der eigenen Geschichte und Kultur" ermöglichen sollen. Auf Antrag der Eltern muss dieser Unterricht durchgeführt werden: 1.) in eigenen Gruppen, Klassen oder Schulen; 2.) in Gruppen, Klassen oder Schulen mit zusätzlichem Sprach- sowie Geschichts- und Kulturunterricht; 3.) in schulübergreifenden Unterrichtsgruppen.

Höhe der Subventionen für nationale Minderheiten und ethnische Gruppen in den Jahren
2006–2015 (in tausend Złoty)

2006	99.238
2007	114.599
2008	138.581
2009	170.197
2010	197.471
2011	226.186
2012	270.558
2013	280.377
2014	296.684
2015	326.011

Quelle: Ministerium für Verwaltung und Digitalisierung
http://mniejszosci.narodowe.mac.gov.pl/download/86/18830/Systemfinansowaniaedukacjiimniej
szoscinarodowe20153.pptx

Detailliert geregelt sind die Fragen, die die Bildung der Minderheiten betreffen, in
einer Vielzahl von Verordnungen. Vorschulen, Schulen und öffentliche Bildungseinrichtungen ermöglichen Schülern, die zu einer nationalen oder ethnischen Minderheit oder zur Gemeinschaft einer Regionalsprache gehören, die Bewahrung und
Entwicklung des Gefühls ihrer nationalen, ethnischen und sprachlichen Identität,
indem sie die Sprache der nationalen oder ethnischen Minderheit bzw. die Regionalsprache sowie die jeweilige Geschichte und Kultur unterrichten. Vorschulen,
Schulen und öffentliche Bildungseinrichtungen können Unterricht in der Geografie
des Staates, mit dessen Kulturraum sich die nationale Minderheit identifiziert, sowie künstlerischen und anderen zusätzlichen Unterricht organisieren. Die entsprechende Verordnung bietet den Schülern eine breite Palette von Lernformen – von
sehr ambitionierten, die die allseitige Bewahrung der nationalen Identität ermöglichen (Schulen mit Unterricht in der Minderheitensprache), bis hin zu Formen,
die nur einige zusätzliche Stunden Sprachunterricht beinhalten. Ähnlich ist die
Situation in Bezug auf die Vorschulen. Voraussetzung für die Organisation der erwähnten Abteilungen ist eine ausreichende Zahl angemeldeter Schüler, auch wenn
die Untergrenzen sehr niedrig sind (7–14 Kinder). Selbst diese Grenzen stellen für
die kleineren Minderheiten jedoch häufig ein Problem dar. Das betrifft insbesondere verstreut lebende Minderheitengruppen wie etwa die Ukrainer und die Lemken.
Im Schuljahr 2014/15 machten nach Angaben des Bildungsinformationssystems
(Stand: 30. September 2014) 62.161 Schüler in 1.154 Schulen aller Stufen von der
Möglichkeit Gebrauch, eine Minderheiten- oder Regionalsprache zu lernen.

Seit Kurzem ist für Absolventen von Schulen oder Klassen, in denen eine Minderheitensprache unterrichtet wird, diese ein Pflichtfach im schriftlichen und münd-
lichen Teil der Abiturprüfung. Absolventen von Schulen und Klassen, in denen
eine Minderheiten- als Unterrichtssprache verwendet wird, sowie von Schulen
und Klassen mit bilingualem Unterricht können Fachprüfungen in der Sprache
der jeweiligen Minderheit ablegen – außer im Fach Polnisch sowie in polnischer
Geschichte und Geografie. In den Schuljahren 2010 bis 2014 wurden Abiturprü-

Anzahl der Schüler nach bestimmten Sprachgruppen im Jahr 2015

Deutsch	38.757
Kaschubisch	18.053
Ukrainisch	3.100
Weißrussisch	2.903
zusätzlicher Polnischunterricht	2.771
Romakinder	2.044
Litausch	959
Hebräisch	328
Lemkisch	269
Slowakisch	168
Armenisch	70

Quelle: Ministerium für Verwaltung und Digitalisierung
http://mniejszosci.narodowe.mac.gov.pl/download/86/18830/Systemfinansowaniaedukacjiimniej
szoscinarodowe20153.pptx

fungen in Weißrussisch, Ukrainisch und Litauisch als Pflichtfächer durchgeführt.
Nur wenige Absolventen entschließen sich dazu, das Abitur in einer Minderheiten-
sprache abzulegen – im Schuljahr 2013/14 waren es nur sechs Schüler, die sich auf
Litauisch prüfen ließen.

Schul- und Lehrbücher können, soweit sie für die Bewahrung des Gefühls nationaler, ethnischer und sprachlicher Identität unverzichtbar sind, aus dem Staatshaushalt bezuschusst werden, was auch geschieht. In der Praxis bedeutet dies, dass die
Auflagen der Lehrbücher, die zum Zwecke des Unterrichts für die Minderheiten
entstehen, vom Ministerium aufgekauft und an die Schulen weitergeleitet werden.
2010 wurden für solche Lehrbücher aus dem Haushalt des Bildungsministeriums
381.882 Złoty ausgegeben; im Jahr 2011 waren es 931.140 Złoty. Die niedrigen
Auflagen führen zu hohen Einzelpreisen der Schulbücher – 2011 kostete ein Exem-
plar ca. 370 Złoty. Dies zeigt, dass eine entsprechende Bildung ohne staatliche Hilfe
eine übermäßige Belastung für die Eltern darstellen würde.

Für die Bildung der Minderheiten sind zusätzliche Mittel vorgesehen. Insgesamt
wurden 2012 für zusätzliche Aufgaben in diesem Bereich 270.558.000 Złoty zur
Verfügung gestellt (im Vergleich zum Jahr 2011 ein Zuwachs von 19,6%). Darüber
hinaus konnten bislang vier Strategiepapiere zur Entwicklung der Minderheiten-
bildung (in Bezug auf die litauische, ukrainische, weißrussische und deutsche
Minderheit) unterzeichnet werden. Besondere Erwähnung verdient die Bildungs-
komponente des Programms für die Gemeinschaft der Roma.

Kulturelle Rechte

Das Minderheitengesetz definiert auch die kulturellen Rechte der Minderheiten.
Die staatlichen Organe sind verpflichtet, Aktivitäten, die auf den Schutz, die Bewahrung und Entwicklung der kulturellen Identität der Minderheiten abzielen, mit
entsprechenden Maßnahmen zu unterstützen.

Till Scholtz-Knobloch: Aber irgendwelche Ziele muss man schon setzen ...

Waldemar Gielzok: Mit Zielen muss man umgehen können, um nicht zu entgleisen. Wenn man sich beispielsweise als Ziel setzt, bis zum 200. Geburtstag von Gustav Freitag (oberschlesischer Schriftsteller) 200 Schulen mit Deutsch als Minderheitssprache zu haben, und eine große Werbekampagne ins Rollen bringt und das Ziel letztendlich erreicht, dann mag das öffentlichkeitswirksam als Erfolg klingen. Till Scholtz-Knobloch: Aber man verliert dabei aus den Augen, dass in den Schulen in Wirklichkeit Deutsch als Minderheitensprache ohne die Förderung der Identität und von Fremdsprachenlehrern ohne Bezug zum Deutschtum unterrichtet wird, die Lehrer unterrichten einige Stunden mehr, um damit mehr zu verdienen.

Die Träger der Schulen – meistens die Kommunen – bekommen vom polnischen Staat [für den Unterricht von Deutsch als Muttersprache] das Mehrfache der üblichen Zuwendungen, die normalerweise für Deutsch als Fremdsprache zur Verfügung stehen, und sind damit zufrieden. Ob die zusätzlichen Mittel, die der polnische Gesetzgeber für die Förderung der Identität der nationalen und ethnischen Minderheiten bestimmt, tatsächlich für Lehrmittel oder berufliche Fortbildung der Deutschlehrer verwendet werden, bleibt vorerst dahingestellt. Der polnische Staat, genauer gesagt das Ministerium für Nationale Bildung, bestimmte nach offiziellen Statistiken im Jahre 2012 im Rahmen der Bildungszuwendung allein für Deutsch als Minderheitensprache 130 Millionen Złoty als zusätzliche Mittel. Die Stadt Oppeln bekam beispielsweise nur für Deutsch als Minderheitensprache 3.680.640 Złoty. Das sind effektiv Mehreinnahmen für die Stadt, weil sich so viele Elternteile zum Deutschtum in Oppeln bekennen. Einen Kindergarten mit Deutsch als Minderheitensprache gibt es in Oppeln aber trotzdem nicht, weil man das bei dieser Menge von Erklärungen der Eltern nicht für wichtig hält.

Der Schulträger kann nicht nach eigenem Gutdünken verfahren, sondern sollte im Sinne des polnischen Gesetzgebers handeln. Jeder, dem die Belange der Bildung der Minderheiten in Polen am Herzen liegen, kann hinterfragen, wie die zusätzlichen Mittel, die der polnische Staat aus Steuereinnahmen für die Bildung der nationalen und ethnischen Minderheiten zur Verfügung stellt, verwendet wurden. Es kann ja nicht so sein, dass eine Gemeinde erhebliche Summen für den Mehraufwand bekommt, aber die Deutschlehrer in keiner Weise für den Mehraufwand und die Vorbereitung durch besondere Lehrmittel oder fachbezogene Fortbildungsmaßnahmen unterstützt werden. Wenn das der Fall ist, dann heißt es, dass jemand die Kinder, Eltern und den polnischen Staat betrügt und diese Mittel für andere Zwecke benutzt.

Zuwendungswahnsinn. Interview mit Waldemar Gielzok, dem Vorsitzenden der Deutschen Bildungsgesellschaft Oppeln (Auszug), in: WOCHENBLATT. ZEITUNG DER DEUTSCHEN IN POLEN, 15.–21. August 2014, S. 10.

Außerdem ist zu erwähnen, dass laut Rundfunk- und Fernsehgesetz vom 29. Dezember 1992 zu den Aufgaben des öffentlich-rechtlichen Rundfunks und Fernsehens insbesondere auch die Rücksicht auf die Bedürfnisse der nationalen und ethnischen Minderheiten sowie der Sprecher von Regionalsprachen gehört; dies beinhaltet die Ausstrahlung von Informationssendungen in den Sprachen der nationalen und ethnischen Minderheiten sowie der Regionalsprache. Rundfunk und Fernsehen sind verpflichtet, die Produktion und Ausstrahlung solcher Sendungen zu finanzieren. Bei der Berufung von Programmbeiräten der Regionalstudios, die Sendungen in den Sprachen der nationalen und ethnischen Minderheiten sowie in der Regionalsprache ausstrahlen, müssen die Direktoren Kandidaten berücksichtigen, die von den gesellschaftlichen Organisationen der nationalen und ethnischen Minderheiten sowie der Gemeinschaft der Regionalsprache benannt werden.

In den Staatshaushalt werden jedes Jahr Mittel für kulturelle Projekte der Minderheiten eingestellt. Die Ausschreibungen führt der Minister für Verwaltung und Digitalisierung durch. Gefördert werden sowohl einmalige Aktionen als auch mehrjährige Projekte, die Modernisierung von Objekten ebenso wie die laufenden Aktivitäten der Minderheitenorganisationen. Ein vollständiges Verzeichnis der finanzierten Aufgaben findet sich auf der Internetseite des Ministeriums.[11]

Verwaltungsorgane für Fragen der Minderheiten

Die zuständige Regierungsbehörde für die vom Minderheitengesetz geregelten Fragen ist der für religiöse Bekenntnisse sowie nationale und ethnische Minderheiten zuständige Minister. Gegenwärtig ist dies der Minister für Verwaltung und Digitalisierung.

Ein überaus wichtiges Gremium, das mit dem Gesetz eingerichtet wurde, ist die Gemeinsame Kommission der Regierung und der Nationalen und Ethnischen Minderheiten. Auch wenn es sich nur um ein beratendes und begutachtendes Gremium beim Premierminister handelt, so kommt dieser Kommission doch eine große praktische Bedeutung bei der Ausarbeitung der Grundlagen der polnischen Minderheitenpolitik zu. Der Kommission gehören Vertreter der einzelnen Ministerien und der Minderheitenorganisationen an. Den Minderheiten stehen ein oder zwei Vertreter zu; der Gesetzgeber hat sich dabei an der zahlenmäßigen Stärke der jeweiligen Gemeinschaft auf dem Gebiet der Republik Polen orientiert. Jeweils zwei Vertreter haben die Weißrussen, Litauer, Deutschen, Ukrainer, Lemken, Roma sowie die Gemeinschaft der Kaschuben als Sprecher einer Regionalsprache. Den übrigen Minderheiten (den Tschechen, Armeniern, Russen, Slowaken, Juden, Karäern und Tataren) steht je ein Vertreter zu. Gleichberechtigte Kommissionsvorsitzende sind ein Vertreter des für religiöse Bekenntnisse sowie nationale und ethnische Minderheiten zuständigen Ministers sowie ein Vertreter der Minderheiten und der Gemeinschaft der Regionalsprachen. Die erste Sitzung der Gemeinsamen Kommission fand am 21. September 2005 statt. Heute handelt es sich um ein effektiv arbeitendes Gremium von großer Bedeutung für die Konsensbildung in der staatlichen Minderheitenpolitik.

Mit Minderheitenfragen befassen sich auch viele andere staatliche Behörden, insbesondere das Ministerium für Nationale Erziehung (Bildungswesen der Minderheiten) oder auch das Ministerium für Kultur und Nationales Erbe. Eine wichtige Rolle spielt auch der Sejm-Ausschuss für Nationale und Ethnische Minderheiten, der sich (neben den gegenwärtig nicht sehr zahlreichen Gesetzgebungsinitiativen) kontinuierlich mit den Problemen und Forderungen der Minderheiten auseinandersetzt.

Politische Rechte

Es gibt in Polen keine garantierten Parlamentssitze für die Minderheiten. Die Wahlordnung zum Sejm und zum Senat der Republik Polen vom 12. April 2001 befreit jedoch die von den Organisationen der nationalen Minderheiten aufgestellten Wahllisten von der landesweiten Fünf-Prozent-Hürde. In der Praxis können

---

11 Zur Aufteilung der Zuschüsse für das Jahr 2015: http://mniejszosci.narodowe.mac.gov.pl/mne/
    dotacje/2015/dotacje/8548,Decyzja-Ministra-Administracji-i-Cyfryzacji-z-dnia-16-grudnia-2014-
    r.html (25.07.2015).

Ryszard Galla, geboren am 22. Juli 1956 in Breslau, ist gegenwärtig der einzige Vertreter der
deutschen Minderheit im polnischen Parlament. Nach dem Studium des Ingenieurwesens
wurde er 2005 erstmalig als Abgeordneter in den Sejm gewählt und trat dem Ausschuss für
nationale und ethnische Minderheiten bei. Er ist unter anderem stellvertretender Vorsitzender der Sozial-Kulturellen Gesellschaft der Deutschen im Oppelner Schlesien, Präsident des
Hauses der Deutsch-Polnischen Zusammenarbeit in Gleiwitz und Vorstand des Verbandes der
deutschen Sozial-Kulturellen Gesellschaften in Polen. Galla steht des Öfteren in der Kritik der
nationalkonservativen Partei Recht und Gerechtigkeit (PiS). In Deutschland hingegen wurde
sein Engagement für die deutsche Minderheit mit dem Bundesverdienstkreuz gewürdigt.

von diesem Privileg nur Wahllisten jener Minderheiten Gebrauch machen, die in
größerer Zahl geschlossene Gebiete bewohnen. In der siebten Legislaturperiode
des Sejm (2011–2015) gab es einen Abgeordneten, der über eine von registrierten
Minderheitenorganisationen aufgestellte Liste gewählt wurde: den Vertreter der
deutschen Minderheit Ryszard Galla (die Zahl der Abgeordneten der deutschen
Minderheit im Sejm ist systematisch zurückgegangen, von sieben in der Legislaturperiode 1991–1993 über vier in den Jahren 1993–1997 und je zwei in den drei
darauffolgenden Legislaturperioden bis hin zu einem Abgeordneten 2011–2015).
Natürlich saßen im Sejm auch viele führende Vertreter der nationalen Minderheitenorganisationen, die über die Listen der politischen Parteien ins Parlament
gekommen sind. Sie wurden jedoch nach den allgemeingültigen Regeln gewählt.
So saßen in der siebten Legislaturperiode z. B. im Präsidium des Ausschusses für
Nationale und Ethnische Minderheiten: als Vorsitzender Miron Sycz, ein ukrainischer Aktivist, der über die Liste der Bürgerplattform (PO) gewählt wurde, und als
Stellvertretender Vorsitzender der weißrussische Vertreter Eugeniusz Czykwin,
der über die Liste des Bündnisses der Demokratischen Linken (SLD) in den Sejm
gekommen ist.

Die Minderheiten verfügen auch auf allen Ebenen der territorialen Selbstverwaltung
über eigene Vertreter. In den Kommunal- und Regionalwahlen von 2014 stellte nur
die deutsche Minderheit eine eigene Liste auf (und zwar in den Woiwodschaften

Situation nach den jüngsten Sejm-Wahlen 2015 nach Lech M. Nijakowski

Bei den Parlamentswahlen am 25. Oktober 2015 siegte die nationalkonservative Partei Recht und Gerechtigkeit (PiS). Sie errang 235 von 460 Sitzen im polnischen Parlament, dem Sejm, und kann daher ohne Koalitionspartner die Regierung bilden. Die Linke wird im Sejm nicht vertreten sein. Die „Kukiz´15-Partei" hingegen erhielt 42 Sitze, die Mehrzahl ihrer Abgeordneten sind Mitglieder der extrem rechten Nationalen Bewegung (RN). Es ist verständlich, dass das Programm der neuen Regierung die Vertreter der nationalen und ethnischen Minderheiten beunruhigt.

Miron Sycz, in der Legislaturperiode 2011–2015 Vorsitzender des Ausschusses für nationale und ethnische Minderheiten, Vertreter der Ukrainer von der Wahlliste der Partei Bürgerplattform (PO), hat den Einzug ins Parlament nicht geschafft, genau wie der zweite Vorsitzende des Ausschusses, Eugeniusz Czykwin, der langjährige Vertreter der Weißrussen und Orthodoxen. Wieder ein Mandat errungen hat hingegen Ryszard Galla, der Vertreter der deutschen Minderheit. Er ist der einzige Abgeordnete der deutschen Minderheit im Sejm.

Die neue Politik kann auf den Beschluss des neugewählten Präsidenten Andrzej Duda (PiS) verweisen, der sein Veto gegen die geplante Novellierung des Minderheitengesetzes eingelegt hat, die noch durch das vorherige Parlament beschlossen wurde. Die Neufassung des Gesetzes ermöglicht den Angehörigen der nationalen und ethnischen Minderheiten auf Landkreisebene, ihre Muttersprache als Hilfssprache zu gebrauchen. Nach offiziellen Mitteilungen begründet Duda sein Veto mit den hohen Kosten bei der Anwendung des Gesetzes. Die Vertreter der Minderheiten empfanden diese Entscheidung durchweg als beunruhigend. Ryszard Galla kommentierte die Entscheidung in der Tageszeitung *Nowa Trybuna Opolska*: „Gegen dieses Gesetz wurde ein Veto eingelegt wegen der Kosten, die bei der Einführung der Muttersprache der Minderheiten als Hilfssprache auf Landkreisebene entstehen. Ich betrachte dies als Vorwand, da es sich lediglich um vier Landkreise handelt (zwei kaschubische, einen weißrussischen und einen litauischen, in keinem Landkreis im Oppelner Schlesien beträgt der Anteil der Deutschen mehr als 20 Prozent). Die Einführung dieses Gesetzes würde die Haushalte der Landkreise nicht besonders stark belasten. Die Kosten sind minimal, falls überhaupt welche entstehen."

Oppeln und Schlesien). Vertreter anderer Minderheiten kandidierten auf den Listen der Parteien und lokaler Wählervereinigungen. Die deutsche Minderheit ist in der Woiwodschaft Oppeln traditionell stark vertreten und war in der Vergangenheit häufig an Koalitionen im Regionalparlament beteiligt. Die Fraktion der deutschen Minderheit zählt hier in der Legislaturperiode 2014–2018 sieben Abgeordnete, und Roman Kolek von der Minderheit ist Vizemarschall der Woiwodschaft Oppeln.

Nach Schätzungen des Ministers für Verwaltung und Digitalisierung wurden in den Wahlen von 2014 insgesamt 11 Abgeordnete ins Regionalparlament, 70 Kreistagsabgeordnete, 452 Gemeindevertreter und 43 Bürgermeister gewählt, die den Minderheiten angehören. Dies zeugt davon, dass die Minderheiten aktiv am politischen Leben teilhaben und es auf diesem Gebiet keine juristischen oder sozialen Barrieren gibt.

Die Roma

Die größten Probleme in Polen haben die Roma. Dies betrifft die Wohnsituation (manche Gruppen von Roma wohnen in Siedlungen, die eigenhändig aus dem Baumaterial zusammengezimmert wurden, das gerade verfügbar war), Arbeitslosigkeit, Gesundheitsfürsorge, Konflikte mit der polnischen Mehrheit etc. In Polen leben vier größere Gruppen von Roma: Polska Roma (deren Vorfahren zwischen dem 16. und dem 18. Jahrhundert aus Deutschland eingewandert sind), Kalderasch

(in den Sechzigerjahren des 19. Jahrhunderts aus dem heutigen Rumänien gekommen), Lovara (die zusammen mit den Kalderasch nach Polen gekommen sind) und
Bergitka Roma (Karpaten-Roma, sie sind bereits im 15. Jahrhundert nach Polen
zugewandert).

Im Vergleich zu den anderen in Polen lebenden Minderheiten ist die Situation der
Roma paradox. Der Graben zwischen Polen und Roma ist so tief und so sehr von
diversen negativen Stereotypen und Vorurteilen besetzt, dass das Hauptproblem
für die Mehrheit wie für die Minderheit nicht so sehr in der Aufrechterhaltung der
Grenze zwischen den Gruppen und der eigenen Identität besteht (daher müssen
die Roma auch in der Schule nicht ihre Muttersprache lernen), sondern vielmehr in
der faktisch erzwungenen gesellschaftlichen Inklusion. Dies ist ein äußerst konflikt-
trächtiger Prozess. Insbesondere die Entwicklung der Roma-Organisationen und deren Pflicht, rechtsstaatliche Standards zu erfüllen, führen zu zahlreichen Spannungen und Reibereien. Diese Konflikte rühren von den Unterschieden zwischen der
Kultur der polnischen Mehrheit und der Roma-Kultur sowie von einer natürlichen
Modernisierungstendenz her, die dazu führt, dass sich die Bestrebungen und Erwartungen der jungen Roma wandeln. Ein Beispiel ist die sich verändernde Einstellung
zur Bildung – immer mehr Roma streben einen längeren Bildungsweg bis hin zu
den Hochschulen an. Eine wichtige Unterstützung dieser Veränderungsprozesse
stellte das polenweite von der Regierung initiierte „Programm für die Gemeinschaft der Roma in Polen" dar, das bis 2013 lief. Gegenwärtig wird das „Programm
2014–2020 zur Integration der Gemeinschaft der Roma in Polen" umgesetzt. Die
Programme betreffen alle Lebensbereiche der Minderheit der Roma: Wohnverhält-
nisse, Beschäftigung, Gesundheit, Sicherheit etc. Im Folgenden wird nur auf den
Aspekt der Bildung eingegangen.

Das Hauptproblem war jahrelang der regelmäßige Schulbesuch der Roma-Kinder.
Es gab verschiedene Lösungsversuche; einer davon war die Einrichtung eigener
Schulklassen für Roma. Dieses Experiment wird heute von vielen Roma und auch
von Bildungsexperten kritisiert. Die Roma-Klassen verringerten zwar die Zahl der
Fehltage, hielten jedoch zugleich die Distanz zwischen jungen Polen und Roma
aufrecht. Mit der Einführung der Programms für die Gemeinschaft der Roma
begann sich die Situation zu verbessern. Insbesondere die Einführung der Institution eines Bildungsassistenten der Roma führte zu einer deutlichen Erhöhung der
Schulbesuchsquote. Der Assistent – der selbst Roma ist und von den Roma-Kindern
als „einer der ihren" anerkannt wird – gibt diesen Hilfestellung im Kontakt mit der
Schule und kooperiert mit Eltern, Lehrern und Schuldirektoren.

Das bedeutet jedoch nicht, dass alle Probleme gelöst wären. Besonders beunruhigend ist die Tatsache, dass ein bedeutender Prozentsatz derjenigen Kinder, die
in den psychologisch-pädagogischen Beratungsstellen ein Attest über „mentale
Retardierung" (geistige Behinderung) ausgestellt bekommen, Roma sind. Man
kann sagen, dass sie deutlich überrepräsentiert sind. Es wäre aber falsch, daraus
den Schluss zu ziehen, dass Roma-Kinder öfter geistig behindert sind als polnische Kinder. Die Zahlen können vielmehr die Folge der Anwendung von Unter-
suchungsmethoden sein, die die kulturelle Besonderheit der Minderheiten nicht

Papusza – Die Poetin der Roma
Der Film *Papusza* schildert in einer großartigen Erzählung das Leben der Roma-Dichterin Bronisława Wajs, von ihrer Mutter liebevoll „Papusza" genannt. Bei Papuszas Geburt 1910 in Ostpolen prophezeien ihr die Roma-Frauen, dass „sie allen großen Stolz oder große Scham" bringen wird. Als junges Mädchen lernt sie heimlich bei einer jüdischen Buchhändlerin lesen und schreiben und entdeckt die Welt der Poesie. Als sie nach dem Zweiten Weltkrieg auf den Schriftsteller Jerzy Ficowski trifft, ermutigt sie dieser, ihre Gedichte aufzuschreiben. Ihre Werke erzählen von ihren Wünschen und Träumen, von der Liebe zur Natur und der Sehnsucht nach dem gemeinschaftlichen Reisen. Jahre später werden ihre Gedichte ins Polnische übersetzt und veröffentlicht. Papusza wird schlagartig berühmt. Doch für den Ruhm zahlt sie einen hohen Preis …
Papusza basiert auf der wahren Lebensgeschichte der ersten Dichterin der polnischen Roma. Die Regisseure Joanna und Krzysztof Krauze drehten einen poetischen, in betörenden Schwarz-Weiß-Bildern gehaltenen Film, der zugleich ein episches Geschichtspanorama darstellt. Der Film verfolgt das harte Leben der fahrenden Roma, die Verfolgung vor und nach dem Krieg bis hin zu den Zwangsmaßnahmen zur Sesshaftmachung durch die kommunistische Regierung Polens. Denn die Biografie von Papusza ist eng verknüpft mit der Geschichte und Kultur der Roma in Polen im 20. Jahrhundert.
Papusza, Polen 2013, 137 Min. Regie: Krzysztof Krauze / Joanna Kos-Krauze. Siehe auch Beitrag von Matthias Kneip in diesem Jahrbuch auf Seiten 223–226.

berücksichtigen (wie z. B. der Wechsler-Intelligenztest), was zu einer „Test-Diskriminierung" führt. Es mag auch so sein (was auch Roma selbst häufig bestätigen), dass den Eltern an einem solchen Attest gelegen ist; denn damit kann ihr Kind eine Sonderschule besuchen, wo die Bedingungen – einschließlich einer umfassenden Betreuung – viel besser sind. Diese Schulen sind unter den Roma nicht stigmatisiert. Darüber hinaus erhalten die Eltern eines solchen Kindes finanzielle Unterstützung.

Aufschlussreich sind in dieser Hinsicht die Ergebnisse von Untersuchungen, die im Rahmen eines von der Vereinigung der Roma in Polen koordinierten Projekts durchgeführt wurden. Dabei wurden insgesamt 77 Roma-Kinder in Sonderschulen und allgemeinbildenden Schulen nonverbalen Tests (Raven-Matrizen-Test) unterzogen. Dem Test zufolge war von den Schülern, die ein Attest über eine „mentale Retardierung" besaßen, gut die Hälfte behindert. Dies zeigt anschaulich, wie sehr eine schwierige Lebenssituation den Bildungsweg von Schülern beeinflussen kann – eine zweifellos prekäre Situation.

Probleme der Minderheiten

Nationale und ethnische Minderheiten sind einem ständigen spontanen Assimilationsdruck ausgesetzt. Die dominierende Kultur (darunter die Massenkultur), das Schulwesen und die Behörden verlangen von den Angehörigen der Minderheiten nicht nur die fließende Beherrschung der Amtssprache, sondern verbreiten auch Vorstellungen, die die Identität der Mehrheit konstituieren. In der heutigen Zeit können Minderheiten nicht mehr auf die Bewahrung ihrer Identität aufgrund kulturellen Beharrungsvermögens und gesellschaftlicher Isolation setzen, wie das noch in der bäuerlichen Kultur der Fall war. Junge Menschen, die täglich ein breites kulturelles Angebot vorfinden, stehen der Lebensweise, die ihren Vorfahren die Aufrechterhaltung ihrer ethnischen Eigenständigkeit ermöglichte, immer kritischer gegenüber. Davon sind auch die Minderheiten in Polen betroffen, die mit diesem Problem in unterschiedlichem Maße fertigwerden. Sehr stark sind die Assimilationsprozesse unter den Weißrussen, deutlich schwächer unter den Deutschen, kaum bemerkbar unter den Roma. Das zahlenmäßige Schrumpfen einzelner Minderheiten bringt eine Reihe von Alltagsproblemen mit sich, z. B. was die Arbeitsfähigkeit der Minderheitenorganisationen betrifft.

Das meiste Aufsehen haben in letzter Zeit die Forderungen der Oberschlesier erregt, die die im Minderheitengesetz festgeschriebenen Rechte für sich beanspruchen. Ein Teil der oberschlesischen Aktivisten ist der Ansicht, der oberschlesische Ethnolekt müsse – analog zum Kaschubischen – als Regionalsprache anerkannt werden. Andere verlangen die Anerkennung als ethnische Minderheit. Die Befürworter solcher Regelungen berufen sich häufig auf die Ergebnisse der letzten Volkszählung, in der als Antwort auf die erste oder zweite Frage nach der ethnischen Zugehörigkeit insgesamt 847.000 Bekenntnisse zu einer oberschlesischen Identität verzeichnet wurden; in weniger als der Hälfte der Fälle (376.000) handelte es sich dabei um die einzige Identifikation, häufiger wurde eine oberschlesische zusammen mit einer polnischen Identität genannt (431.000 Personen). In der siebten Legislaturperiode des Sejm gab es zwei Gesetzesinitiativen in Bezug auf die Oberschlesier: einen Bürgerentwurf zur Anerkennung der Oberschlesier als ethnische Minderheit und einen Abgeordnetenentwurf zur Anerkennung des oberschlesischen Ethnolekts als Regionalsprache. Auch wenn die Parlamentarier die Arbeit an beiden Entwürfen aufgenommen haben, so fehlt es doch ganz offensichtlich an dem Willen, diese Arbeit zu Ende zu führen. Das Ende der Legislaturperiode im Oktober 2015 entließ die gegenwärtige Regierungskoalition aus der Pflicht, gegenüber den oberschlesischen Forderungen Stellung zu beziehen. Der Abgeordnetenentwurf verfiel (gemäß dem Diskontinuitätsprinzip), der Bürgerentwurf wird in der achten Legislaturperiode des Sejm weiterverfolgt.[12]

Die Minderheiten verweisen auch auf die geringe Kenntnis der polnischen Mehrheit über die ethnische Vielfalt des Landes sowie auf die ablehnende Haltung mancher Polen. Veränderungen auf diesem Gebiet sind nur mit gezielten pädagogischen

---

12 Mehr zu den nationalen Forderungen der Oberschlesier in Lech M. Nijakowski (Hg.):
     Nadciągają Ślązacy. Czy istnieje narodowość śląska? [Die Oberschlesier kommen. Gibt es
     eine oberschlesische Nationalität?], Warszawa 2004.

Programmen im allgemeinen Schulwesen zu bewirken. Eine Erziehung zu Offenheit und Toleranz gegenüber Minderheiten sollte Teil der Allgemeinbildung aller Schüler sein, die verstehen müssen, dass Diskriminierung und Intoleranz gegenüber welcher Gruppe auch immer keinerlei Existenzberechtigung haben. Dabei darf man sich jedoch nicht auf allgemeine Prinzipien oder abstrakte Beispiele beschränken. Die Schüler müssen – insbesondere in Form von Workshops, Rollenspielen und Gruppenarbeitsphasen – mit konkreten Beispielen für die Begegnung und das Aufeinandertreffen von Kulturen konfrontiert werden. Nur die Förderung von Empathie kann zu einem dauerhaften Einstellungswandel führen. Ein Negativbeispiel auf diesem Gebiet waren die jahrelang beibehaltenen getrennten Schulklassen für Roma.

Aus dem Polnischen von Jan Conrad

Jan Sowa

Das einsame Lebensgefühl

Zwei Mal hatte ich in meinem Leben einen Kulturschock. Ich fange von hinten
an, weil das interessanter ist. Zuletzt ist mir das 1998 in Indien widerfahren. Ich
war 22 Jahre alt, war zuvor durch Europa und die Vereinigten Staaten gereist,
hatte allerdings den sogenannten westlichen Kulturraum noch nie verlassen. Zu
fünft waren wir zu einer Reise durch Indien aufgebrochen, und eines Julimorgens
fanden wir uns im Zentrum von Neu-Delhi wieder, wohin uns der klapprige Bus
vom Flughafen gebracht hatte. Alles war seltsam und so anders als die Welt, die ich
kannte, dass es meine Wahrnehmung und Gedanken aus dem routinierten Gleichgewicht brachte: die Gerüche, die klebrige Hitze der monsunschwangeren Luft, der
Lärm von Hunderten von Motorrädern, die sich gegenseitig anhupten, Rikschas,
Autos, Autobusse, Lastwagen, Kühe, die durch das Stadtzentrum spazierten, und
die vielen Menschen – ihr für uns unverständliches und merkwürdiges Verhalten,
die nicht nachvollziehbare Logik ihres Denkens, beispielsweise als mein Freund auf
die Frage, ob der Zug pünktlich käme, von dem angesprochenen Mann die Antwort
erhielt: „For sure maybe yes, maybe not." Diese Welt ist unserer so ähnlich, weil
wir alle Menschen sind, gleichzeitig aber so radikal, so fundamental anders.

Mein erster Kulturschock war deutlich weniger exotisch, wenn auch nicht weniger
heftig. Im Sommer 1990 nahm mein Vater mich zur ersten Reise „in den Westen"
mit. Ein Jahr zuvor war die Volksrepublik Polen zusammengebrochen, und die
Grenzen waren endlich offen, zumindest von polnischer Seite; nun konnten wir
alle Pässe bekommen. Ich war 14 Jahre alt und noch nie im Ausland gewesen,
wenn man von einem Skiurlaub in der Tschechoslowakei absieht, die sich so wenig
von Polen unterschied, dass man nicht von irgendeiner Andersartigkeit sprechen
konnte. Wir packten unsere Sachen in unseren altersschwachen Škoda 105, unter
anderem auch zwei 20-Liter-Kanister Benzin, um die Reisekosten zu senken, weil
der Preisunterschied zwischen Polen und dem Westen damals immer noch gewaltig
war, und fuhren durch die Tschechoslowakei und Deutschland Richtung Frankreich.
Den größten Teil Deutschlands durchquerten wir im Laufe eines einzigen langen
Tages; die erste Stadt, in der wir anhielten, war Frankfurt am Main. Wir stellten
den Wagen in einem gigantischen, mehrstöckigen Parkhaus ab, das schon an sich
Bewunderung und Respekt bei mir hervorrief. Noch nie zuvor hatte ich etwas
Derartiges gesehen – ein riesiges Gebäude, in dem man mit dem Auto herumfahren
konnte, Donnerwetter! Wir traten auf eine Hauptstraße in der Frankfurter Fußgän-
gerzone. Ich war völlig sprachlos. Es fand irgendein Festival statt, daher wimmelte
es nur so vor Menschen. Aber auch vor Dreck auf den Straßen – Bonbonpapiere
und Eisstiele, zertretene Fähnchen, kaputte Luftballons und irgendwo dazwischen
ein Stoß Werbezeitschriften, die das Sortiment eines Supermarktes anpriesen,
dessen Namen ich vergessen habe. Ich hob eine von ihnen auf und blätterte sie mit
einer Mischung aus Ungläubigkeit und Faszination durch. Ich bin 1976 geboren
und von den 1980er-Jahren geprägt, der grauesten, düstersten und trostlosesten

Zeit der polnischen Nachkriegsgeschichte. Die Regale in den Geschäften waren damals legendär leer, und mein Kontakt mit der Konsumgesellschaft beschränkte sich auf die Schaufenster der den DDR Intershops vergleichbaren Pewex-Läden und das Sammeln von leeren Dosen und Zigarettenschachteln, die ich wie viele meiner Freunde sorgfältig aufbewahrte. Jene Straße in Frankfurt überwältigte mich: Lärm, Farben, die Vielfalt der Menschen, Schaufenster, in denen sich die Waren türmten und gekauft werden wollten. Ich konnte nicht glauben, dass die Welt, nur eine lange Tagesfahrt von zu Hause entfernt, wirklich schon so anders sein konnte.

Wenn ich heute darüber nachdenke, bin ich mir über die Unterschiede der beiden Erfahrungen natürlich im Klaren: Frankfurt und Neu-Delhi sind zwei völlig verschiedene Orte, und auch ich war im Alter von 14 Jahren ein völlig anderer Mensch als mit 22. Es gab jedoch eine Ähnlichkeit, die mir erst vor kurzer Zeit bewusst geworden ist. In materieller Hinsicht unterscheiden sich Ost und West immer weniger, insbesondere wenn man die Zentren großer Städte miteinander vergleicht: die gleichen Geschäfte, die gleichen Autos, ähnlich gekleidete Menschen. Natürlich gibt es in Polen, sogar in der Hauptstadt, nach wie vor arme Gegenden und heruntergekommene Ecken wie etwa in Praga, dem Warschauer Stadtteil, in dem ich gegenwärtig wohne. Jedes Mal wenn ich in den Westen fahre, kommen mir diese Unterschiede allerdings geringer vor. Als ich dieses Jahr Ende Mai von einem mehrtägigen Aufenthalt in Berlin nach Polen zurückkehrte, sprang mir jedoch etwas völlig anderes ins Auge. Erstens – und das geht vielen Leuten so, auch mir fällt es seit einiger Zeit jedes Mal auf, wenn ich aus dem Westen Europas zurückkomme – die unglaubliche Homogenität der polnischen Gesellschaft, ihre traurige, monolithisch grau-weiße Eintönigkeit bar jeglicher optisch andersartiger Minderheiten. Die westlichen Städte sind heutzutage eigentlich alle von einer ethnischen Vielfalt geprägt. Es gibt Stadtteile, in denen nur eine Hautfarbe dominiert, mehrheitlich sieht man aber eine multiethnische Mischung: Weiße und Schwarze Menschen, Araber, Türken, Perser, Ostasiaten und Menschen aus allen möglichen gemischt-ethnischen Familien. Polen ist weiterhin so, wie ich es schon immer kenne: weiß, weiß, weiß und ringsherum grau, wie in dem Lied der polnischen Autorin und Sängerin Dorota Masłowska über die heftig umstrittene Regenbogen-Installation auf dem Plac Zbawiciela in Warschau, die mehrfach von Nationalisten zerstört wurde: „Wir sind grau, unsere Farbe ist grau, wir wollen keine anderen Farben, wir hassen den Regenbogen!"

Die zweite Sache, die mir in der polnischen Lebenswirklichkeit immer stärker auffällt, ist die Leere. Polen ist ein ödes und menschenleeres Land, die Straßen unserer Städte erinnern an Theaterkulissen, die für eine Vorstellung aufgestellt worden sind, bei der die Mehrheit der Schauspieler nicht erschienen ist; zwischen den Kulissen irren ein paar müde und desorientierte Bühnenbildner herum. Es geht nicht nur darum, dass bei uns weniger Menschen in den Städten leben als im Westen, denn natürlich sind wir weniger, und das spiegelt sich gezwungenermaßen auch in der Bevölkerungsdichte wider. Aber die Menschen sind anders – stärker von Müdigkeit gezeichnet, vom Leben und vom Tag, mit dem sie ringen, von der Arbeit, die länger und härter ist als anderswo und dazu viel schlechter bezahlt wird (Polen und Polinnen arbeiten gegenwärtig mehr und länger als die Mehrheit der Einwohner in

Westeuropa und verdienen höchstens ein Drittel, manchmal auch nur ein Fünftel dessen, was Arbeitnehmer in Deutschland oder Frankreich verdienen). Nichts nervt und ermüdet die Polen allerdings so sehr wie andere Polen, die sie nicht mögen und denen sie nicht vertrauen (Polen ist heute ein Land mit einem katastrophal niedrigen Grad an Vertrauen, der unter 20 Prozent liegt und der – so erschreckend das klingt – deutlich niedriger ist als noch vor 25 Jahren, als noch 30 Prozent der Polinnen und Polen ihren Mitmenschen vertrauten). Die polnische Literaturwissenschaftlerin Maria Janion hat es einmal sehr anschaulich ausgedrückt, als sie sagte, dass man morgens, wenn man in Polen auf die Straße tritt, den Eindruck habe, jeder, dem man begegne, sei in der Nacht von einem Vampir ausgesaugt worden.

Dieses Gefühl der Leere und das, was damit einhergeht, das einsame Lebensgefühl in Polen, verstärken sich seit einiger Zeit bei mir, und aus diesem Grund habe ich begonnen, über mein Heimatland als ein Land der Einsamkeit und Vereinsamung nachzudenken. Es ist meiner Meinung nach eines der einsamsten Länder Europas, und schlimmer noch, die Menschen in Polen werden zunehmend einsamer. Wenn wir uns in diese Einsamkeit hineindenken, erkennen wir ihr komplexes und vielschichtiges Wesen.

Polen ist einsam durch den Verlust von Millionen von Bewohnerinnen und Bewohnern, die im 20. Jahrhundert ermordet wurden, einsam durch das Fehlen von Minderheiten. Es ist eine gewisse Ironie der Geschichte, dass eine der ehemals am stärksten multiethnisch und multireligiös geprägten Gesellschaften Europas den Kern ihrer Identität – die von rechten Kreisen als „Polentum" verehrt wird – heute als eine untrennbare Kombination aus weißer Haut und katholischer Religion versteht. Ironisch deshalb, weil diese Identität auf Personen zurückgeht, die von den Verteidigern des Polentums – zu Recht – als die größten Feinde angesehen werden, die die polnische Nation jemals hatte: Hitler und Stalin. Das homogene, unterschiedslose, weiße Quadrat – soll heißen, das heutige Polen – wurde von ihnen anstelle eines Landes geschaffen, das sowohl geografisch als auch ethnisch

viel komplizierter war. Die heutigen Polen und Polinnen hassen Hitler und Stalin einerseits und schätzen doch andererseits das Ergebnis der harten, barbarischen Politik der beiden Diktatoren. Sie schaffen es jedoch nicht, den Verlust der Menschen zu kompensieren, die einst in diesem Land gelebt haben; sie sind nicht in der Lage, die langweilige Leere der polnischen Städte ohne Juden, Sinti und Roma, Deutsche, Russen und die sogenannten Olędrzy, friesische und niederländische Siedler, die im 16. und 17. Jahrhundert nach Polen eingewandert sind, mit Leben zu füllen. Diese Leere und Einsamkeit ist noch auffälliger, weil die Staaten im Westen zeitgleich eine gegenläufige Entwicklung durchgemacht haben: Die Vielfalt ihrer Gesellschaften nimmt kontinuierlich zu. Das ist ein schwieriger und manchmal schmerzhafter Prozess, aufgrund von Rassismus und allgegenwärtigen Vorurteilen manchmal sogar ein tragischer; er setzt in den westlichen Gesellschaften jedoch Dynamiken und Kräfte frei, an denen es im extrem homogenen Polen fehlt.

Polen ist einsam durch die Leere, die die Menschen hinterlassen haben, die in den letzten zehn Jahren massenhaft ausgewandert sind. Nach dem EU-Beitritt haben sich ca. drei Millionen Menschen dafür entschieden, in den Westen zu gehen, etwa 10 Prozent der erwachsenen Bevölkerung. Das waren mutige und tatkräftige Leute, sie waren überwiegend gut ausgebildet. Wenn sie in Polen leben und arbeiten könnten, wäre es heute ein anderes Land: dynamischer, vernünftiger, offener und glücklicher. Leider konnten wir ihnen nichts bieten.

Polen ist einsam durch die Abwesenheit derer, die in Polen hätten geboren werden können, aber nicht geboren wurden und nie geboren werden. Ich bin 1976 auf die Welt gekommen, zusammen mit 700.000 anderen Kindern. Mein Sohn wurde 2008 geboren und war einer von knapp 350.000 neuen Polen und Polinnen. Darüber habe ich häufig nachgedacht – es ist, als ob ich von meinen Altersgenossen, Menschen mit denen ich im Hof gespielt habe, zur Schule gegangen bin, studiert habe, mit denen ich heute mein Leben teile, jede zweite Person tilgen müsste. Wie leer und wie einsam. Wie traurig.

Polen ist einsam durch die Entfremdung der Polen und Polinnen untereinander. Der fürchterlich niedrige Grad an Vertrauen bedeutet im Alltag, dass jeder und jede von uns vor allem allein ist und von den Mitmenschen nur Schlechtes erwartet: bestohlen, geschlagen oder zumindest angepöbelt zu werden. Wir leben in Polen so, als ob es keine anderen gäbe: Wir sagen selten „Guten Tag", wir lächeln uns nicht zu, häufig sagen wir nicht „Entschuldigung", wenn wir jemanden auf der Straße aus Versehen anrempeln, uns interessiert der öffentliche Raum nicht, denn „öffentlich" heißt schließlich, dass er niemandem gehört. Als Soziologe verstehe ich natürlich, woher das kommt: Internationale Studien zeigen, dass katholische Länder einen niedrigeren Grad an Vertrauen haben als protestantische. Im polnischen Fall kommt noch die traumatische Geschichte hinzu, voll von Verrat und Verfolgung, dazu 25 Jahre rücksichtslose Marktdoktrin frei nach dem Motto: „Als Pole bist du für alle der letzte Dreck, dein Chef will dich ausbeuten, der Staat kümmert sich nicht um dein Wohlergehen, dein einer Nachbar klaut dir den Fahrradsattel, wenn du das Fahrrad im Treppenhaus abstellst, und der andere lässt dir die Luft aus den Reifen, weil es ihm nicht passt, dass dein Fahrrad im Hausflur steht, er dir das aber nicht einfach sagen kann; deine Kinder gehen als Tellerwäscher nach Irland, weil es zu Hause für sie keine Perspektive gibt. Kümmer dich um dich selbst und nur um dich selbst. Das machen nicht nur alle so, sondern sie wären auch schön blöd, wenn sie es nicht täten."

Polen hat sich von seinen Nachbarstaaten so stark entfremdet wie nie zuvor. Die baltischen Staaten sind uns nicht allzu wohlgesinnt, am wenigsten Litauen, ein Land das doch einst mit Polen eine Union bildete, die mächtigste Staatsmacht des damaligen Europa. Die polnischen Medien betonen gern, dass Minderheiten überall in der Europäischen Union ihre Namen so schreiben könnten, wie sie wollten, nur die Polen in Litauen würden in dieser Hinsicht diskriminiert. Kaum einer fragt, woran das liegt. Warum begegnet eine Nation, die angeblich mithilfe Polens einen riesigen zivilisatorischen Sprung nach vorn gemacht hat und Teil der europäischen Kulturgemeinschaft geworden ist, ihren ehemaligen Gönnern und Wohltätern, die dieses positive kollektive Selbstbild aus der weit verbreiteten postsarmatischen Vorstellungswelt speisen, mit so großer Abneigung? Sind die Litauer besonders niederträchtig, dumm und undankbar? Oder ist es möglich, dass sie ihre Geschichte anders verstehen? Gibt es ihrer Meinung nach möglicherweise wichtige und gute Gründe, sich der Rückkehr des Polentums zu widersetzen, den selbstgefälligen und von ihrer kulturellen Überlegenheit überzeugten ehemaligen Kolonialherren und imperialen Herrschern? Ähnlich schlecht oder sogar noch schlechter ist unser Verhältnis zur Ukraine. Politiker und öffentliche Meinung beider Länder haben sich in letzter Zeit aufgrund des gemeinsamen Feindes einander angenähert; das ist jedoch noch keine ausreichende Grundlage für dauerhafte, gute Beziehungen. Polen schafft es nicht, seinen Protektionismus und sein Überlegenheitsgefühl gegenüber der Ukraine abzulegen. Die Polen erinnern sich sehr gern an historische Ungerechtigkeiten, deren Opfer sie waren, sie sind jedoch unfähig, die Erinnerung derjenigen zu verstehen und zu respektieren, die Opfer einer aggressiven und rücksichtslosen polnischen Imperialpolitik waren. Gleichermaßen verstehen sich unsere Nachbarn im Süden, die besonders offenen und sozial eingestellten Tschechen, nicht übermäßig gut mit den Polen. Die polnische Rechte betont gern die guten Beziehungen

zu Ungarn und ihre Sympathie für die Orban-Regierung. Die Partei Recht und
Gerechtigkeit (PiS) erklärte es einst zu ihrem politischen Ziel, ein „Budapest an der
Weichsel" errichten zu wollen. Doch dieser Flirt war schnell vorbei. Nach einer
Annäherung zwischen Ungarn und dem Putin'schen Russland erklärte die polnische
Rechte Orban zum Verräter und Überläufer. Polen, das größte Land der Region,
wird langsam zu einer geächteten und ungeliebten Minderheit in Ostmitteleuropa.

Und dann ist da noch Deutschland – unser zweifellos wichtigster Nachbar. Auf
dieses Verhältnis setze ich große Hoffnungen. Unter den Nationen des westlichen
Europa sind uns die Deutschen am ähnlichsten. Ich hatte beruflich und privat mit
Menschen aus der ganzen Welt zu tun, darunter mit Vertretern fast aller europäischen Nationen. Über Fragen der Identität musste ich mich noch nie mit jemandem
streiten, aber gerade mit den Deutschen fiel es mir besonders leicht, mich zu ver-
ständigen. Nur in ihrer Gesellschaft fühlte ich jene außergewöhnliche Vertrautheit,
die ich zum Beispiel nie unter Engländern und Franzosen empfunden habe, obwohl
ich Frankreich und die Franzosen deutlich besser kenne als die Deutschen. Zwischen Polen und Deutschen gibt es – soziologisch ausgedrückt – eine große Über-
einstimmung im nationalen Habitus: Lebensstile, Denkweisen, soziale Beziehungen
usw. Historisch lässt sich das leicht erklären. Slawen und Germanen ähnelten sich
recht stark in Sitte, Religion, Gesellschaft und Politik. Der Hauptunterschied war
die Bedeutung der altrömischen Zivilisation im Germanentum, die jedoch niemals
bis in die slawischen Siedlungsgebiete vordrang. Trotz der engen deutsch-polnischen Beziehungen, die gegenwärtig vergleichsweise gut sind, bleibt das Verhältnis
aber überaus schwierig. Die Polen betrachten die Deutschen mit einer Mischung
aus Bewunderung und Ressentiment, deren Gründe nicht nur historisch sind. Polen
ist heute kein armes Land, aber man kann es höchstens als „Mittelklasse" bezeichnen. Wenn die Welt geografisch anders angeordnet wäre und Polen sich in der
Nachbarschaft von Malaysia, Venezuela und Südafrika befände, fiele der Vergleich
vorteilhafter und das Selbstwertgefühl positiver aus. Leider hat die Ironie des
Schicksals es so gewollt, dass Polen an Deutschland grenzt, an ein Land, das meiner
Einschätzung nach im Hinblick auf gesellschaftliche und wirtschaftliche Entwicklungen zur absoluten Speerspitze der Avantgarde gehört. Man könnte auf die Idee
kommen, dass es gut sei, so einen großartig entwickelten Nachbarn zu haben, dem
man nacheifern kann. Doch weit gefehlt. Die liberalen Modernisierer begehen in
Polen genau diesen Fehler: Sie orientieren sich an den hochentwickelten Ländern
im Westen und denken, dass wir Teil des Westens sein werden, wenn sie einfach
die Infrastruktur kopieren – Hochgeschwindigkeitszüge, Autobahnen, Flughäfen,
Fußballstadien usw. Sie bedenken dabei nicht, dass diese Lösungen für eine Realität
entwickelt worden sind, die sich auf verschiedene, hochgradig gesättigte Formen
des Kapitals stützt: vor allem auf materielles Kapital, aber auch kulturelles (bestimmte Verhaltensmuster und ein Gemeinschaftsleben), symbolisches (Wissen)
und soziales (Vertrauen). In Polen haben wir in jedem dieser Bereiche ein gigan-
tisches Defizit: Wir können es uns nicht nur nicht leisten, die kostenintensiven
Lösungen des Westens zu kopieren, sondern es gibt auch kein Segment der Gesellschaft, das als Zielgruppe infrage käme, mit anderen Worten, es gibt keine moderne
und vermögende Mittelschicht. Die spektakulären Errungenschaften passen darüber
hinaus auch nicht zu den bestehenden gesellschaftlichen Lebenswirklichkeiten. Ein

gutes Beispiel ist die Einführung von Hochgeschwindigkeitszügen, der sogenannten Pendolinos. Natürlich sind sie für sich genommen modern und komfortabel, aber ihre Nutzung ist erst dann wirklich sinnvoll, wenn sie das Sahnehäubchen, die Ergänzung eines bereits gut funktionierenden und umfassend ausgebauten Netzes aus standardmäßig verkehrenden und angemessen ausgestatteten Schnell- und Regionalzügen darstellen, die auch kleine Orte anbinden. In Polen gibt es keine Torte, obwohl sehr viel Geld für das Sahnehäubchen ausgegeben wurde. Es verkehren nur wenige Züge, die langsam und unpünktlich sind und deren Personal häufig Erinnerungen an kommunistische Zeiten weckt. Der Pendolino bleibt ein Luxus für die Reichen. Mit seiner Einführung ging eine – beabsichtigte und faktisch unvermeidliche – Verschlechterung bei den preiswerteren Verbindungen einher, wollte man doch die Attraktivität der neuen Züge besonders betonen. Ist das ein Fortschritt? Geht es uns besser, weil unsere Züge denen im Westen jetzt ähnlicher sind? Es kommt darauf an, wem es besser gehen soll – den Reichen geht es natürlich besser, aber den Armen schlechter. Letztlich hat die ganze Gesellschaft dabei verloren, weil ein neuer sozialer Distinktionscode entstanden ist, der die wirtschaftliche Ungleichheit vor Augen führt: „Sag mir, mit welchem Zug du fährst, und ich sage dir, wer du bist." Diese Art der Modernisierung und die Besessenheit, den Westen unreflektiert zu imitieren, verstärkt die sozialen Unterschiede und schwächt den Zusammenhalt der ohnehin schon zu stark hierarchisch organisierten polnischen Gesellschaft noch mehr.

Modernisierung und Fortschritt bilden die Fluchtpunkte der polnischen Einsamkeit. Und so entwickeln sich die Polen zu einer sonderbaren Minderheit, die – in der Erinnerung an die eigene Vergangenheit der modernen Welt entrückt – sich zunehmend schlechter mit anderen Nationen versteht. In meinem Buch *Fantomowe ciało króla* (Der fiktive Körper des Königs) habe ich mich ausführlich mit der These beschäftigt, dass „Polen" traditionell immer auch gleichbedeutend mit „fortschrittsfeindlich" war. Der Widerstand der polnischen Adligen, sich im 17. Jahrhundert in den Mainstream des europäischen Kulturwandels einzureihen (Absolutismus, Urbanisierung, Proto-Industrialisierung, Abschaffung der Leibeigenschaft, Abwanderung der armen Landbevölkerung in die Städte, Entstehung eines städtischen Proletariats u. Ä.), erinnert in dieser Hinsicht stark an den unnachgiebigen Kampf der polnischen Eliten mit dem soziokulturellen Fortschritt des 21. Jahrhunderts.

Modernisierende Veränderungen wurden in Polen gewöhnlich gewaltsam von fremden Mächten durchgesetzt. Die Abschaffung der Leibeigenschaft und die Reform
der Sozialstrukturen auf dem Land, der Aufbau einer gut funktionierenden Verwaltung, die Besteuerung der adligen Einkünfte sowie die erfolgreiche Eintreibung der
Steuern, die Landreform und viele andere Veränderungen verdanken wir fremden
Mächten, sogar Feinden Polens. Unser Land stellt sich heute dem Mainstream der
westlichen Zivilisation mit der gleichen Verbissenheit entgegen wie einst. Polen
weigert sich, die Grundrechtecharta der Europäischen Union zu unterzeichnen,
beharrt darauf, dass wirtschaftliche Entwicklung nur mithilfe von Kohlekraftwerken
möglich sei (und die polnische Kohle ist auch noch von sehr schlechter Qualität), verfolgt eine drakonische Drogenpolitik mit negativen Auswirkungen für die
Gesellschaft, zerstört die wohlfahrtsstaatlichen Institutionen und glaubt damit, der
kollektiven Selbstverantwortung Vorschub zu leisten, widersetzt sich der Gleichstellung sexueller Minderheiten und der Emanzipation der Frau, hat nicht die Absicht,
Flüchtlinge aufzunehmen, weil man das Hirngespinst einer reinen, polnischen
Identität verteidigt, und die polnische katholische Kirche tut, was sie nur kann, um
die Lehren von Papst Franziskus, der sich zumindest in Teilen um eine Anpassung
der katholischen Doktrin an moderne Lebenswirklichkeiten bemüht, nicht zur
Kenntnis zu nehmen, geschweige denn in die Tat umzusetzen. Polen ist eine der
letzten Festungen des neoliberalen Fanatismus: während Jeffrey Sachs inzwischen
um die Welt reist, sich zu seinen Fehlern bekennt und für kollektives Handeln
wirbt, beharrt Leszek Balcerowicz darauf, dass „seine" Reformen die größte Wohltat
waren, die den Polen und Polinnen zuteilwerden konnte, und dass der Staat und
kollektive Zusammenschlüsse wie zum Beispiel Gewerkschaften Schmarotzer seien,
die das Blut der heldenhaften Unternehmer aussaugten. Mit all diesen Stand-
punkten steht Polen allein und zunehmend isoliert da. Vor ein paar Jahren vertrat
der rechtskonservative Politiker Jarosław Gowin in den Medien die Ansicht, dass
eingetragene Partnerschaften der Grund für den Niedergang Europas seien, dass so
etwas von schwachen und kaputten Gesellschaften wie Frankreich gefördert werde,
wohingegen der gesunde Teil der westlichen Welt, zum Beispiel die Vereinigten
Staaten, noch immer für den Schutz der Werte einstünde. Im Juni 2015 legalisierte
der Oberste Gerichtshof der USA gleichgeschlechtliche Ehen. Jarosław Gowin und
viele, die so denken wie er, beharren stur auf ihrer reaktionären Haltung und fördern kraft ihrer Position Aberglauben und Rückständigkeit des polnischen Staates.

All das ist überhaupt nur möglich, weil es in Polen gegenwärtig an Ideen für ein
der Wirklichkeit angemessenes Selbstverständnis und für eine kollektive Identität
mangelt. Die Liberalen glauben, dass sich alle größeren Probleme lösen, wenn man
dem Westen nacheifert. Die Konservativen, Anhänger der sogenannten jagiello-
nischen Idee einer polnischen Ostorientierung, wollen die großartige sarmatische
Vergangenheit und Polens hegemoniale Stellung in Ostmitteleuropa wiederbeleben,
auch unter Inkaufnahme einer geschwächten Integration Polens in der EU und
einer Verschlechterung der Beziehungen zu Deutschland. Mir fehlen die Worte,
um auszudrücken, was für ein riesengroßer, kolossaler Blödsinn diese Idee ist. Bei
diesen Gedankenspielen wird gern übersehen: Polen hat die Prüfung als regionale
Hegemonialmacht nicht bestanden und die Konfrontation mit Russland schmachvoll
verloren, als die Kräfte deutlich weniger zu Ungunsten Polens verteilt waren. Die

Nachdem Preiserhöhungen für Fleisch im Sommer 1980 zu Arbeiterstreiks geführt hatten, wurden diese auf der Danziger Leninwerft ausgeweitet und führten im September 1980 zur Gründung der Unabhängigen Selbstverwalteten Gewerkschaft „Solidarność" unter dem Vorsitz von Lech Wałęsa. Zu diesem Zeitpunkt hatten sich bereits die meisten streikenden Betriebe im Land mit dem Streikkomitee an der Küste solidarisch erklärt. Bald zählte jeder dritte polnische Arbeiter zu den Mitgliedern der „Solidarność". Nach ersten Zugeständnissen der Regierung wurden am 13. Dezember 1981 jedoch das Kriegsrecht verhängt, die „Solidarność" verboten und ihre führenden Mitglieder interniert. Die Gewerkschaft blieb im Untergrund aktiv, Unterstützung erfuhr sie durch das westliche Ausland und die katholische Kirche. Vom 6. Februar bis zum 5. April 1989 kam es zu Gesprächen am sogenannten Runden Tisch zwischen der kommunistischen Führung und den Vertretern der demokratischen Opposition, bei denen die ersten teilweise freien Parlamentswahlen am 4. Juni 1989 beschlossen wurden. Die politischen Vertreter der „Solidarność" wurden mit überwältigender Mehrheit gewählt, der katholische Publizist Tadeusz Mazowiecki wurde im Sommer 1989 erster nichtkommunistischer Regierungschef und Lech Wałęsa 1990 zum ersten nichtkommunistischen Präsidenten im Ostblock vereidigt. Heute hat die Gewerkschaft „Solidarność" in Polen an Ansehen und Einfluss eingebüßt (s. *Jahrbuch Polen 2013 Arbeit*).

Sicherheitsgarantien, auf die Polen gegenwärtig vertraut, sind Folge der Mitgliedschaft in der NATO – eines militärischen Verteidigungsbündnisses, das solche imperialen Bestrebungen Polens nicht unterstützen wird. Auch die Nachbarstaaten haben kein Interesse an einem derartigen Szenario. Einige der Letzten, die die Nachricht vom Zusammenbruch der Sowjetunion 1991 nicht wahrhaben wollten, waren litauische Bauern an der Grenze zu Polen, die fürchteten, dass die polnischen Gutsherren zurückkehren würden, sobald die russischen Soldaten abgezogen wären – und nichts schlimmer als das. Entgegen unserer kollektiven Illusion hält niemand außer uns selbst Polen für einen Träger von Fortschritt und Zivilisation; auch in dieser Hinsicht sind wir in Ostmitteleuropa eine Minderheit. Unsere Nachbarn halten uns eher für überhebliche und rücksichtslose Kolonialherren.

Das muss natürlich nicht so bleiben. Keine Identität und kein Wertesystem stehen ein für allemal unveränderlich fest. In der jüngsten Vergangenheit blickt Polen auf die fantastische Gründungsgeschichte der ersten unabhängigen Gewerkschaft „Solidarność" in den 1980er-Jahren zurück – eine gesellschaftliche Bewegung von damals unbekannter Macht und Größe (10 Millionen Männer und Frauen zählten zu den Mitgliedern), aber auch unglaublicher politischer Klarsicht und einer Wirkung, die bis tief in die Gesellschaft reichte. In den Jahren 1980/81, als die polnische Gesellschaft die eigene Situation nachdenklich und kritisch reflektierte und mit einer angemessenen Handlungsstrategie reagierte, zählte das Land zur Avantgarde und wurde zur Quelle der Inspiration für gesellschaftliche Bewegungen auf der ganzen Welt, von den Philippinen über Südafrika bis nach Argentinien. Und all das geschah unter politischen und wirtschaftlichen Bedingungen, die um vieles schwieriger waren als diejenigen, mit denen wir es heute zu tun haben. Ob es uns gelingt, dies zu wiederholen, hängt von unserem Mut und unserer Fantasie ab. Sonst erwartet uns nur eins: eine immer größere Einsamkeit.

Aus dem Polnischen von Dorothea Traupe

Andrzej Kaluza, Peter Oliver Loew

Nationale und ethnische Minderheiten in Polen. Ein Überblick

Das historische Polen war Heimat vieler ethnischer Gruppen, die jedoch zum Großteil als Landbevölkerung kein Nationsbewusstsein entwickelten und keine Schriftsprache besaßen (Litauer, Letten, Belarussen, Ukrainer u. a.). Deutsche lebten vorwiegend in den westlichen Landesteilen und in den Städten. Angezogen von der großen religiösen Toleranz, siedelten sich seit dem Hochmittelalter Juden in Polen und Litauen an. Nach den Teilungen des Landes 1772–1795 machten die Polen selbst die Erfahrung, in Preußen, Russland oder im Habsburger Reich eine nationale Minderheit zu sein.

Als Polen 1918 wiedererstand, ließ sich die polnische Vorstellung von einer Föderation zentraleuropäischer Völker unter polnischer Führung nicht verwirklichen. Dennoch besaß die Zweite Polnische Republik beträchtliche nationale Minderheiten; nur 69% der Einwohner bezeichneten sich in der Volkszählung von 1921 als Polen. Der Minderheitenschutz war zwar in der Verfassung von 1921 verankert, im Alltag gab es für die politische und gesellschaftliche Betätigung der nationalen Minderheiten jedoch Restriktionen.

Der Zweite Weltkrieg veränderte die ethnische Landkarte Polens radikal. Auf die Zwangsmigrationen und Repressionen während des Krieges (Aussiedlung und Vernichtung von Juden, Umsiedlung von Polen, Ansiedlung von Volksdeutschen usw.) folgten die Zwangsmigrationen der Nachkriegszeit: Durch Flucht, Vertreibung und neue Grenzen schrumpften die alten Minderheiten des polnischen Vorkriegsstaates (Deutsche, Ukrainer, Belarussen), während sich als Folge der neuen Grenzziehungen zahlreiche Deutsche im polnischen Staat wiederfanden, die zuvor im Deutschen Reich gelebt hatten. Der Anteil der nationalen Minderheiten ging jedoch von knapp 20% um das Jahr 1945 bis auf gut 2–3% zu Beginn des 21. Jahrhunderts zurück, wobei die bei den Volkszählungen von 2002 und 2011 erhobenen Daten durchweg niedriger liegen als die Schätzdaten von politischen Beobachtern und Minderheitenorganisationen. Die zum Teil deutlichen Differenzen zwischen den beiden Erhebungen liegen an unterschiedlichen Methoden, vor allem an der 2011 erstmals geschaffenen Möglichkeit, bei der Volkszählung zwei nationale Identitäten nennen zu können. Auch haben politische Kampagnen, z. B. unter Oberschlesiern, zu einer hohen Bereitschaft geführt, sich zu einer nichtpolnischen Identität zu bekennen.[1]

---

1 Marek Barwiński: Struktura narodowościowa Polski w świetle wyników spisu powszechnego z 2011 roku [Die Nationalitätenstruktur Polens vor dem Hintergrund der Volkszählung 2011], in: Przegląd Geograficzny Nr. 86 (2/2014), S. 217–241.

Die Bevölkerung Polens zwischen den Weltkriegen nach Nationalität und Muttersprache in Prozent

	Volkszählung von 1921 (nach Nationalität)	Volkszählung von 1931 (nach Muttersprache)
Polen	69,2	68,9
Ruthenen, Ukrainer	14,3	14,9
Juden	7,8	8,6
Belarussen	3,9	3,1
Deutsche	3,9	2,3
Russen	k. A.	0,4
andere und unbekannt	0,9	2,8

Quelle: Główny Urząd Statystyczny: Historia Polski w liczbach [Geschichte Polens in Zahlen], Bd. 1, Warszawa 2003, S. 382, Abb. 109).

Die größten nationalen und ethnischen Minderheiten in Polen (2011)

	als erste Angabe	als zweite Angabe
Oberschlesier	435.750	846.719
Deutsche	74.465	147.814
Ukrainer	38.387	51.001
Belarussen	36.399	46.787
Kaschuben	17.746	232.547
Roma	12.560	17.049
Russen	8.203	13.046
Lemken	7.086	10.531
Litauer	5.599	7 863
Vietnamesen	3.585	4.027
Armenier	2.971	3.623
Juden	2.488	7.508

Selbstbezeichnung nach nationaler Zugehörigkeit: als erste oder zweite Angabe.
Quelle: Zensus 2011

Nationale Minderheiten

Deutsche

Durch die Migrationen des 20. Jahrhunderts hat sich die Struktur der historisch gewachsenen deutschen Minderheit erheblich verändert. Sie lebt heute überwiegend in den oberschlesischen Woiwodschaften Oppeln (hier ca. 10% der Gesamtbevölkerung) und Schlesien sowie in geringerer Zahl in den Woiwodschaften Ermland-Masuren, Pommerellen und Westpommern. Bei der polnischen Volkszählung von 2011 lag die Zahl der Personen, die ausschließlich die deutsche Nationalität angab,

bei rund 45.000. Zusätzlich gaben 103.000 Personen die deutsche und zugleich eine weitere Nationalität oder Ethnie an, zumeist die polnische. Die Gesamtzahl von 148.000 Personen kommt dem Ergebnis der Volkszählung 2002 nahe, als 152.897 Personen mit deutscher Nationalität verzeichnet wurden. Damals konnte jedoch nur eine Nationalität oder Ethnie angegeben werden.

Direkt nach dem Zweiten Weltkrieg waren die in den Grenzen des neuen polnischen Staates lebenden Deutschen Opfer zahlreicher Repressionen. Enteignung, Arbeitslager, Stigmatisierung (u. a. durch das Tragen weißer Armbinden), Umsiedlung und Vertreibung kennzeichneten die Zeit bis 1948. Danach verblieben in Polen mehrere Hunderttausend Deutsche, unter denen sich mehrere Gruppen ausmachen lassen: anerkannte Deutsche, Autochthone (beide Gruppen waren ehemalige Reichsdeutsche) und Volksdeutsche. Anerkannte Deutsche erhielten begrenzte Minderheitenrechte (Schulunterricht, kulturelle Betätigung). Es handelte sich um ehemalige Reichsdeutsche, die aufgrund des Arbeitskräftemangels in Industrie, Bergbau und Landwirtschaft benötigt wurden. Diese Gruppe reiste zwischen 1956 und 1959 fast vollständig in die Bundesrepublik aus. Die Volksdeutschen waren vor 1939 polnische Staatsbürger gewesen und hatten während des Krieges die erste bzw. zweite Gruppe der Deutschen Volksliste unterschrieben. Im September 1946 wurde all jenen, deren Rehabilitierungsverfahren negativ verlaufen war, die polnische Staatsbürgerschaft aberkannt. Sie wurden enteignet und größtenteils nach Deutschland zwangsumgesiedelt. Die Autochthonen waren ehemalige Reichsdeutsche, die allerdings mehrheitlich national indifferenten Grenzbevölkerungen (Ermländer, Masuren, Oberschlesier, Kaschuben und Hinterpommern) angehörten, die sich zu „verifizieren" hatten und eine Treueerklärung zur polnischen Nation ablegen mussten. Als sich nach 1956 Möglichkeiten boten, Polen aufgrund der vom Deutschen Roten Kreuz organisierten „Familienzusammenführung" in Richtung Bundesrepublik (teilweise auch in die DDR) zu verlassen, kam es zu massenhaften Ausreisen vor allem aus Masuren und Oberschlesien. Die nächste Welle folgte nach der Anerkennung der Oder-Neiße-Grenze durch die Bundesrepublik im Zuge des

Warschauer Vertrages vom Dezember 1970. Auch 1976 erlaubte Polen nach dem Erhalt eines bundesdeutschen Milliardenkredits weiteren Staatsbürgern die Ausreise. Insgesamt gelangten zwischen 1950 und 1989 rund 1,2 Mio. Deutsche aus Polen als Aussiedler nach Westdeutschland (auch wenn ihre Identität gerade in den 1980er-Jahren oftmals nicht deutsch, sondern polnisch war).[2]

Die Existenz einer deutschen Minderheit wurde von der polnischen Politik bis zum Ende der 1980er-Jahre entweder negiert oder marginalisiert. Dennoch lebten zu Beginn der 1980er-Jahre in Masuren, vor allem aber in Oberschlesien, weiterhin mehrere Hunderttausend Personen, die sich entweder als Deutsche fühlten oder auch mit der Zeit eine Regionalidentität entwickelten. Seit Mitte der 1980er-Jahre gab es insbesondere in Oberschlesien Bemühungen zum Aufbau unabhängiger deutscher Minderheitenorganisationen, deren gerichtliche Registrierung aber erst seit Anfang 1990 möglich war. Der deutsch-polnische Nachbarschaftsvertrag vom 17. Juni 1991 regelte in § 22 die Rechte der deutschen Minderheit in Polen. Seit 1990 zogen Vertreter deutscher Listen vor allem aus der Gegend von Oppeln in die Kommunal- und Regionalparlamente ein, und bei den Parlamentswahlen von 1991 wurden sieben Mitglieder des Wahlkomitees „Deutsche Minderheit" in den Sejm und eines in den Senat gewählt. Seit den Sejm-Wahlen von 2007 konnte allerdings jeweils nur noch ein Minderheitenvertreter in den Sejm einziehen. Auch bei den jüngsten Wahlen im Oktober 2015 gewann das Wahlkomitee der deutschen Minderheit mit 27.530 Stimmen einen Sejm-Sitz im Wahlkreis Oppeln.

Die deutsche Minderheit in Polen ist heute in mehreren Verbänden organisiert, von denen der größte und bedeutendste die „Sozial-Kulturelle Gesellschaft der Deutschen im Oppelner Schlesien" (SKGD) ist, er zählt etwa 170.000 Mitglieder. Alle Gesellschaften haben sich zusammengeschlossen zum „Verband der deutschen Sozial-Kulturellen Gesellschaften in Polen" (VdG) mit mehr als 200.000 Mitgliedern, deren Zahl jedoch vor allem aus demografischen Gründen rückläufig ist.

Seit dem Schuljahr 1992/93 gab es in polnischen staatlichen Schulen und Kindergärten erstmals wieder Deutschunterricht für Muttersprachler; die Zahl dieser Einrichtungen stieg von damals 10 auf 682 im Schuljahr 2014/15, die von etwa 44.500 Schülern besucht werden. Ein eigenes Minderheitenschulwesen gibt es allerdings nicht. Seit dem politischen Umbruch 1990 haben sich ein deutsches Vereinswesen (Chöre, Folkloregruppen usw.) und eine deutsche Medienlandschaft (*Wochenblatt.pl*, mehrere Radio- und Fernsehsendungen) entwickelt. Anders als vor dem Krieg sind die meisten in Polen lebenden Deutschen heute Katholiken.

Belarussen

In der polnischen Republik der Zwischenkriegszeit lebten knapp 2 Millionen Belarussen (Weißrussen). Durch die Grenzverschiebung von 1944/45 fiel der größte Teil des Minderheitengebietes an die damalige Belarussische Sozialistische Sowjet-

---

2   Andrzej Kaluza: Zum Minderheitenstatus der polnischsprachigen Migranten in Deutschland, in: POLEN-ANALYSEN Nr. 98, 01.11.2011, http://www.laender-analysen.de/polen/pdf/PolenAnaly sen98.pdf (14.12.2015).

republik (BSSR). Durch Umsiedlungen – unterstützt durch Übergriffe des polnischen antikommunistischen Untergrunds – sank der belarussische Bevölkerungsanteil Polens weiter. Nach den Zensusdaten von 2011 leben in Polen 43.000 Belarussen (2002 waren es noch knapp 50.000). Die Bevölkerung von zwölf Gemeinden an der Grenze zu Belarus besteht zu mehr als 20% aus Belarussen. Diese Minderheit lebt überwiegend auf dem Land und identifiziert sich nicht so sehr mit der belarussischen Nation als vielmehr mit der Region, in der sie lebt.

Obwohl es in Polen bereits seit 1956 eine offizielle Interessenvertretung der Belarussen gab, führte erst die Systemtransformation Anfang der 1990er-Jahre zum Entstehen zahlreicher belarussischer Vereine. An ca. 50 polnischen staatlichen Schulen wird derzeit Belarussischunterricht angeboten, der heute von etwa 3.000 Schülerinnen und Schülern besucht wird. Es erscheinen zahlreiche belarussische Zeitungen und Zeitschriften. Die meisten polnischen Belarussen sind orthodoxe Christen.

Ukrainer

Die restriktive polnische Minderheitenpolitik zwischen den Kriegen und die brutalen Angriffe ukrainischer Gruppen auf die polnische Bevölkerung in Wolhynien während des Zweiten Weltkriegs belasteten die Beziehungen zwischen Polen und Ukrainern schwer. Von rund 700.000 Ukrainern, die nach Kriegsende in den neuen Grenzen Polens lebten, wurden über 480.000 relativ rasch – teils durch Terror und Einschüchterung – in die damalige Ukrainische Sozialistische Sowjetrepublik (USSR) umgesiedelt. Im Rahmen der „Aktion Weichsel" wurden 1947 die meisten verbliebenen Ukrainer aus dem Südosten des Landes in die neuen Westgebiete zwangsumgesiedelt, wo sie bis heute verstreut in ländlichen Regionen (Ermland, Masuren, Pommern) leben.

Offizielle ukrainische Minderheitenorganisationen in Polen entstanden nach dem Krieg seit 1956. Gegenwärtig erscheinen mehrere ukrainische Periodika, und regelmäßig finden in mehreren Städten ukrainische Kulturtage statt. Ukrainischen muttersprachlichen Schulunterricht gab es ansatzweise seit 1952/53, in größerem Ausmaß seit 1956. Im Jahr 2014 wurde an mehr als 160 polnischen Schulen unterschiedlichen Typs Ukrainisch für ca. 2.000 Schülerinnen und Schüler angeboten. 2011 erklärten 51.000 polnische Bürger, ukrainischer Nationalität zu sein. Die in Polen lebenden Ukrainer gehören zum Teil der griechisch-katholischen, zum Teil der christlich-orthodoxen Konfession an. Die Religion ist für viele Angehörige der ukrainischen Minderheit ein wichtiges identitätsstiftendes Element; immer weniger von ihnen sprechen jedoch Ukrainisch.

Russen

Die etwa 13.000 Russen in Polen sind teils Nachfahren jener Russen, die sich
im 19. Jahrhundert im russischen Teilungsgebiet niedergelassen hatten, teils von
Zuwanderern des 20. Jahrhunderts. Ein kleinerer Teil (weniger als 3.000 Personen)
sind Altgläubige, die um das Jahr 1800 unter anderem ins preußische Grenzgebiet
im südlichen Masuren eingewandert waren und dort heute noch in drei Dörfern
wohnen. Die in Polen lebenden Russen sind zum Großteil Orthodoxe.

Litauer

Rund 10.000 Litauer leben heute in Polen in ihren historischen Siedlungsgebieten
an der Grenze zu Litauen. In der Gemeinde Puńsk machen Litauer mehr als 80%
der Bevölkerung aus. Die polnischen Litauer konnten bereits 1956 eine Minderhei-
tenorganisation gründen. Seit den 1950er-Jahren gibt es in den Gemeinden Puńsk
und Sejny litauische Schulen. Insgesamt besuchten 2014 mehr als 600 Schüler an
18 Schulen Litauischunterricht für Muttersprachler. Die litauische Minderheit hat
sich seit dem Zweiten Weltkrieg nur wenig assimiliert und eine kulturelle Eigenständigkeit bewahren können.

Slowaken

Die in Polen lebenden Slowaken – rund 2.000 Personen – bewohnen überwiegend
ihre historischen ländlichen Siedlungsgebiete in der nördlichen Zips und in der
Region Orawa (dt. Arwa) an der polnisch-slowakischen Grenze. Sie sind seit 1957
organisiert. Seit 1947 gibt es durchgehend Schulen mit Slowakischunterricht, deren
Schülerzahlen allerdings rückläufig sind: 2014 waren es noch ca. 170 Schüler an
20 Schulen mit Slowakisch als Muttersprache.

Juden

Nach dem Holocaust lebten in Polen 1946 gut 250.000 Juden: 50.000–80.000
hatten den Krieg in Polen überlebt, 40.000 waren direkt nach Kriegsende aus der
UdSSR gekommen und 137.000 wurden bis 1946 aus der UdSSR repatriiert. Doch
viele Juden reisten weiter nach Palästina oder in die USA, zumal es – wie 1946 in
Kielce – Pogrome gab. Durch die Emigration der meisten Juden brach das vielfältige
jüdische Leben in Politik und Gesellschaft rasch zusammen. Die nächste Ausrei-
sewelle erfolgte in den Jahren 1956/57. Von den verbliebenen 30.000 Juden, die
fast vollständig ihre jüdische Identität ablegten, wurden im Zuge einer antizionisti-
schen Kampagne in den Jahren nach 1968 rund 15.000 zur Ausreise genötigt. Die
wenigsten Polen jüdischer Herkunft definieren sich heute in erster Linie als Juden
bzw. als nationale Minderheit (bei der Volkszählung 2011 gaben nur 2.000 Polen
an, sie seien in erster Linie Juden, 6.000 weitere fühlten sich als Polen und Juden).
Dennoch sind seit 1989 in einigen Städten neue jüdische Gemeinden entstanden.
Heute erscheinen in Polen auch einige jüdische Periodika, in Warschau gibt es
mehrere jüdische Schulen und Kindergärten. Eine lange Tradition haben das in
jiddischer Sprache spielende Staatliche Jüdische Theater und das Jüdische Histori-

sche Institut in Warschau. Weltweit stark beachtet wurde das 2015 in Warschau eröffnete Museum der polnischen Juden.

Armenier

In Polen leben heute ca. 3.000 Armenier. Es handelt sich zum Teil um Nachfahren jener Armenier, die seit dem 14. Jahrhundert im historischen Südostpolen (heute Ukraine) siedelten. Nach dem Zweiten Weltkrieg haben sich die Armenier vor allem in den Städten Westpolens niedergelassen. Sie sprechen heute in der Regel kein Armenisch mehr, gehören aber mehrheitlich der armenisch-orthodoxen Kirche an (Pfarreien gibt es in Danzig, Krakau und Gleiwitz).

Tschechen

Die heute in Polen lebenden Angehörigen der tschechischen Minderheit – bis zu 3.000 – sind größtenteils Nachkommen der Böhmischen Brüder, die seit dem 16. Jahrhundert in das westliche Polen einwanderten. Sie sind nur lose organisiert; ihr Zentrum ist das Dorf Zelów bei Piotrków Trybunalski (Petrikau) in Zentralpolen.

Ethnische Minderheiten

Im Unterschied zu den nationalen Minderheiten haben die ethnischen Minderheiten Polens keine Titularnation. Die größte Gruppe sind den Volkszählungen zufolge die Roma (ca. 15.000–20.000). Zur kommunistischen Zeit größtenteils sesshaft geworden, leben sie heute in ganz Polen verstreut. Ihr Bildungsstand ist niedrig, obwohl es zahlreiche Versuche gibt, spezielle Schulklassen für Roma einzurichten.

Die Lemken sind den Zensusdaten zufolge weniger zahlreich (7.000), Schätzungen nennen höhere Zahlen. Dies hängt unter anderem damit zusammen, dass sich ein Teil der Lemken für Ukrainer hält. Eine Minderheit der Lemken lebt in den histori-

schen Siedlungsgebieten im südöstlichen Polen; viele Lemken wurden im Rahmen der „Aktion Weichsel" zusammen mit den Ukrainern in die polnischen West- und Nordgebiete umgesiedelt.

Die polnischen Tataren gehen auf die Ansiedlung unter anderem von Krimtataren im Großfürstentum Litauen im 14. Jahrhundert zurück. Die heute auf ca. 5.000 Personen geschätzte Minderheit ist islamischen Glaubens (Moschee in Danzig), spricht allerdings nur Polnisch und identifiziert sich über ihre Geschichte.

Ähnlich verhält es sich mit den rund 200 Karäern in Polen, Nachkommen einer im 14. Jahrhundert in Litauen angesiedelten Glaubensgemeinschaft von der Krim.

Kaschuben und Oberschlesier – zwei Sonderfälle

Regionalidentitäten gewinnen in Polen in den letzten Jahren an Bedeutung. Die westlich von Danzig siedelnden Kaschuben identifizieren sich nicht nur über kulturelle Eigenarten, sondern auch über ihre Sprache, den letzten Vertreter der pomoranischen Sprachgruppe. Das Kaschubische wurde im polnischen Minderheitengesetz von 2005 als Regionalsprache anerkannt. Die verschiedenen kaschubischen Dialekte unterscheiden sich unterschiedlich stark vom Polnischen. Der Prozess der Nationsbildung bei den Kaschuben war lange Zeit beeinflusst durch die Nachbarschaft zu Deutschen und Polen und ist noch längst nicht abgeschlossen. Davon zeugen die Daten der Volkszählung von 2002: Während sich nur gut 5.000 Personen zur kaschubischen Nationalität bekannten, gaben über 50.000 an, Kaschubisch zu sprechen (2011 waren es schon 108.000!). Schätzungen gehen von rund 300.000 Kaschuben in Polen aus. In zahlreichen Schulen der Kaschubei wird seit der Schulreform Ende der 1990er Jahre Kaschubisch als eigenes Unterrichtsfach angeboten. 2014 gab es mehr als 17.000 Schüler an 426 Schulen, die dieses Angebot in Anspruch nahmen. Für die Belange der Kaschuben setzt sich seit 1956 die Kaschubisch-Pommerellische Vereinigung ein. Es gibt ein Kaschubisches Institut in Danzig und zahlreiche kaschubische Medien.

Die Oberschlesier („Ślônzoki" bzw. „Schlonsaken") sind weder als nationale noch als ethnische Minderheit anerkannt, und auch ihr Dialekt genießt nicht den Status einer Regionalsprache, obwohl viele Bewohner Oberschlesiens bereits von einer „oberschlesischen Sprache" sprechen. Wichtigster politischer Akteur der Oberschlesier ist die 1990 gegründete Oberschlesische Autonomiebewegung (Ruch Autonomii Śląska, RAŚ), die sich auch bei Wahlen aufstellen lässt. Im Vorfeld der Volkszählung von 2002 versuchte die Bewegung, die Einwohner Oberschlesiens davon zu überzeugen, sich in der Rubrik „Nationalität" als Oberschlesier zu bezeichnen. Immerhin mehr als 170.000 Polen taten dies. 2011 stieg diese Zahl auf mehr als 800.000 (allerdings durfte man nun zwei nationale Identitäten angeben). Die Ergebnisse wurden von den Autonomisten als Beweis für die Existenz einer oberschlesischen Nation gewertet. Ähnlich wie die Kaschuben stehen die Oberschlesier historisch zwischen Polen und Deutschen und werden nicht selten von polnischer Seite der Illoyalität bzw. des Separatismus bezichtigt.

Ausblick

Nach 1989 entdeckten viele Polen mit Überraschung die nationale und ethnische Vielseitigkeit ihres Landes. Zahlreiche Großstädte machten mit ihrer „Multikulturalität" Werbung. Jüdische, lemkische oder ukrainische Festivals ziehen ein großes Publikum an. Für die polnische Politik ist die korrekte Behandlung der nationalen Minderheiten darüber hinaus von großer Bedeutung, da in Litauen, Belarus und der Ukraine polnische Minderheiten leben und auch in Deutschland eine große polnischsprachige Gruppe existiert.

Literatur

Zur Minderheitengeschichte der Zwischenkriegszeit:

Winson Chu: The German minority in interwar Poland, Cambridge 2012.
Ingo Eser: Volk, Staat, Gott! Die deutsche Minderheit in Polen und ihr Schulwesen 1918–1939, Wiesbaden 2010.
Jerzy Tomaszewski: Ojczyzna nie tylko Polaków. Mniejszości narodowe w Polsce w latach 1918–1939 [Vaterland nicht nur von Polen. Die nationalen Minderheiten in Polen zwischen 1918 und 1939], Warszawa 1985.

Zu Geschichte und Gegenwart der Minderheiten in Polen im Überblick:

Stefan Dudra, Bernadetta Nitschke: Stowarzyszenia mniejszości narodowych etnicznych i postulowanych w Polsce po II wojnie światowej [Verbände der nationalen, ethnischen und postulierten Minderheiten in Polen nach dem Zweiten Weltkrieg], Kraków 2013.
Stefan Dudra, Bernadetta Nitschke (Hrsg.): Mniejszości narodowe i etniczne w Polsce po II wojnie światowej [Nationale und ethnische Minderheiten in Polen nach dem Zweiten Weltkrieg], Kraków 2010.
Grzegorz Janusz: Ochrona praw mniejszości narodowych w Europie [Schutz der Rechte der nationalen Minderheiten in Europa], Lublin 2011.

Andrzej Sakson: Mniejszości narodowe i etniczne w Polsce i Europie [Die nationalen und ethnischen Minderheiten in Polen und Europa], Toruń 2014.

Zu Geschichte und Gegenwart einzelner Minderheiten:

Armenier

Grzegorz Pełczyński: Ormianie [Armenier], in: Stefan Dudra, Bernadetta Nitschke (Hrsg.): Mniejszości narodowe, a. a. O., S. 195–207.

Belarussen

Eugeniusz Mironowicz: Białorusini [Belarussen], in: Stefan Dudra, Bernadetta Nitschke (Hrsg.): Mniejszości narodowe, a. a. O., S. 66–90.

Deutsche

Bernadetta Nitschke: Niemcy [Deutsche], in: Stefan Dudra, Bernadetta Nitschke (Hrsg.): Mniejszości narodowe, a. a. O., S. 37–65.
Andrzej Szczepański: Aktywność społeczno-polityczna mniejszości niemieckiej na Śląsku Opolskim po 1989 roku [Die gesellschaftspolitischen Aktivitäten der deutschen Minderheit im Oppelner Land nach 1989], Toruń 2013.

Juden

Holger Michael: Zwischen Davidstern und Roter Fahne. Juden in Polen im XX. Jahrhundert, Berlin 2007 [= Edition Zeitgeschichte, Bd. 29].
Fatima Nowak-Małolepsza, Tamara Włodarczyk: Żydzi [Juden], in: Stefan Dudra, Bernadetta Nitschke (Hrsg.): Mniejszości narodowe, a. a. O., S. 208–226.

Karäer

Stefan Dudra, Renata Kubiak: Karaimi [Karäer], in: Stefan Dudra, Bernadetta Nitschke (Hrsg.): Mniejszości narodowe, a. a. O., S. 305–334.
Grzegorz Pełczyński: Karaimi polscy [Die polnischen Karaime], Poznań 2004 [= Mała Biblioteka PTPN, Bd. 13].

Kaschuben

Cezary Olbracht-Prondzyński: Społeczność Kaszubska [Kaschubische Gemeinschaft], in: Mniejszości narodowe, a. a. O., S. 356–394.
Cezary Obracht-Prondzyński: Kaszubi. Między dyskryminacją a regionalną podmiotowością [Die Kaschuben. Zwischen Diskriminierung und regionaler Vertretung], Gdańsk 2002.

Lemken

Stefan Dudra: Łemkowie [Lemken], in: Stefan Dudra, Bernadetta Nitschke (Hrsg.): Mniejszości narodowe, a. a. O., S. 256–287.
Ewa Michna: Łemkowie. Grupa etniczna czy naród? [Die Lemken. Ethnische Gruppe oder Nation?], Kraków 1995.

Litauer

Krzysztof Tarka: Litwini [Litauer], in: Stefan Dudra, Bernadetta Nitschke (Hrsg.): Mniejszości narodowe, a. a. O., S. 148–163.

Oberschlesier

Kamilla Dolińska: Ślązacy [Oberschlesier], in: Stefan Dudra, Bernadetta Nitschke (Hrsg.): Mniejszości narodowe, a. a. O., S. 337–356.
Krzysztof Karwat: Der Marsch der polnischen Autonomisten, in: JAHRBUCH POLEN 2012 REGIONEN, S. 53–61.
Szczepan Twardoch: Einsame Identität, in: JAHRBUCH POLEN 2012 REGIONEN, S. 107–121.

Roma

Łukasz Kwadrans: Romowie [Roma], in: Mniejszości narodowe, a. a. O., S. 229–255.
Patryk Pawełczak: Romowie w Województwie wielkopolskim [Roma in der Woiwodschaft Großpolen], in: Andrzej Sakson: Mniejszości narodowe i etniczne, a. a. O., S. 135–151.

Tataren

Selim Chazbijewicz: Tatarzy [Tataren], in: Stefan Dudra, Bernadetta Nitschke (Hrsg.): Mniejszości narodowe, a. a. O., S. 288–304.

Tschechen und Slowaken

Leszek Olejnik: Czesi i Słowacy [Tschechen und Slowaken], in: Stefan Dudra, Bernadetta Nitschke (Hrsg.): Mniejszości narodowe, a. a. O., S. 164–207.

Ukrainer

Romand Drozd: Ukraińcy (do 1989) [Ukrainer bis 1989], in: Stefan Dudra, Bernadetta Nitschke (Hrsg.): Mniejszości narodowe, a. a. O., S. 91–112.
Bohdan Halczak: Ukraińcy (po 1989) [Ukrainer nach 1989], in: Stefan Dudra, Bernadetta Nitschke (Hrsg.): Mniejszości narodowe, a. a. O., S. 113–126.
Andrzej Sakson: Mniejszość ukraińska na Warmii i Mazurach [Die ukrainische Minderheit in Ermland und Masuren], in: Andrzej Sakson: Mniejszości narodowe i etniczne, a. a. O., S. 120–134.

Marcin Wiatr

Deutsch sein in Polen

Wer die deutsche Identität als etwas Buntes, Widersprüchliches und zugleich Wandelbares, ja Offenes begreift, findet sie nicht nur in Berlin, München oder Hamburg vor. Er begegnet ihr auch in Polen. In Oberschlesien, der mit Abstand multiethnischsten Region Polens, geht es wahrlich bunt und widersprüchlich zu. Und die deutsche Identität – oder besser gesagt: deutsche Anteile des regionalen Kulturerbes – spielt dabei eine wichtige Rolle. Davon zeugt die gesellschaftliche Entwicklung in Oberschlesien in den letzten zweieinhalb Jahrzehnten, und nicht zuletzt auch die innerhalb der deutschen Minderheit.

Aber jeder Reisende sei zuvor gewarnt: Oberschlesien gleicht einem wahren Labyrinth. Betreten wir das Land, gelangen wir – wie es der Oppelner Lyriker Tomasz Różycki poetisch umschreibt –

> [...] in das berühmte schlesische Gleisgewirr,
> [...] eine schreckliche Falle
> für unerfahrene Reisende, so gut wie niemand hat es
> je glücklich durchmessen. Tausende von Schienen,
> Gleisen, Gabelungen, Sackbahnhöfen und falschen Fährten,
> grausamen Weichen und irreführenden Stellwerken bildeten
> ein einziges, riesiges Labyrinth, das immer neue Personenzüge,
> Frachtzüge und Schnellzüge verschlang.
> [...] Es kam vor, dass ein Zug, war er einmal ins schlesische
> Schienenlabyrinth geraten, jahrelang dort umherirrte,
> unterwegs Reisende verlor, die längst gealtert waren,
> an irgendeinem Bahnhof verzweifelt ausstiegen oder starben,
> ohne es bis zum Ausstieg zu schaffen. So fand man manchmal
> ganze Geisterzüge mit einem wahnsinnig gewordenen Lokführer
> und den leeren Uniformen der Schaffner, die Jahre
> und Saisons hindurch heillos im Kreise fuhren.[1]

Unsere Reise beginnt im Jahr 1989, einer geschichtsträchtigen Zeit voller Umbrüche. Das sich von nun an demokratisierende Polen sollte sich bald grundlegend verändern – nicht nur in wirtschaftlicher, sondern vor allem auch in gesellschafts- und minderheitenpolitischer Hinsicht. Dass es eine große Anzahl von Deutschstämmigen in Polen gibt, wurde an einem kalten, windigen Novembermorgen 1989 in Kreisau (Krzyżowa) zum ersten Mal öffentlichkeitswirksam sichtbar. Mehrere Tausend Menschen, vor allem aus Oberschlesien, kamen damals in das kleine niederschlesische Dorf, um einer Versöhnungsmesse im Beisein des deutschen Bundeskanzlers Helmut Kohl und des polnischen Ministerpräsidenten Tadeusz Mazowiecki beizuwohnen. Kreisau, einer der zentralen Widerstandsorte im

---

1 Tomasz Różycki, Zwölf Stationen. Poem, aus dem Polnischen von Olaf Kühl, München 2009, S. 149 f.

nationalsozialistischen Deutschland, sollte nun, im zusammenwachsenden
Europa, einen Neuanfang zwischen Deutschen und Polen symbolisieren. Das
geschichtsträchtige Ereignis schien an jenem Tag, so zumindest bei der politischen
Elite und in breiten Kreisen der polnischen Öffentlichkeit, durch einen unerhörten
Vorstoß überschattet. Die angereisten Oberschlesier hatten Plakate mit Wünschen
und Grüßen dabei, doch stach ein Transparent besonders hervor. Darauf stand
ein damals politisch heikler Satz: „Helmut, Du bist auch unser Kanzler." Diese
Aussage provozierte, auch wenn der namentlich bekannte Autor, Richard Urban
aus Himmelwitz (Jemielnica), es sicher nicht so gemeint hatte. Der Satz sollte
vielmehr zum Ausdruck bringen, dass die anwesenden Oberschlesier, polnische
Staatsbürger, sich *auch* mit Deutschland identifizierten. Obgleich der Aufruhr
groß war, dürften in jenem Augenblick viele politisch Verantwortliche dennoch
aufgeatmet haben, denn bei aller Aufregung hätte es zu einem viel größeren Eklat
kommen können. Ursprünglich hatte nämlich die deutsche Seite sondiert, ob die
deutsch-polnische Versöhnungsmesse nicht auf dem St. Annaberg (Góra Św. Anny)
in Oberschlesien stattfinden könnte. Doch dieser Idee erteilte die polnische Regierung eine klare Absage. Der Wallfahrtsort St. Annaberg mit dem Franziskanerklo-
ster, das religiöse und geistige Zentrum der Oberschlesier, fungierte in der Zeit des
Dritten Schlesischen Aufstands 1921, als nach der Wiedererstehung Polens um die
staatliche Zugehörigkeit der reichen Industrieregion gekämpft wurde, als wichtigste „Redoute" der polnischen Aufständischen. Doch diese mussten sich dem
deutschen Angriff geschlagen geben. Es war eine schreckliche und folgenschwere
Zeit. Die Erinnerung daran bleibt weiterhin gespalten, nicht nur unter Deutschen
und Polen in Oberschlesien, sondern auch in den Teilen der Bevölkerung, die
sich als „oberschlesische Nation" begreifen. Wegen solch tragischer, historischer
Vorgänge galt die Region jahrzehntelang als vorbelastet und ungeeignet für jegliche
deutsch-polnische Annäherung. Umso weniger konnte das Oberschlesien des Jahres 1989, als sich die polnische Öffentlichkeit mit der damals noch nicht offiziell
anerkannten deutschen Minderheit konfrontiert sah, als symbolischer Ort einer
deutsch-polnischen Versöhnungsgeste herhalten.

Schon damals, an jenem kalten Morgen des 12. November 1989 in Kreisau, wurde deutlich, dass
sich viele Polen, aber auch Deutsche, über dieses
Oberschlesien den Kopf zerbrechen würden. Sicher
fragten sich manche, was man da mit der Demokratisierung Polens aus der Taufe gehoben hatte.
Alt-neue Vorbehalte und Ängste, besonders vor ver-
meintlich separatistischen Kräften in Oberschlesien,
wurden wieder einmal belebt. In den Medien tobte
eine alarmistische Hetzkampagne, die deutsche
Oberschlesier nun als Unruhestifter enttarnte und
vor einem neuen oberschlesischen Plebiszit warnte.
Auf dem Spiel stehe nicht weniger als die Frage der
staatlichen Zugehörigkeit der Region, der Prozess
der deutschen Wiedervereinigung sei ja noch längst
nicht abgeschlossen – verlauteten viele Schlagzeilen.

Abgesehen davon, dass sowohl die Oberschlesier als auch die Deutschen in Polen allein schon wegen der jahrzehntelangen Propaganda kein gutes Erscheinungsbild abgaben, trugen sie anfangs selbst dazu bei, dass manches Vorurteil als pures Realitätsbild herhalten konnte. Tatsächlich dominierte anfangs unter vielen Deutschen in Oberschlesien, vor allem der älteren Generation, ein veraltetes Deutschlandbild aus der Zeit von vor 1945. Doch dafür gab es verständliche Gründe: Über vier Jahrzehnte lang waren diese Menschen von der demokratischen Entwicklung in Westdeutschland so gut wie ausgeschlossen. Mangelnde Erfahrungen im Umgang mit einer pluralistischen Gesellschaft bewirkten zudem, dass es in den monolithen, ja geradezu autoritären Strukturen der deutschen Minderheit in Polen lange an innerverbandlicher Demokratie fehlte und es auch stets ein offenes Ohr für die Argumente der bundesdeutschen Vertriebenenverbände gab. Diese sahen in den Angehörigen der Minderheit in Oberschlesien nur Deutsche, die sich von der Mehrheitsgesellschaft klar abzugrenzen und ihre durchaus berechtigten Belange in Kultur, Sprache, Schulwesen etc. einzufordern hatten. Schwarz-Weiß-Malerei und ein Feind-Freund-Denken machten sich breit. Mangelnde Dialogfähigkeit mit der polnischen Mehrheitsgesellschaft war die Folge. Vielleicht fiel es deshalb den Verantwortlichen der deutschen Minderheit lange sehr schwer, bedeutende Persönlichkeiten, vor allem Intellektuelle, enger an die Verbandsstrukturen zu binden oder zumindest als Mitstreiter für eigene kulturelle Anliegen zu gewinnen. Objektiv gesehen sah vieles nicht gerade nach einem guten Start aus, auch wenn die deutsche Minderheit beachtliche Erfolge in Parlaments- und Kommunalwahlen vorzuweisen hatte und sehr rasch – trotz schwindender Mitgliederzahlen – einen wichtigen Platz in der politischen Landschaft der Region einnehmen konnte. Ja, man sah anfangs vielerorts dunkle Kräfte am Werk und zerbrach sich den Kopf darüber, was denn nun auf das neue Polen alles zukäme.

Doch es kam alles anders. Das Konfrontationsdenken nahm mit der Zeit ab, und eine immer intensivere Zusammenarbeit zwischen Minderheit und Mehrheit wurde in Oberschlesien Realität. Warum? Betrachtet man die Angehörigen der deutschen Minderheit als gesellschaftliche Gruppe genauer, zeigt sich, dass eine eindeutig nationale oder kulturell-ethnische Komponente, die eine scharfe Abgrenzung von der Mehrheit ermöglicht hätte, nicht wirklich vorlag. Das darf nicht verwundern, denn die nationale Identität der Oberschlesier bleibt bis heute in höchstem Maße labil. Wenn überhaupt eine Identifikation stabil ist, dann noch am ehesten jene mit der geografischen Region. Dies war bereits lange vor dem Ersten Weltkrieg so. Als Bismarck in den preußischen Ostprovinzen in den Jahren 1871 bis 1878 eine Kampagne gegen die als national unzuverlässig dargestellte katholische Kirche losgetreten hatte, erhitzte dies die Gemüter vieler Oberschlesier. Der Kulturkampf erhielt zudem in hohem Maße ein antipolnisches Profil und stärkte die Identifikation vieler Oberschlesier mit dem verachteten (polnischen) Teil ihrer religiösen und sprach-

Das Haus der Deutsch-Polnischen Zusammenarbeit (HDPZ) bietet vielfältige Möglichkeiten, das kulturelle Erbe der Region Oberschlesien (heute Teile der Woiwodschaften Oppeln und Schlesien) zu erschließen und auf kreative Art und Weise zu vermitteln, und bildet damit die Grundlage für die Entwicklung einer kulturellen Identität der hier lebenden Menschen. Das Haus (www.haus.pl) mit seinen Filialen in Gleiwitz und Oppeln leistet mit seinen Projekten einen Beitrag zur Aufarbeitung der wechselvollen Geschichte der Region und zur Vergegenwärtigung des historischen deutsch-polnischen Kulturerbes.

Die Projekte des HDPZ nehmen auf das multikulturelle Erbe Oberschlesiens und die oftmals schmerzhafte und komplizierte Geschichte Bezug, lenken den Blick aber auch in die Gegenwart und die Zukunft. Dies gilt insbesondere für das „Schlesienseminar" und die Projektreihe „Lokale Geschichte am Beispiel ausgewählter Kreise, Städte und Gemeinden". Das Schlesienseminar ist eine der wichtigsten Veranstaltungen zu deutsch-polnischen Themen in der Region und gleichsam ein Forum, auf dem Vertreter der deutschen Minderheit, der polnischen Mehrheitsgesellschaft und geladene Gäste aus dem Ausland zusammenkommen und diskutieren.

Die Tätigkeiten des HDPZ haben das Ziel, die deutsch-polnischen Beziehungen zu unterstützen und zu vertiefen. Von besonderer Bedeutung dafür sind Publikationen und Ausstellungsprojekte, mit denen das kulturelle Erbe entdeckt, bewahrt und präsentiert wird. Besondere Berücksichtigung finden dabei das regionale deutsche Kulturerbe und die ereignisreiche, oft vergessene oder verdrängte Geschichte Oberschlesiens und seiner Umgebung. Die Projekte, etwa eine Ausstellung und Publikation zur historischen Grenze Oberschlesiens, haben prägenden und dauerhaften Einfluss auf die gegenwärtige Darstellung und Wahrnehmung der historischen Ereignisse.

lichen Identität. Die regionale Identifikation sollte den Oberschlesiern auch in den späteren Jahrzehnten immer wieder als willkommener Rückzugsort erscheinen. Dies geschah mit einer besonders starken Intensität sowohl infolge der minderheitenpolitischen Vorstöße der Weimarer Republik, und insbesondere des nationalsozialistischen Deutschland nach 1933, als auch der Republik Polen bis 1939 und des kommunistischen Polen nach 1945. Je nach Bedarf, politischen Umständen bzw. aus pragmatischen Gründen konnten sich die Oberschlesier in der jeweiligen Mehrheitsgesellschaft mit der polnischen oder deutschen Seite identifizieren.

Genau das geschah dann 1989, als sich nach dem Zusammenbruch des Kommunismus allein in Oberschlesien rund 250.000 Menschen dazu bekannten, Deutsche
zu sein. Oberschlesier, die vor allem in der Woiwodschaft Oppeln in geschlossenen,
ländlichen Siedlungsgebieten lebten, fanden Aufnahme in Strukturverbänden der
erst Anfang 1990 offiziell anerkannten deutschen Minderheit in Polen. Allein in den
ersten Monaten jenes Jahres haben ca. 160.000 Einwohner der Region einen „Antrag auf Feststellung der deutschen Staatsangehörigkeit" gestellt, der positiv beschieden wurde. Zum ersten Mal nach Kriegsende brachte das keine Diskriminierung mit
sich, sondern versprach vielmehr klare Vorteile, durchaus auch ökonomischer Art.
Denn mit der deutschen Staatsbürgerschaft mussten Oberschlesier nicht die Arbeit-
nehmerfreizügigkeit für EU-Bürger aus den neuen ostmitteleuropäischen Ländern
abwarten, die mit Blick auf den deutschen und österreichischen Arbeitsmarkt erst
am 1. Mai 2011 eintrat. Als sogenannte Doppelstaatler oder Zweitpässler durften sie
schon Anfang der 1990er-Jahre in der Bundesrepublik Deutschland – und als „deutsche EU-Bürger" auch in anderen westeuropäischen Ländern – legal und zu höheren
Löhnen und Gehältern arbeiten. So wurden innerhalb von wenigen Jahren nach der
Wende von 1989 ca. 35 Prozent der Bevölkerung im Oppelner Teil Oberschlesiens
(ca. 250.000 Personen) zu dauerhaften Arbeitsmigranten bzw. zu „Dauerpendlern",
die allerdings die erworbenen Geldmittel in ihre Heimat transferierten und so den
wirtschaftlichen Aufschwung der Region maßgeblich begünstigten. Die Existenz
einer anerkannten deutschen Minderheit wurde allein in dieser Hinsicht als ein
klarer Vorteil gesehen. Die regionalen Bindungen der Minderheitenangehörigen,
untermauert durch eine starke oberschlesische Identität, zeigten sich nicht zuletzt in
positiv besetzten Stereotypen. Bis heute gelten die „Oppelner Dörfer" als besonders
gepflegt. Solide Bauernhöfe, Investitionen in kommunale Abwasser- und Kläranla-
gen, eine gute ländliche Infrastruktur, die mit den städtischen Standards mithalten
konnte, prägten bereits Anfang 1990 das Bild der Woiwodschaft Oppeln und führten
zu einer positiven Wahrnehmung der Region in Polen.

Doch es wurde zugleich immer deutlicher, dass die jahrelang praktizierte Arbeitsmigration durchaus auch negativ zu Buche schlug. Die gesellschaftlichen Kosten,
die mit solchen Pendelbewegungen unvermeidlich zusammenhängen, sind für viele
Kommunen nicht mehr länger tragbar. Die Oppelner Soziologen sprechen mittlerweile gar von langfristig verheerenden sozialen Auswirkungen einer dauerhaften
Arbeitsmigration. Es hat sich ein neues Modell des „Oppelner Migranten-Dorfes"
etabliert, in dem zwischen 30 und 40 Prozent der Einwohner fehlen, die „ihr"
Dorf lediglich an ein bis zwei Wochenenden im Monat oder aus Anlass besonderer
Familienfeste aufsuchen. Unmittelbare Folgen dieser bereits deutlich sichtbaren
Entwicklung sind Eltern- und Familientrennungen, Erziehungsprobleme (Jugendli-
che wachsen ohne beide Elternteile auf, in der Regel bei ihren Großeltern) und eine
weitestgehende Lockerung des Gemeinde- und Gemeinschaftslebens. Es findet ein
kaum aufzuhaltender Strukturwandel in der Landbevölkerung und im ländlichen
Lebensraum statt. Zweifelsohne spielt hier die Woiwodschaft Oppeln – und dies
schon seit zweieinhalb Jahrzehnten, nicht erst nach dem polnischen EU-Beitritt –
eine besorgniserregende, traurige „Vorreiterrolle" in Polen. Die Dörfer um Oppeln
entvölkern. Wie es scheint, unaufhaltsam. Zusätzlich verstärkt wird diese Entwicklung durch den aktuell negativen demografischen Wandel; für den ländlichen wie

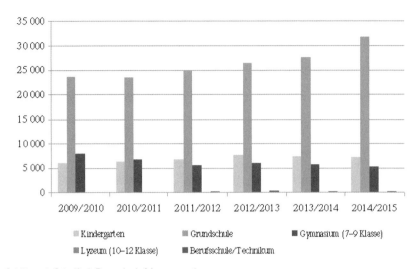

Schüler mit Schulfach Deutsch als Muttersprache
Quelle: Ministerium für Verwaltung und Digitalisierung 2015

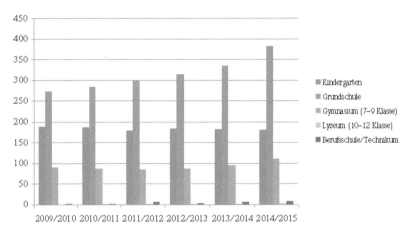

Bildungseinrichtungen mit Deutschunterricht für Muttersprachler
Quelle: Ministerium für Verwaltung und Digitalisierung 2015

den städtischen Raum in Oberschlesien gilt gleichermaßen, dass er an Bevölkerung
verliert. Mehrere Hundert Grundschulen in Dörfern und Städten Oberschlesiens wurden in den letzten Jahren geschlossen oder zusammengelegt. Lehrkräfte
wandern in Ballungszentren ab. Die großstädtischen Metropolen verschlingen die
Peripherie. Damit geht vieles verloren: ein Lebensstil, ein besonderer Sinn für
die Gemeinschaft oder Nachbarschaft, ein Heimatgefühl, welches ausgerechnet in
Oberschlesien stets als ein hohes Gut und bedeutender Teil des regionalen Kulturerbes bewahrt wurde. In der letzten Zeit wird diese Tendenz etwas abgemildert
durch den Rückzug vieler Spätaussiedler, die im Rentenalter ihren Lebensabend in
der Heimat verbringen wollen. Solche Rückkehrer sind aber kein oberschlesisches,
sondern ein durchaus europäisches Phänomen, das in den Gesellschaften vieler
EU-Länder zu beobachten ist.

Derartige Phänomene stehen aber selten im Vordergrund, wenn die deutsche Minderheit oder generell Oberschlesien in den Fokus gerät. Alles andere – selbst der anhaltende, kostspielige Strukturwandel der Montanindustrie – wird verdrängt durch das zentrale Thema, das um eine höchst emotionale Frage kreist: Wie tickt eigentlich diese Region? Oberschlesien wird in anderen Teilen Polens vielfach noch als fremd und „separatistisch", mitunter als allzu deutschfreundlich wahrgenommen. Es erinnert viele an einen Flickenteppich „schwebender", in nationaler Hinsicht unzuverlässiger Identitäten oder Doppelidentitäten. Deshalb stellt die Region für die polnische Gesellschaft und ihr nationales Selbstbild auch 25 Jahre nach der Wende noch eine ernste Herausforderung dar.

Daran sieht man, wie stark die frühere Grenzlage der Region bis heute nachwirkt. Besonders seit 1989 entwickelt sich hier ein immer stärkeres Regionalbewusstsein mit unterschiedlichen Identitätsangeboten. Dass die vielfältige Geschichte und Kultur der Region intensiv aufgearbeitet wird, spielt dabei eine Schlüsselrolle. Solche Vorgänge werden nicht nur von der deutschen Minderheit oder regionalpolitischen Kräften wie der Oberschlesischen Autonomiebewegung (RAŚ) getragen, sondern auch von Teilen der wissenschaftlichen und kulturellen Elite der Region. Manchmal begegnen auch polnische Eliten dieser Entwicklung mit Interesse und Verständnis. Als vor zwei Jahren eine deutsch-polnische Jury den Journalisten Konrad Schuller für seine Reportage „Der neue Schlesier" mit dem Deutsch-Polnischen Journalistenpreis der Stiftung für deutsch-polnische Zusammenarbeit in Warschau auszeichnete, begründete Adam Krzemiński in seiner Laudatio diese Entscheidung folgendermaßen: „In Polen regt sich ein neues regionales Bewusstsein, das ein Indiz nicht etwa für eine Destabilisierung der polnischen Gesellschaft ist, wie manche Konservative fürchten, sondern für ein gefestigteres Selbstbewusstsein und eine für die Regionen erfrischende Tendenz zur Dezentralisierung." Tatsächlich beruft man sich in Oberschlesien auf transnationales Regionalbewusstsein und formuliert eigene Erwartungen an die Modernisierung. Diese werden selten wahrgenommen, noch seltener ernsthaft diskutiert. Stattdessen begegnet man solchen Vorstößen mit einem Vorbehalt, der vor allem auf historische Erfahrungen zurückzuführen ist.

Grenzregionen, die nach 1918 ihre staatliche Zugehörigkeit unter Umständen sogar mehrfach gewechselt haben oder die von nationalen Minderheiten bewohnt werden, stehen generell im Verdacht, ein „trojanisches Pferd" des Nachbarlandes zu sein. So hat Oberschlesien bis heute mit diesem vereinfachenden Bild und dem Vorwurf eines „fremden Identitätsempfindens" zu kämpfen, was vor allem im Vorfeld der polnischen Wahlkampagnen mit höchster Intensität zu Tage tritt. Nur mühsam und schrittweise konnte man – nicht zuletzt aufgrund des unerwartet erfolgreichen Miteinanders zwischen der deutschen Minderheit und der polnischen Mehrheitsbevölkerung – Vertrauen aufbauen, wobei dieser gegenseitige Annäherungsprozess längst noch nicht abgeschlossen ist. Hinzu kommt, dass sich, ebenso wie das Bedürfnis nach einem verständnisvollen Miteinander, in Oberschlesien traditionell auch das Streben nach Abgrenzung und Betonung der eigenen Identität entwickelt.

In den letzten Jahren beobachten wir dabei eine neue, klare Wende. Um sein Anderssein zu unterstreichen und eigene Zukunftsentwürfe in Bezug auf die Region

herauszustellen, erscheint vielen Oberschlesiern das Bekenntnis zur deutschen
Minderheit nicht mehr zwingend erforderlich. Den Zahlen des Polnischen Statis-
tikamts (2011) zufolge fühlen sich generell immer mehr polnische Staatsbürger
ethnischen oder regionalen Minderheiten zugehörig: Knapp 850.000 Menschen
sehen sich als Oberschlesier an, knapp 230.000 als Kaschuben. Dreizehn Jahre
zuvor hatten sich 173.000 Befragte als Oberschlesier und gut 5.000 als Kaschuben bezeichnet. Selbst wenn diese neue Hinwendung zum Regionalen also auch
in anderen Teilen Polens immer deutlicher wird, haben wir es in Oberschlesien
mit einer sehr spezifischen und äußerst dynamischen Entwicklung zu tun. Ohne
Zweifel gibt es hier ein immer stärkeres regionales Bewusstsein, das sich auch
sprachlich im regionalen Dialekt (den auch Angehörige der deutschen Minderheit
fließend sprechen) artikuliert. All diese oberschlesischen Besonderheiten werden
von nationalbewussten Polen als Separatismus interpretiert. Die Oberschlesier
halten dagegen: Der Verdacht, das einst umkämpfte Land wolle erst die Autonomie
und dann wieder zu Deutschland gehören, sei aus der Luft gegriffen. Man wolle
im zentralistisch regierten Polen lediglich den Status als ethnische Minderheit und
mehr regionale Selbstbestimmung erlangen. Tatsächlich ist der Separatismus-Vor-
wurf gegenüber den Oberschlesiern weit hergeholt. Aber er schlägt dennoch klar zu
Buche. So blendet das 2005 verabschiedete polnische Minderheitengesetz die neue
Realität vollkommen aus. Oberschlesier dürfen sich demnach durchaus als Deutsche
bezeichnen. Wenn sie aber ihre Identifikation jenseits klar abzugrenzender nationaler Optionen verorten, existieren sie offiziell gar nicht.

Es ist bis heute nicht wirklich gelungen, diese „problematische" Region der polnischen Öffentlichkeit hinreichend zu erklären, geschweige denn dem kollektiven
Bewusstsein der Polen entscheidend näherzubringen. Dabei gibt es nicht zuletzt
auch emotionale Schwierigkeiten, Oberschlesien unvoreingenommen zu begegnen.
So wird die Generation der erfolgreichen oberschlesischen Fußballer Klose, Podols-
ki, Boenisch & Co. von vielen Polen skeptisch, bestenfalls ambivalent betrachtet, da
diese Spieler unabhängig von ihrem Nationaltrikot mit der Unterstützung oberschlesischer Fans rechnen können. Ein anderes Mal sorgt die Aussage des Wortführers
der Oberschlesischen Autonomiebewegung Jerzy Gorzelik, die oberschlesische
Woiwodschaft Oppeln könne stolz darauf sein, dass Angehörige der deutschen
Minderheit im dortigen Regionalparlament vertreten sind, für Verstimmung.

Diejenigen, die an der Rekonstruktion eines transnationalen Regionalbewusstseins
aktiv mitwirken, verweisen mit Recht darauf, dass der polnische Nationalstaat
regionale Identitäten sowie Raumvorstellungen außerordentlich einschränkt und
dadurch transnationale Perspektiven in den Hintergrund drängt. Nicht zuletzt
deshalb verweist man auf Identitätsbezüge, die den allzu eng gesetzten nationalen
Referenzrahmen überschreiten: Man greift bei diesem „mentalen Strukturwandel"
der regionalen Identität bewusst auf die Multiethnizität der Region zurück, sucht
gerade im mehrsprachigen literarischen Nachlass und dem transnationalen kulturellen Erbe nach Impulsen. Dabei findet man zu regionalen Symbolen zurück, die
es ohne die Existenz der deutschen Minderheit nicht gäbe. Davon zeugen die rund
360 zweisprachigen Ortsschilder in Oberschlesien, vor allem in seinem Oppelner
Teil, oder die mühsam (wieder)angeeignete Zweisprachigkeit. Die Wirkung solcher

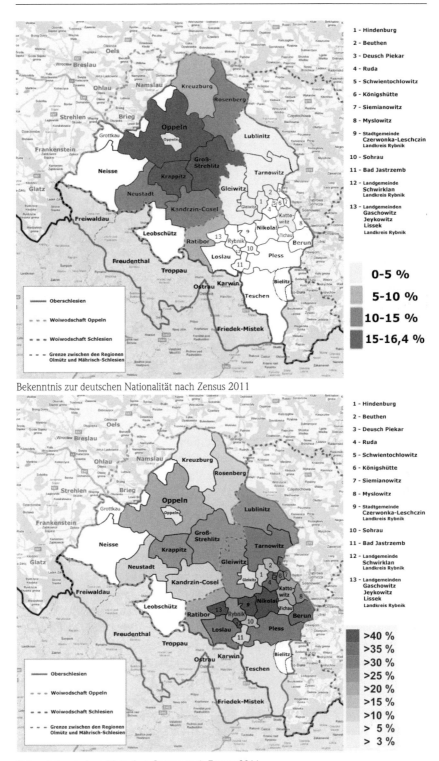

Bekenntnis zur deutschen Nationalität nach Zensus 2011

Bekenntnis zur oberschlesischen Gruppe nach Zensus 2011

Quelle: Gesellschaft der Menschen schlesischer Nationalität (SONS)

Offiziell zweisprachig sind seit 2006 die oberschlesischen Gemeinden Biała/Zülz, Chrząstowice/Chronstau, Cisek/Czissek, Izbicko/Stubendorf, Jemielnica/Himmelwitz, Kolonowskie/Colonnowska, Lasowice Wielkie/Groß Lassowitz, Leśnica/Leschnitz, Prószków/Proskau, Radłów/Radlau, Reńska Wieś/Reinschdorf, Strzeleczki/Klein Strehlitz, Ujazd/Ujest und Walce/Walzen. Im Jahr 2007 wurden die Gemeinden Bierawa/Birawa, Tarnów Opolski/Tarnau und Zębowice/Zembowitz zweisprachig, im Jahr 2008 auch die Gemeinde Turawa. Am 22. April 2009 kamen die Gemeinden Murów/Murow, Dobrzeń Wielki/Groß Döbern und Głogówek/Oberglogau hinzu und am 13. Mai 2009 die Gemeinde Dobrodzień/Guttentag. In 22 Gemeinden gibt es zweisprachige Amtsschilder.
Quelle: http://www.vdg.pl/pl/article/38-gminy-dwujezyczne-w-polsce (03.09.2015).

Symbole ist beachtlich. In Oberschlesien kann man wieder, wie einst der berühmte Theologe und Heimatforscher Johannes Peter Chrząszcz (1857–1928) in Polnisch Müllmen (Mionów) geboren und im benachbarten Ort Deutsch Müllmen (Wierzch) getauft werden. In beiden Dörfern stehen seit Kurzem zweisprachige Ortstafeln, und es ist – so paradox das klingt – der hiesigen deutschen Minderheit zu verdanken, dass Durchreisende von den polnischen Einflüssen in Mionów zu deutscher Zeit erfahren ...

Vor allem aber zeugen diese deutsch-polnischen Ortstafeln von der komplexen Geschichte und von kulturellen Einflüssen, die sich hier oft unzertrennlich durchdringen und überlappen. Bis heute bleibt in Oberschlesien vieles mehrdeutig, gegensätzlich und ambivalent. Hier leben Menschen zusammen, die sich in der europäischen Einheit, der geistigen und politischen, aufgehoben und einander verbunden fühlen – dennoch sind es Menschen, die ihre Identität unterschiedlich definieren, die sich entweder als Polen, als Deutsche oder regional als Oberschlesier sehen, wobei sie sich in zunehmendem Maße erst an zweiter Stelle, falls überhaupt, national definieren.

Ja, ein Oberschlesier, vor allem der jungen Generation, hält sich in letzter Zeit immer seltener nur für einen Deutschen oder nur für einen Polen. Er kann zwar weiterhin Deutscher oder Pole sein, wenn er das will. Aber allem Anschein nach ist er heutzutage – unabhängig davon, wo er lebt – eher dazu geneigt, beides in sich zu entdecken und die nationalen Grenzen zu sprengen, indem er sich als Oberschlesier begreift. Klar, manchmal erfolgt dies weiterhin in Abgrenzung zu der polnischen Mehrheitsgesellschaft oder der deutschen Minderheit. Aber es geschieht immer seltener in Opposition zu den beiden nationalen Identifikationsmustern als im Sinne

einer Erweiterung dieser Muster. Und das sollte so bleiben. Hieraus ein neues Kon-
kurrenzdenken abzuleiten, wäre von Grund aus falsch und kontraproduktiv.

Gerade heutzutage, nicht zuletzt angesichts der anhaltenden Flüchtlingsströme aus
Syrien oder dem Irak, die Europa in ethnischer und kultureller Hinsicht zunehmend
verändern werden, sollte man sich Gedanken darüber machen, was die eigene
Identität in Zukunft eigentlich ausmachen soll. In Oberschlesien begreift man sie
immer öfter als etwas, das zwar gelegentlich widersprüchlich ist, aber grundsätzlich
offen und dialogfähig bleibt und so für das gesellschaftliche Miteinander stets einen
Mehrwert verspricht. Man setzt schlicht auf eine flexible Identität, die mehrere
Optionen zulässt.

Es mag wie ein historisches Paradox wirken, aber ausgerechnet in Oberschlesien,
wo deutsche und polnische Identitäten sowie tschechische und jüdische Einflüsse
zu einer neuen Qualität verschmelzen, dürfte man bei der Suche nach zukunftswei-
senden Antworten fündig werden. Vorausgesetzt man ist bereit, auf andere Denk-
kategorien als die des Nationalstaates zu setzen und oberschlesische Phänomene
wertzuschätzen, ja diese als Stärke zu begreifen: Mehrsprachigkeit, Multiethnizität,
Dialogfähigkeit, religiöse und gesellschaftliche Vielfalt, die in eine Kompromissfä-
higkeit münden, schließlich die Fähigkeit, Fremdem zu begegnen und es mit der
Zeit als Teil des Eigenen zu akzeptieren. All das sind Merkmale, die zumindest gute
Chancen darauf versprechen, an einem globalisierten Dialog, am weltweiten Werte-
sowie Ideenaustausch erfolgreich teilzuhaben.

Im heutigen Oberschlesien, dieser einst von nationalen Kräften umkämpften
Grenzregion, die allein im 20. Jahrhundert mehreren Zerreißproben ausgesetzt
war – macht sich ein Denken breit, das enge nationale Kategorien überwindet und
transnationale Identitätsmuster stiftet. Es sprengt eingefahrene Vorstellungen von
national klar umrissener Identität und erweitert dadurch Identitätsräume. Dies
stellt nicht zuletzt auch die deutsche Minderheit vor neue Herausforderungen, die
sich aber positiv auf ihre Kommunikationsfähigkeit mit Deutschland auswirken.
Denn Oberschlesien, wo immer noch die meisten Angehörigen der deutschen
Minderheit in Polen leben, entwickelt sich gerade zur Spitze der europäischen
Avantgarde des 21. Jahrhunderts. Es ist die Avantgarde eines Wandels, der nicht als
Zumutung und nicht als Verlust empfunden wird, sondern als Chance, in Zukunft
weiter zu bestehen.

Das Wesen des Oberschlesischen

Ein Streitgespräch zwischen Michał Smolorz und Piotr Semka

Michał Smolorz: Mögen Sie die Oberschlesier?

Piotr Semka: Sehr sogar. Zum ersten Mal lernte ich Menschen aus Oberschlesien im Jahr 1985 kennen, während meines Studiums an der Katholischen Universität Lublin. Ein legendärer Ruf eilte dieser polnischen Region damals voraus, die ja für die Auflehnung gegen das Regime mit den Opfern unter den Bergleuten aus der Zeche „Wujek" bezahlt hatte und die in der Zeche „Piast" den längsten Streik nach dem 13. Dezember 1981 organisiert hatte. Der gegenwärtige Streit um das Wesen des Oberschlesischen, um die Frage, ob es eine oberschlesische Nation gibt, ist zu einem ernst zu nehmenden Problem geworden. Ich beobachte, dass in dieser Debatte scheinbar die Befürworter überlegen sind: Sie, Kazimierz Kutz, Bartosz Wieliński, Aleksandra Klich von der *Gazeta Wyborcza*. Die andere Seite hat nicht so namhafte Autoren.

Smolorz: Und da haben Sie sich überlegt, diese andere Seite zu unterstützen.

Semka: Ich habe ein Missverhältnis erkannt und beschlossen, mich dem Kampf zu stellen.

Smolorz: Sie sprechen von einer „Ideologie des neuen oberschlesischen Regionalismus". Was ist das?

Semka: Es gibt eine Überzeugung – die ich nicht teile –, dass Oberschlesien zwischen dem 14. und 19. Jahrhundert einen Kulturraum bildete, in dem sich polnische, deutsche und tschechische Strömungen trafen und ergänzten. Dass eine oberschlesische Nation existiert, eine oberschlesische Sprache, eine mentale Besonderheit und ein bestimmtes kulturelles Gebiet, das infolge historischer Ereignisse lange Zeit eher westlich von Polen lag.

Smolorz: Ist es denn nicht gerechtfertigt, solche Schlüsse zu ziehen aus einer sechshundertjährigen Existenz der Region in verschiedenen staatlichen Organismen, unter dem Einfluss anderer Kulturen, als Untertan anderer Könige und Kaiser, aus der Lektüre anderer Bücher, dem Sprechen anderer Sprachen? Da mussten die Erfahrungen natürlich andere sein.

Semka: Das sind die Erfahrungen einer Region, die zwar von Polen getrennt war, jedoch das ethnische Polentum bewahrte, zu dem es dann im 19. Jahrhundert langsam zurückkehrte. Hier sehe ich eine Analogie zum tschechischen Volk, das nach der Niederlage am Weißen Berg in bedeutendem Ausmaß einer Germanisierung unterlag, aber dennoch in seinem ethnischen Kern weiterhin die tschechische Sprache pflegte.

Smolorz: Das widerlegt nicht die These der kulturellen Besonderheit Oberschlesiens.

Semka: Oberschlesien unterlag zwischen dem 14. und 19. Jahrhundert einer Germanisierung; einen Großteil der Dinge, die Sie für eine eigene oberschlesische Identität halten, kann ich auch als deutsche Kultur auf oberschlesischem Gebiet bezeichnen. Ich glaube, dass sich das Polentum in den untersten Gesellschaftsschichten bewahrte. Die Überzeugung, dass es zwischen dem 14. und 20. Jahrhundert eine eigene oberschlesische Kultur gab, ist, meiner Meinung nach, eine effektvolle intellektuelle Konstruktion. Und eine Utopie. In gewissem Sinne ist sie logisch – doch ich lehne diese Sichtweise ab. Taucht einmal das Schlagwort einer eigenständigen oberschlesischen Nation auf, zeigt sich auch das natürliche Streben, eine eigene Geschichte zu entwerfen.

Ein Stamm des polnischen Volkes

Smolorz: Was für eine „eigene Geschichte"? Geschichte ist Geschichte. Wenn wir die Geschichte erfinden, dann betreiben wir Propaganda, ganz wie in jenen Zeiten, die zum Glück der Vergangenheit angehören. Halten wir uns an die objektiven Fakten.

Semka: Es gibt unterschiedliche Verständnisse von Geschichte. Säßen wir nun im Jahre 1840 in Prag, könnte man sich einen deutschen Ehrenmann vorstellen, der die Geschichte des Tschechischen Königreichs als einen Teil der Geschichte des Heiligen Römischen Reiches deutscher Nation abhandelt. Und säße daneben jemand mit tschechischem Nationalempfinden, so würde dieser meinen, dass das Königreich des heiligen Wenzel stets slawisches Gebiet war und irgendwann Vorgänger der Tschechischen Republik werden würde.

Smolorz: Aber Sie und ich sitzen nun in Sosnowitz, wir haben das Jahr 2012. Und ganz wie sich im Jahr 1840 in Prag jemand als Deutscher oder Tscheche fühlen konnte, so hat im heutigen Oberschlesien jedermann das Recht, seine Identität nach eigenem Empfinden zu wählen. Mehr als 800.000 Menschen definieren ihre Identität …

Semka: … Hier sofort ein Einwand: wir können nur von 360.000 sprechen.

Smolorz: Und wenn es nur 10.000 wären, so hat jeder von ihnen das verbriefte Recht, seine Identität selbst zu definieren. Der polnische Staat war es, der die Definition einer oberschlesischen Nationalität eingeführt hat, zumindest für die Volkszählung.

Semka: Dieses Begriffschaos ist durch die Volkszählung und die Unentschlossenheit des Staates entstanden. Ich denke, dass die Oberschlesier ein Stamm des polnischen Volkes sind.

Smolorz: Sie bestimmen für andere Menschen, wer sie sind?

Semka: Ja! Ich, Piotr Semka aus Warschau, sage: Ihr, die ihr glaubt, dass es ein vom polnischen Volk losgelöstes oberschlesisches Volk gibt, geht einer Mode, einer bestimmten Überzeugung auf dem Leim, die ich für falsch halte. Und ich sage auch, dass die Unterschiede von den Zeiten unter deutscher Herrschaft herrühren. Was wiederum dazu führte, dass man zu Zeitung „Caijtung" sagt, und dass man Geburtstag statt Namenstag feiert.

Smolorz: Und, ist das etwas Verwerfliches? Sie führen sich hier als „Kulturträger" auf. Diese Menschen mögen das, es gefällt ihnen, sie wollen sich halt zum Geburtstag treffen, was geht Sie das an?

Semka: Ich bitte darum, dass dies im gedruckten Text erscheint: Michał Smolorz will von Piotr Semka auf Teufel komm raus hören, dass das Oberschlesische etwas Schlimmes ist. Aber ich habe, gestern wie heute, das Oberschlesische niemals als störend empfunden. Im Gegenteil: Es ist ein Schatz, der heute – 90 Jahre nach der Wiedervereinigung mit Polen – auch ohne viele deutsche Traditionen auskommt. Ich sage lediglich, dass ihr weiterhin Polen seid, und ich lege euch, liebe Oberschlesier, die Überzeugung nahe, dass es etwas Schönes ist, Teil der polnischen nationalen Gemeinschaft zu sein. Doch wenn wir zu Themen kommen wie dem Schlesischen Museum, dann stelle ich mir die Frage, zu welchem Grad eine historische Sichtweise, die dogmatisch eine kulturelle und ethnische Trennung von Polen und Oberschlesiern betont – letztere stets mit deutschen Motiven im Hintergrund – eine Geschichtsversion sein kann, die die gesamte Gesellschaft der Woiwodschaft Schlesien repräsentiert.

Recht auf Identität

Smolorz: Sie meinen das Konzept für jene umstrittene Ausstellung im Schlesischen Museum?

Semka: Ja.

Smolorz: Denn es gibt die Ausstellung überhaupt noch nicht. Sie brechen einen Streit vom Zaun über eine Sache, die es noch gar nicht gibt …

Semka: Aber wenn es sie dann gibt, falten alle die Hände und sagen: Jetzt, wo es schon da ist, kann man eh nichts mehr machen. Ich sehe die Faszination für die Industrialisierung unter Friedrich dem Großen und befürchte, dass vielleicht nichts darüber gesagt werden wird, dass eben jener Friedrich der Große die Wallfahrten von Gleiwitz nach Tschenstochau verbot. Und hier sollte Michał Smolorz stolz sein auf die Oberschlesier, denn Piotr Semka ist stolz, dass die oberschlesischen Pilger den Wallfahrern aus Warschau voraus waren, die erst ganze 100 Jahre später nach Tschenstochau pilgerten. Ich bin der Meinung, dass der „neue oberschlesische Regionalismus" das Geschichtsbild einer Minderheit darstellt.

Smolorz: Und welches ist das Bild der „Mehrheit"?

Semka: Das traditionelle, das Sie ablehnen, von dem Sie sagen, es sei frei erfunden.

Smolorz: Jenes, das besagt, dass die Geschichte Oberschlesiens in der Mitte des 14. Jahrhunderts endete, von einem sechshundertjährigen schwarzen Loch geschluckt wurde und dann im 20. Jahrhundert neu begann? Das war die Auslegung der oberschlesischen Geschichte unter dem Sanacja-Regime und den Kommunisten.

Semka: Meiner Überzeugung nach wurden während der Zweiten Polnischen Republik und während der Volksrepublik gewisse Dinge *ad absurdum* geführt, aber man schuf eine gemeinsame polnisch-oberschlesische Identität, so gut es eben ging. Mal stand diesem Prozess die Tyrannei des Sanacja-Regimes im Wege, mal die fatalen Eigenschaften des Kommunismus. Aber dennoch – es lohnt sich, das anzuerkennen. Man muss die Erscheinungen, die mit der deutschen Kultur in Verbindung stehen, wahrnehmen, aber das ändert nichts an der Tatsache, dass die Menschen slawisch waren. Die kulturelle Oberschicht hingegen war deutsch.

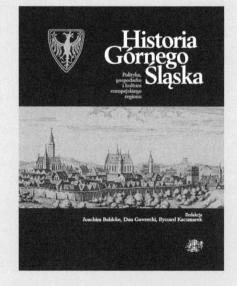

Smolorz: Sollen wir sie nun ablehnen, weil das nicht rechtens war?

Semka: Nein, nicht ablehnen, es geht um das Verhältnis.

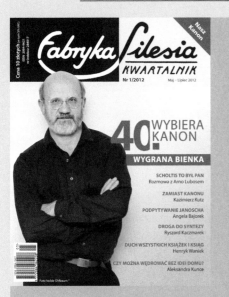

Die erste Polka (1975)	Horst Bienek
Cholonek oder Der liebe Gott aus Lehm (1970)	Janosch
Finis Silesiae (2003)	Henryk Waniek
Piąta strona świata (2010)	Kazimierz Kutz
Czarny ogród (2007)	Małgorzata Szejnert
Ostwind (1932)	August Scholtis
Die erste Polka Septemberlicht Zeit ohne Glocken Erde und Feuer (1975–1982)	Horst Bienek
Nagrobek ciotki Cili (2001)	Stefan Szymutko
Aus dem Leben eines Taugenichts (1826)	Joseph von Eichendorff
Die Prosna-Preussen (1968)	Hans Lipinsky-Gottersdorf

Die zehn populärsten Oberschlesien-Bücher nach einer Umfrage der Fabryka Silesia Nr. 1/2012 S. 16

Smolorz: Und wie soll man das messen? Mit einer Waage?

Semka: Wir entscheiden pausenlos, dass eine Sache wichtiger ist als eine andere. Der Ansatz der Autoren von *Historia Górnego Śląska* (Die Geschichte Oberschlesiens), herausgegeben vom Haus der Deutsch-Polnischen Zusammenarbeit in Gleiwitz, sagt mir da nicht zu. Ich denke, dass das Buch von Kazimierz Popiołek besser war, auch wenn es aus der Zeit der Volksrepublik stammt.

Smolorz: Und allgemein von Historikern als ideologisch und verfälschend abgelehnt wird und in Wissenschaftskreisen heute nicht mehr anerkannt ist.

Semka: Diese Ablehnung ist der Ausdruck einer gewissen Strömung, die auf Übertreibungen der einen Seite mit Übertreibungen der anderen Seite reagiert. In der Zeitschrift *Fabryka Silesia* wurde ein Kanon der oberschlesischen Literatur veröffentlicht, und auf den ersten zehn Plätzen stehen sechs Werke deutschsprachiger Literatur. Werke, die die Herkunft und die Rückkehr Oberschlesiens zu Polen thematisieren, befanden sich auf verhältnismäßig weit hinten liegenden Plätzen. Das ist eine Übertreibung und meiner Meinung nach eine beunruhigende Erscheinung. Wenn jemand einen Kanon zusammenstellt, in dem mehrheitlich deutsche Bücher vorkommen, aber Werke fehlen, die die Schlesischen Aufstände oder die Tragödie der Besatzung aus polnischer Sicht darstellen, dann ist das eine Schieflage, die ich nicht verstehe und nicht akzeptiere. Und ich glaube, so ein Kanon wäre auch für die Mehrheit der Bewohner dieser Region gar nicht verständlich.

Angst vor Separatismus

Smolorz: Vielleicht geben wir den Menschen die Möglichkeit, diese Werke selbst zu lesen und zu bewerten. Sprechen wir doch über die Bücher, die niemand kennt, weil sie nicht einmal ins Polnische übersetzt wurden. Aber Sie schreiben – anstatt die Werke ehrlich zu rezensieren –, dass der herausragende oberschlesische Schriftsteller August Scholtis Lieblingsautor des NS-Gauleiters war. Was ist das für ein Argument?

Semka: Bestimmte Tatsachen kompromittieren die Leute.

Smolorz: Gustaw Morcinek kompromittierte sich auch mit dem Antrag, Kattowitz in Stalinogród umzubenennen. Sollen wir ihn deshalb streichen?

Semka: Einer der Autoren der Zeitschrift *Fabryka Silesia* stellt die These auf, Morcinek sei – Gott sei Dank – bereits vergessen. Über Scholtis hingegen äußern sich alle mit Enthusiasmus.

Smolorz: Weil man ihm noch nicht die Gelegenheit gegeben hat, vergessen zu werden.

Semka: Schreiben wir das also ins Protokoll der Ungereimtheiten …

Smolorz: Sie benutzen oft den Begriff „Separatismus". Wo haben Sie in dem „neuen oberschlesischen Regionalismus" einen Separatismus gefunden?

Semka: Sei es bloß auf den „SI"-Aufklebern auf den Autos: SI wie Silesia … Es gibt Leute, die halten das für ein Gerücht, und es gibt Leute, die das beunruhigt. Ich schenke dieser Beunruhigung Beachtung.

Smolorz: Haben Sie denn irgendeinen Regionalpolitiker, Abgeordneten oder Aktivisten getroffen, der separatistische Parolen geäußert hätte?

Semka: Nein, aber was es schon lange gibt, ist ein Reden über Autonomie, und dies wird, da Polen ein zentralistischer Staat ist, mit entsprechenden Ereignissen assoziiert. Auf der Facebook-Seite der Oberschlesischen Autonomiebewegung (RAŚ) findet man Äußerungen von Aktivisten aus Katalonien, und während der Autonomiemärsche trifft man auch Leute von dort. Auch in Katalonien begann es mit einer weitgehenden Selbstverwaltung, und später radikalisierten sich die Äußerungen. Die Vision so eines um sich greifenden Separatismus, der sich aus den Schlagworten der Autonomie speist, ist gefährlich.

Smolorz: Und wissen Sie, dass in Kattowitz drei Jahre lang ganz legal die Oberschlesische Separatistische Bewegung aktiv war? Sie war beim Gericht in erster

Instanz registriert, niemand focht diese Registrierung an, niemand protestierte. Die Bewegung löste sich selbst wieder auf, weil sie bei den Oberschlesiern auf totales Desinteresse stieß.

Semka: Aber Michał Smolorz wird Piotr Semka nicht davon überzeugen, dass eine neu geschaffene Geschichte Oberschlesiens, in der die These von der Existenz einer eigenständigen oberschlesischen Sprache und die Forderung nach Autonomie formuliert wird, keine Furcht vor Separatismus auslösen würde. Wenn die Zeit uns lehrt, dass die Befürchtungen übertrieben waren, dann will ich zugeben, dass sie unnötig waren. Vorerst bleibe ich dabei. Zumal ein Teil der kulturellen Institutionen eine Meinung und ein Geschichtsbild vertritt, das von einem „neuen oberschlesischen Regionalismus" geprägt ist, obgleich die Institutionen alle Bewohner der Woiwodschaft vertreten sollten.

Smolorz: Sie schlussfolgern wie im Jahr 1981 die kommunistische Regierung in den Gesprächen mit der Gewerkschaft „Solidarność": Wir erlauben es nicht, die Fenster zu öffnen, denn ihr wollt Macht, und wer Luft hat, der hat Macht. Wir geben euch kein Wasser zu trinken, denn ihr wollt Macht, und wer Wasser hat, der hat Macht, usw.

Semka: Gewisse Äußerungen haben Konsequenzen. Wenn Jerzy Gorzelik sagt, Oberschlesien an Polen zu übergeben sei, wie einem Affen eine Uhr zu geben …

Smolorz: … das sind nicht seine Worte, sondern das berühmte Bonmot des britischen Premiers David Lloyd George …

Semka: … aber das Zitat ist beleidigend für viele Leute, die in diesem Gebiet leben. Und ich rede nicht von Piotr Semka, der das in Warschau kritisch verfolgt. Ganz nebenbei: Ich hoffe – lieber Leser –, dass du das gewisse Augenzwinkern wahrnimmst, mit dem sich Piotr Semka aus Warschau, geboren in Danzig, über die oberschlesischen Probleme äußert …?

Smolorz: Aber ich frage in vollem Ernst: Wie viel dürfen die Oberschlesier in Oberschlesien eigentlich?

Semka: Ich denke, dass die Anerkennung einer oberschlesischen Nationalität eine Frage ist, in der es einen breiteren, überregionalen gesellschaftlichen Konsens geben muss, und den gibt es nun mal nicht.

Beunruhigende Koalition mit der RAŚ

Smolorz: Da Sie nicht auf meine Frage antworten, wiederhole ich sie noch mal: Können die Oberschlesier ihre verfassungsmäßigen Rechte voll ausschöpfen?

Semka: Sie können Vereinigungen bilden. Doch wenn solche Zusammenschlüsse auf die Bildung einer oberschlesischen Nation hinauslaufen, die von der polnischen unabhängig ist, dann ist das eine Streitfrage.

Smolorz: Haben die Oberschlesier ein passives und aktives Wahlrecht?

Semka: Ja.

Smolorz: Dürfen sie politische Forderungen stellen?

Semka: Ja, das dürfen sie.

Smolorz: Wo liegt denn dann überhaupt das Problem?

Semka: Sie meinen, es sei im heutigen Europa allgemeines Bürgerrecht, sich eine nationale Minderheit zu nennen. Und damit wollen Sie dann belegen, dass die Nichtanerkennung einer eigenen oberschlesischen Minderheit absurd sei und eine Abkehr von der Demokratie bedeute. Diese Logik lehne ich ab.

Smolorz: Aber nicht doch! Ich will wissen, worin das Problem besteht, wenn Oberschlesier sich zusammenschließen, politische Forderungen stellen und auf den Regierungsbänken sitzen.

Semka: Wer macht daraus ein Problem?

Smolorz: Zum Beispiel unser Staatspräsident Bronisław Komorowski, der öffentlich das Machtgefüge in der Selbstverwaltung der Woiwodschaft Schlesien infrage stellt. Aber auch Sie.

Semka: Als es in den Jahren 2005 bis 2007 eine Koalition der Parteien Recht und Gerechtigkeit (PiS), Selbstverteidigung (Samoobrona) und der Liga der Polnischen Familien (LPR) gab, äußerten viele Publizisten ihre Beunruhigung, dass dies schädigend für die Demokratie sei. Damals konnte man auch die Frage stellen: Sind denn Kaczyński, Lepper und Giertych demokratisch in den Sejm gelangt? Ja. Haben die Menschen das Recht, sie zu wählen? Ja. Und nun denkt Piotr Semka – und ich spreche hier für mich und nicht für Bronisław Komorowski –, dass die Koalition von der Bürgerplattform (PO) und der RAŚ in der oberschlesischen Selbstverwaltung eine beunruhigende Verbindung ist und ich mich freuen würde, diese nicht mehr zu sehen.

Ein gefährliches Völkchen

Smolorz: Ich verstehe Sie also so, dass man den Oberschlesiern auf die Finger schauen muss. Dass sie irgendwie ein gefährliches Völkchen sind, das Gott weiß was ausheckt. Beinahe automatisch vermutet man eine Abspaltung Oberschlesiens von Polen und einen Anschluss an Deutschland.

Semka: Für einen Teil der Polen war die Aufnahme der oberschlesischen Bevölkerung in die polnische Nation, die Integration und das Ausgleichen der Unterschiede, die nach der langjährigen deutschen Vorherrschaft bestanden, eine gewaltige Kraftanstrengung, und sie wurde als Errungenschaft angesehen. Mir schien es so, dass der mit vergossenem Blut bezahlte gemeinsame Widerstand im Dezember 1981 die Schützengräben endgültig zugeschüttet hätte. Und nun sehe ich, dass diese Gräben wieder ausgehoben werden, dass diese große Anstrengung geleugnet wird.

Smolorz: Und ist Ihnen nicht in den Sinn gekommen, dass, wenn man es von der anderen Seite betrachtet, diese Anstrengung eine aufgezwungene Assimilation und eine kulturelle Entwurzelung war? Jemandem eine Identität überzustülpen, zu sagen, er sei jemand anderes, als er selbst meint, das endet immer mit angestauter Wut, die sich früher oder später Luft machen muss, wie bei einem Schluckauf.

Semka: Meinungsverschiedenheiten sind normal in einer Demokratie. Man führt einen Dialog, manchmal einen scharfen, so wie wir heute – Sie als Publizist und ich als Publizist. Manchmal führt man ihn auf akademischem Niveau, wie man das im Streit um den Fallschirmsprungturm beobachten kann – eine Meinung vertritt Prof. Ryszard Kaczmarek, Prof. Zygmunt Woźniczka eine andere. Ebenso die Diskussion, ob man die oberschlesische Mundart als eigenständige Sprache anerkennen kann – hier vertritt die Gesellschaft „Pro Loquela Silesiana" eine Meinung und Senatorin Pańczyk eine andere. Die Debatten sind scharf, denn es geht um Unwägbarkeiten. Aber als Pole macht es mich traurig, dass ein Teil der Oberschlesier den Kontakt mit dem Polnischen auf emotionaler und kultureller Ebene kappen will.

Schreckgespenster

Smolorz: Aber vielleicht haben die Oberschlesier diesen Kontakt überhaupt nie gespürt und haben erst jetzt begonnen, dies laut zu äußern?

Semka: In diesem Falle würden mich zwei Dinge interessieren: Ist es eine konjunkturelle Modeerscheinung? Und: Wie groß ist ihr Ausmaß? Vorerst denke ich – im Unterschied zu Ihnen –, dass sie höchstens 400.000 Menschen betrifft, also 10 Prozent der Einwohner der Woiwodschaft Schlesien.

Smolorz: Und wozu die ständige Betonung von deutschen Motiven? Da ist die Sache mit dem Schlesischen Museum; hier zeigt sich schon das erste deutsche Schreckgespenst. Dann ist da die Sache mit der Autonomie, auch das ein deutscher Dämon. Die Frage der Kultur, schon wieder ein deutsches Motiv.

Semka: Ja, und wie viel Empörung – auch in Ihrer Publizistik – weckt die Politik des Woiwoden Grażyński? Es ist doch seiner Regierung zu verdanken, dass die Woiwodschaft Schlesien eine Autonomie bekam und die oberschlesische Sprache sich entwickelte. Fast nie lese ich darüber, dass auf der anderen Seite Oberschlesiens, also im Oppelner Regierungsbezirk, die oberschlesische Sprache aus dem öffentlichen Raum vollständig verdrängt wurde. Hätte dieser Pro-

zess länger gedauert, wäre das Oberschlesische auf dem Gebiet des deutschen Teils Oberschlesiens ausgestorben, oder es wären nur folkloristische Reste davon übrig geblieben wie die des Sorbischen in Sachsen. Die polnischen Anschuldigungen bezüglich des Deutschtums in Oberschlesien erfüllen eine provokative Funktion, weil sie die Frage der Opfer des NS-Terrors nicht ausblenden. Die RAŚ erkämpfte sich das Recht auf Erinnerungsfeierlichkeiten zur oberschlesischen Tragödie von 1945, aber ich höre nichts über die oberschlesische Tragödie aus dem Jahr 1939, als sehr viele Menschen erschossen wurden.

Smolorz: Die oberschlesische Tragödie von 1939 existiert ungebrochen in der historischen Literatur und in der Publizistik, auch bei öffentlichen Feierlichkeiten ist sie präsent. Über jene von 1945 wurde bisher geschwiegen. Darin liegt der Unterschied.

Semka: Ich möchte darum bitten, dies jetzt nicht als „polnischen Terror" zu bezeichnen. Und auch nicht die Bezeichnung „polnische Konzentrationslager" zu verwenden, wie sie immer wieder auftaucht. Das sind Kleinigkeiten, die den Konflikt nur verschärfen. [...]

Der Mythos vom leidgeplagten Oberschlesien

Smolorz: Da Ihnen der „neue oberschlesische Regionalismus" zuwider ist, postulieren Sie also: Bekehrung. Weil der oberschlesische Glaube der falsche ist? Wollen Sie Missionare aussenden und die Menschen davon überzeugen, dass die „neuen" Oberschlesier sich täuschen?

Semka: Hier sind meine drei Standpunkte: Erstens habe ich ganz persönlich das Recht, publizistisch meine Meinung darüber auszudrücken, was an den kulturellen und bewusstseinsbildenden Prozessen in Oberschlesien gut und was schlecht ist. Es ist eine demokratische Diskussion ohne jede Heftigkeit oder Gewalt, und so möge es immer bleiben. Zweitens: Ich vermute – mit Blick auf die letzten Wahlen –, dass es etwa 170.000 Menschen gibt, die sich mit der Oberschlesischen Autonomiebewegung identifizieren. Doch angesichts der Volkszählung meine ich, dass es fast 400.000 sind. Drittens: Ich denke, die Vision eines „neuen oberschlesischen Regionalismus" hat kurze Beine, wenn sie von Institutionen durchgedrückt wird, die meines Erachtens unter dem Einfluss von Leuten stehen, die der RAŚ-Bewegung angehören, beispielsweise dem Schlesischen Museum.

Smolorz: Warum berücksichtigen Sie nicht, dass diese Leute, anerkannte Wissenschaftler, schlichtweg über fundiertes Wissen verfügen, und zwar größeres als Ihres, meines oder das anderer Publizisten?

Semka: Geschichtsbilder setzen sich zusammen aus Wissen und einer gewissen Philosophie. Ich vertrete eine Vision, in der Oberschlesien auf mentaler Ebene niemals den Kontakt mit Polen verloren hat, auch wenn es Zeiten gab, als es von Polen getrennt war. Aber die Rückkehr zu Polen im Jahr 1922 war eine logische Folge aus der ethnischen Verbundenheit der Oberschlesier mit Polen. Ich möchte gern glauben, dass die Überzeugung, die Schlesischen Aufstände seien ein blutiger Bürgerkrieg gewesen, eine Gegenreaktion aus jenen Zeiten ist, als Kinder verachtet, verurteilt und verfolgt wurden, weil sie in ihrer Mundart sprachen. Doch eine Reaktivierung des Stereotyps eines leidgeplagten Oberschlesiens macht die Oberschlesier auf lange Sicht nicht besser.

Smolorz: Da stimme ich Ihnen zu. Doch bleibt die Frage, wie viel die Oberschlesier selbst zu sagen haben sollten: Wer wollen sie sein, in was für einem politischen Umfeld wollen sie leben, wie wollen sie ihre Heimat und ihr historisches Wissen gestalten?

Semka: All diese Fragen stehen zur Diskussion, mit Ausnahme der Anerkennung der Oberschlesier als eigenständiges, vom polnischen unabhängiges Volk. Die Frage der Nationalität kann nicht ohne einen größeren überregionalen Konsens gelöst werden, so, wie es auch in anderen Ländern der Praxis entspricht. Die Oberschlesier können in dem Rahmen agieren, der von der Verfassung und der Gesetzgebung der Selbstverwaltung gegeben ist.

Smolorz: Gut, in dieser letzten Frage sind wir uns einig. Vielen Dank.

Aus dem Polnischen von Ruth Barbosa

Die Diskussion erschien im DZIENNIK ZACHODNI, 28.09.2012, http://www.dziennikzachodni.pl/artykul/666121,smolorz-kontra-semka-wielka-dyskusja-o-slasku-zobacz-wideo,id,t.html, (13.12.2015).
© Polskapresse Oddział Prasa Śląska w Sosnowcu 2015

Zbigniew Kadłubek

Eine neue Minderheit? Eigensinn und Traum der Oberschlesier

Ein Deutscher braucht Heimat, ja. Und ein Schlesier vielleicht etwas mehr.

Horst Bienek: *Birken und Hochöfen. Eine Kindheit in Oberschlesien*

In memoriam Jan F. Lewandowski

Der expressionistische Maler Edgar Degas, Autor des zitronengelben *Place de la Concorde*, sagte einst, „es gibt gelegentlich namenlose Kinder, aber keine mutterlosen". Oberschlesier sind solche eigenartigen, namenlosen Kinder, Menschen ohne Namen, die eine unbestimmte, für andere kaum entschlüsselbare Sozietät bilden. Auch wenn es so ist, kennen die Oberschlesier ihre Mutter gut: Es ist das von ihnen innig geliebte Land Silesia Superior, also Oberschlesien oder Górny Śląsk.

Deshalb ist man gut beraten, diese schlichte Wahrheit immer wieder auszusprechen: *Oberschlesien ist keine Idee*. Oberschlesien ist weder ein Hirngespinst noch ein bloßes Gedankenkonstrukt noch eine im Vakuum schwebende Buchtheorie oder ein Spielball politischer Akteure. Oberschlesien hat seinen eigenen Geruch und sein eigenes Kolorit; es hat seinen festen Platz, auch wenn es auf der Landkarte kaum sichtbar ist. Letzteres ist dem Umstand geschuldet, dass die Geografie seit eh und je mit der politischen Geschichte verbandelt war. In Mitteleuropa betrachten wir daher jede Landkarte mit Skepsis, denn sie ist nichts anderes als ein miserabler Kommentar der Geschichte und der ökonomisch, politisch oder gar religiös begründeten Gewalt.

Oberschlesier sind Menschen von Fleisch und Blut. Sie leben, haben Sehnsüchte, arbeiten, lesen Bücher, weinen, sind erfolgreich. Manchmal irren sie sich gewaltig. Vor allem wollen sie wahrgenommen werden und verschaffen sich Gehör. Die Oberschlesier leben, und das bedeutet: Es gibt sie. Das mag manchen verwundern oder gar empören. Ja, manchmal ruft das tatsächlich Empörung hervor. Doch selbst wenn man es nicht glauben mag: In Oberschlesien gibt es noch Oberschlesier. Ich will es nur in aller Deutlichkeit festgestellt haben.

Es ist der Erinnerung zu verdanken, dass es die Oberschlesier überhaupt noch gibt. Eine uralte Welt wird zur Antriebskraft für Liebe, Verbundenheit, Erstaunen und Freude. Dabei ist Oberschlesien keine Welt, die längst vergangen wäre, es ist ein Raum der Gegenwart, eine Welt, in der wir groß geworden sind. Das alte Oberschlesien lebt im heutigen Oberschlesien fort, weil wir darin leben, weil wir hier

denken und atmen. Es ist gleichwohl ein Oberschlesien, das zuversichtlich in die
Zukunft blickt. Es lebt nicht von der Geschichte, sondern von der Tradition. Diese
Tradition birgt eine lebendige und lebensspendende Übersetzungsfähigkeit in sich,
die es schafft, Gestriges ins Heutige, Vergangenes ins Aktuelle hinüberzuretten. Sie
ist ein verantwortungsbewusstes Spiel, Kontinuität und Erbe miteinander in Beziehung zu setzen und gar in Einklang zu bringen. Deshalb ist es die Tradition und
nicht die Geschichte, die für Oberschlesier förderlich erscheint in ihrem Bestreben,
als ethnische Minderheit anerkannt zu werden.

Im Gegenteil: Die Geschichte hat alles dafür getan, Oberschlesien zu einem Land
voller Unklarheiten, zu einem Kaff Europas verkommen zu lassen, sie sorgte in
Oberschlesien stets nur für Verwirrung. Aber die Geschichte betrieb dieses destruk-
tive Werk nicht allein. Die ratternden und pfeifenden Maschinen, die Oberschlesien
kolonisierten, trugen ihren Teil dazu bei. Das industriell-koloniale Brandmal, das sie
hinterließen, ist in Oberschlesien immer noch sichtbar. Auch das Großkapital, das
hierhergekommen war, sowie die giftige Saat der Propaganda und der Armeen, die
über den oberschlesischen Boden marschierten, unterstützten die Geschichte dabei,
die Anliegen Oberschlesiens unverständlich wirken zu lassen.

Die erste Schlussfolgerung bei dem Versuch, die Geburtsstunde der oberschlesischen Identität zu beschreiben, lautet also: Die oberschlesische Identität resultiert
sowohl aus geschichtlicher Kontinuität als auch aus einer eigenartigen Rekonstruktion, die eine gewisse Distanz zur Geschichte pflegt und dieser ein geradezu
nietzschesches Misstrauen entgegenbringt. Diese Identität hat, wie ich meine, das
Potenzial zur Vermittlung, da sie es fertigbringt, etwas Neues an der Schnittstelle
zwischen dem tschechischen, dem deutschen und dem polnischen Nationalismus entstehen zu lassen. Gleichzeitig bekennt sie sich zu den drei Kulturen und
Mentalitäten: der polnischen, der tschechischen und der deutschen. Die Bejahung
all dessen, was die ureigene Verwurzelung in diesen drei Kulturen mit sich bringt,
wird zum Vergewisserungsreservoir der oberschlesischen Identität und wirkt stärker nach, als es eine politische Staatsbürgerschaft je vermögen würde. Eine solche
Identität kennzeichnet vor allem etwas, was ich eine große Dialogfähigkeit nenne,
also die Fähigkeit, auf andere in unserem Umfeld zuzugehen. Eine Identität, die
sich auf keinen Dialog mit ihrem Umfeld einlässt, ist falsch, nicht authentisch, sie
ist dann gar keine Identität mehr.

Der Oberschlesier ist ein Mensch mit der Mentalität eines „roten Ziegels", er hat
den Lauf der Dinge in der Region, der guten und der schlechten, der glücklichen
und der missglückten Dinge, in sich aufgesogen. Der Versuch, dies zu begreifen,
kann erhellend sein. In den Adern des Oberschlesiers fließt ordentlich durchmisch-
tes Blut, es sind alle möglichen Schicksale vertreten. Sämtliche Akteure in Politik
und Folkloristik waren nach Kräften bemüht, das Oberschlesische eindimensio-
nal zu deuten, und machten es dadurch nur lächerlich. Vor allem beanspruchten
sie die oberschlesischen Namen für sich und kämpften erbittert dafür, diese in
ihrem jeweiligen Sinne umzubenennen. Wahrscheinlich taten sie es, um damit
ihr Gewissen reinzuwaschen. So änderten sie in aller Eile Orts- und Städtenamen,
Familiennamen, Berg- und Flussnamen. Indem die heutigen oberschlesischen

Einheimischen diese komisch klingenden und lange Zeit aus dem öffentlichen Raum verbannten slawisch-germanischen Ortsnamen (über die Horst Bienek in seiner Gleiwitzer Tetralogie so ergreifend schrieb) in Schutz nehmen, gefährden sie doch niemanden. Sie sind eher wie Dichter, die sich wünschen, die Worte mögen mit der Realität der Dinge übereinstimmen. Sie sehnen sich nach Metaphern, die diese eintönige und vereinnahmte oberschlesische Welt ein wenig glücklicher machen. Es sind Menschen, die die altpolnischen Wörter und die deutschen Etymologien wieder aufgreifen und die daran erinnern, dass ihre herzlich geliebte Umgebung jeglicher Würde beraubt wurde, als man Oberschlesien seine Heiligkeit und seinen Rhythmus nahm (indem man sich die Erde untertan machte, mal unter der einen, mal unter der anderen Verwaltung).

Oberschlesien, nun mit anderen Namen versehen, verlor seinen eigenen Rhythmus, ganz so, wie man außer Atem kommt. Es wurde zu einem kraftlosen Gebilde. Oberschlesien litt unter einer Herzrhythmusstörung. Kraft dieser sündigen Rhythmusstörung, die Mensch und Tier, Kohle, Bäume und Himmel aus dem Gleichgewicht brachte, verschwammen Formen und Ideen in Oberschlesien. „Wer den Rhythmus bestimmt", schreibt der 1873 im mährischen Groß-Pawlowitz geborene Schriftsteller, Essayist und Kulturphilosoph Rudolf Kassner, „muss damit auch eine Idee begründen". Seines ureigenen Rhythmus beraubt, entfremdete sich Oberschlesien zunehmend von sich selbst und konnte schon bald sein eigenes Spiegelbild nicht mehr erkennen.

Als Oberschlesien sich selbst nicht mehr erkannte, konnte es sich auch nicht mehr begreifen. Damit geriet die Region in einen Zustand des Unsichtbaren und des Undeutbaren. Alle ringsherum konnten Oberschlesien nach Lust und Laune bezeichnen, wie es ihnen gerade gefiel. Sie konnten Definitionen und Theorien ersinnen, komplizierte Doktrinen erfinden, die mit der oberschlesischen Realität nichts gemein hatten. Als 1989 die kommunistischen Deutungen Oberschlesiens über Bord geworfen wurden, gerieten alle ins Staunen, und Oberschlesien, dieses

bizarre Gebilde, jagte ihnen einen Schrecken ein. Umso stärker reagierten sie nun
mit Ablehnung auf jene Region, die sich von nun an auf eine Kontinuität berief,
einer gewissen Form des ewig Währenden besann und dabei nach eigenen Wegen
und Deutungen suchte. Noch kurz zuvor konnte man Oberschlesier tadeln, loben,
sich bei ihnen einschmeicheln oder ihnen die Zügel anlegen. Man konnte sich diese Menschen in Gedanken nach Gutdünken formen, ganz so, wie es einem passte,
sei es in wirtschaftlicher oder nationalstaatlicher Hinsicht. Das betraf nicht nur die
beliebige Umbenennung von Orts- oder Familiennamen, sondern auch die oberschlesische Identität. Und man wird schon einsehen: Das war gemein.

Im kommunistischen Polen durften die Oberschlesier ihre eigene Geschichte nicht
erzählen. Fast ein halbes Jahrhundert lang wurden sie mundtot gemacht. Aber die
Oberschlesier müssen ihre eigene Geschichte zunächst sich selbst erzählen. Sie
müssen sich mit ihren eigenen Mythen auseinandersetzen. Dazu gehört beispielsweise der industrielle Gründungsmythos: Goethe kommt höchstpersönlich nach
Oberschlesien, um in Tarnowitz die Dampfmaschine in Augenschein zu nehmen.
Dies erscheint geradezu als prometheischer Beginn des industriellen Oberschlesi-
en. Sah man doch in diesem Prometheus-Goethe damals nicht nur den Weimarer
Fürsten, sondern vielmehr den Feuerbringer Prometheus. Diese für Goethe wenig
bedeutsame Reise bringt vieles in Verbindung: Dichtung mit Maschinen, Kultur mit
Arbeit, Reflexion mit Technologie, Deutsches mit Oberschlesischem.

Die Oberschlesier wurden einmal den Deutschen, ein andermal den Polen zuge-
schlagen. Nun wollen sie – nicht zum ersten Mal in ihrer Geschichte – einfach als
Oberschlesier, als eine ethnische Minderheit anerkannt werden. Sie setzen dabei
auf Vermittlung zwischen den beiden großen Völkern. Es stimmt zwar, dass ein Teil
der Oberschlesier ihre Identität nur in nationalen Kategorien beschreibt: Sie fühlen
sich als Deutsche oder als Polen. Aber dieser Umstand erklärt nicht die heutigen
Probleme mit der oberschlesischen Identität. Denn die Oberschlesier betrachten
sich als kulturelle Erben und Verwalter des deutschen Oberschlesien und möchten
dieses Kulturerbe als polnische Staatsbürger wahren, pflegen und als wichtigen
Teil ihrer eigenen Tradition weiterentwickeln. Ich kann nicht nachvollziehen,
warum oberschlesische Deutsche das Streben der Oberschlesier, als eine ethnische
Minderheit anerkannt zu werden, infrage stellen. Dies als ein Problem zu deuten ist
geradezu absurd. Kann denn ein Deutscher, der sich nur auf die Idee des Vaterlan-
des beruft und seine regionale Verwurzelung übersieht, überhaupt existieren? Ist
das denn kein reines Abstraktum? Meiner Ansicht nach könnte sich die deutsche
Minderheit (als nationale Minderheit) durchaus auch als Teil der Gemeinschaft
derjenigen Oberschlesier begreifen, die sich als ethnische Minderheit sehen. Es
wäre eine gute Möglichkeit, wie sich die ohnehin bestehende geistige Verflechtung
auf wunderbare und befruchtende Weise noch stärker durchdringen und ergänzen
könnten. Oberschlesier, die den Status als ethnische Minderheit in Polen anstre-
ben, und die deutsche Minderheit in Oberschlesien bilden eine gleichgesinnte
Schicksalsgemeinschaft. Oder wollen wir etwa die Geschichte Oberschlesiens ins
Jahr 1922 zurückdrehen, als die Teilung in ein deutsches und in ein polnisches
Oberschlesien vollzogen wurde? Besser wäre es, wir hielten uns fern von diesem
politisch verminten Terrain, auf dem es so viele Missverständnisse gab und auf dem

Oberschlesische Autonomiebewegung (RAŚ)

Die Oberschlesische Autonomiebewegung (Ruch Autonomii Śląska, RAŚ) ist eine politische
Bürgerbewegung, die sich für einen autonomen Status der Woiwodschaft Schlesien (Verwal-
tungssitz Kattowitz) einsetzt, zumindest jedoch ein höheres Maß an Selbstverwaltung und die
Anerkennung als ethnische Minderheit fordert. Gegründet wurde die RAŚ 1990 von Rudolf
Kołodziejczyk. Heute erhält die Bewegung unter ihrem neuen Vorsitzenden, dem Kunsthis-
toriker Jerzy Gorzelik, immer größeren Zulauf; sie hat internationale Ableger und schaffte
bereits den Sprung in den Regionalrat. Die RAŚ fordert eine Autonomie, wie sie der polnische
Teil Oberschlesiens in der Zweiten Polnischen Republik genoss; ihre Aktivitäten zielen nicht
auf eine Abspaltung Oberschlesiens von Polen ab.

so viel primitive Schwarz-Weiß-Malerei betrieben wurde von Menschen, die der
regionalen Bedeutung Oberschlesiens schadeten. Halten wir uns nicht davon fern,
könnten die Fehden wieder einmal in der Familie ausgetragen werden.

Identitätsbildung und Emanzipation in Oberschlesien sowie das immer offensichtlicher zutage tretende Autonomiestreben (ebenso im geistigen wie im politischen
Bereich) verweisen in Wahrheit auf das Bedürfnis einer engeren Integration in
dem Staat, dem Oberschlesien heute angehört und dessen loyale Staatsbürger die
Oberschlesier sind. Wer diese schlichte Wahrheit nicht versteht, kann sich nicht
ernsthaft über Oberschlesien äußern, oder er treibt ein mediales Propagandaspiel,
von dem die Oberschlesier ebenso wie polnische Staatsbürger in anderen Regionen
schweren Schaden nehmen. Die oberschlesische Identität speist sich aus demokratischen Prinzipien, denn die Entstehung der regionalen Emanzipationsbewegung
überschnitt sich zeitlich mit der Geburtsstunde der Freiheit Polens nach dem
Zusammenbruch des Kommunismus. Wer also den oberschlesischen Identitätsbil-
dungsprozess negativ bewertet, so darf man vermuten, der pfeift auf jegliche Prinzipien der Demokratie und versteht nichts von einer alternativen Globalisierung.
All die äußerst dynamischen Identitätsbildungsprozesse, die wir in der letzten Zeit
als „oberschlesisches Erwachen" bezeichnen, stehen für ein zivilgesellschaftliches
Engagement der Oberschlesier und finden im gesamten historischen Gebiet Ober-

schlesiens statt, auch wenn sie im Oberschlesischen Industriegebiet um Kattowitz am intensivsten in Erscheinung treten. So sollte man diese Prozesse deuten.

Aber wenn wir an Oberschlesien denken, müssen wir stets ein Versprechen und einen erst noch zurückzulegenden Weg vor Augen haben und eben nicht etwas Fertiges oder Abgeschlossenes. Die Region gleicht eher einer Art Utopie. Wir müssen das Oberschlesische ernst nehmen und dabei seine Spontaneität und seinen Ursprung im Europäischen erkennen. Ich darf hier an die Worte des polnischen Schriftstellers Stanisław Vincenz erinnern, die mich seit Jahren inspirieren: „Europa wird aufhören, Europa zu sein, wenn seine Regionen sich auflösen, es wird dann nicht mehr spontan sein. Es wird schwach, glattgebügelt, rhetorisch, pseudouniversell werden, so wie das spätantike Griechenland. Sofern es ohnehin nicht verwildert und überflutet wird." Ein glatt gebügeltes Oberschlesien wollen wir nicht!

Am 9. Oktober 2014 sprach ich im polnischen Parlament in meiner Eigenschaft als Bevollmächtigter der Bürgerinitiative zur Änderung des in Polen seit 2005 bestehenden Gesetzes über nationale und ethnische Minderheiten und die Regionalsprache, für die sich mehr als 140.000 Oberschlesier ausgesprochen hatten. Ich berichtete über das Anliegen der Oberschlesier, als ethnische Minderheit anerkannt zu werden, und warb dafür, den oberschlesischen Ethnolekt im einschlägigen Gesetz als Regionalsprache anzuerkennen. Dabei sagte ich: „Die oberschlesische *Politeia*, das zivilgesellschaftliche Engagement in Oberschlesien geht dahin, zwei grundlegende Fragen zu beantworten: Wer bin ich? Und: Wo bin ich? Die Wurzeln der Gemeinschaft der oberschlesischen Minderheit gründen im bürgerschaftlichen Enthusiasmus. Die oberschlesische Minderheit ist keine Gemeinschaft, deren Ziel es wäre, sich um jeden Preis der polnischen Kultur zu entledigen. Im Gegenteil, es ist eine Gemeinschaft, deren freiheitliche Gesinnung bewusst in der Staatsbürgerschaft der Republik Polen aufgeht. Sie begreift sich lediglich als eine Gruppe, die den Wunsch hegt, neben den Karäern, Lemken, Roma und Tataren als eine weitere ethnische Minderheit der Republik Polen anerkannt zu werden. Die Oberschlesier wollen keine nationale Minderheit werden, denn das sind sie nicht. Sie möchten lediglich ihre kulturelle Identität als ethnische Minderheit pflegen dürfen. Ich will es ausdrücklich betonen: Es handelt sich um eine sehr kleine Minderheit, die selbst in der Woiwodschaft Schlesien in der Minderheit ist."

Alle vorgeschlagenen Änderungen [des Gesetzes über nationale und ethnische Minderheiten und die Regionalsprachen, Anm. der Red.] sind verdammt clever formuliert und zeigen, dass ihre Autoren kluge, jedoch zynische – und meinem Empfinden nach auch unmoralische – Fachleute sind. Sollten diese Änderungen in Kraft treten, würden wir auf der Woiwodschafts- und Regierungsebene jegliche, sogar separatistische und antipolnische Forderungen und Aktivitäten diverser politischer Akteure stets unterstützen müssen, auch Ideen, die die Einheit des Staates und des Volkes gefährden könnten. Auf der Grundlage dieser Gesetzesänderungen wäre es leicht gewesen, künstliche Völker zu gründen: kaschubische, oberschlesische, vielleicht auch ein Goralenvolk, wie es schon mal eins gegeben hat. Die Regierung, ständig mit aufdringlichen und immer weitergehenden Forderungen konfrontiert, hätte für ihre eigentlichen Aufgaben keine Zeit mehr gehabt.
Prof. Franciszek Marek: Śląski jest polską gwarą! [Oberschlesisch ist ein polnischer Dialekt], in: Polski Śląsk, Opole 2015, S. 8–12, S. 9.

Mit diesen Worten bin ich bei den Abgeordneten auf Verständnis gestoßen, es gab sogar enthusiastische Reaktionen. Doch auch die größte Begeisterung, die einem Redner im Parlament entgegengebracht wird, führt noch keinen politischen Willen herbei und stiftet kein Vertrauen. Denn einen politischen Willen, sich der oberschlesischen Frage wohlwollend zuzuwenden, gibt es immer noch nicht. Es ist traurig, dass sowohl die polnische Regierung als auch andere Minderheiten in Polen (insbesondere die deutsche) das kulturstiftende Potenzial des oberschlesischen Ethnolekts nur unzureichend zu schätzen wissen. Wenn selbst die zentralistisch und antiregional agierende Regierung Frankreichs es erwägt, Baskisch, Korsisch, Bretonisch und Okzitanisch als Regionalsprachen in der Verfassung zu verankern, dann heißt es, dass selbst die Franzosen ihre starren Identitätsmuster, wie sie in der Zeit der Französischen Revolution umrissen wurden, längst für überfällig halten.

Als historische Region muss sich Oberschlesien der Stichhaltigkeit seiner Argumente und seiner Kultur nicht endlos vergewissern. Aber selbst wenn man nicht dieser Meinung ist, hat sie Bestand, denn die oberschlesische Identität spricht für sich. Jeder Mensch, gleichgültig wo er lebt, in Asturien oder irgendwo in Asien, möchte sich seines Seins vergewissern; er möchte, dass seine Identität wahrgenommen und wertgeschätzt wird.

Ich bin Literaturwissenschaftler und Schriftsteller, deshalb liegt mir die Literatur noch am meisten am Herzen. Der Historie – behauptet André Malraux – widerstrebe es, literarische Darstellung vorbehaltlos zu akzeptieren. Schon längst urteilte der polnische Literaturwissenschaftler und Essayist Stefan Szymutko, und vor ihm tat es bereits Max Herrmann-Neiße, dass in Oberschlesiern ein starker „Widerstand gegen die vereinnahmende Kraft des Diskurses, gegen eine Usurpation des Verstandes, also ein Antifundamentalismus" tief verwurzelt sei. Der Oberschlesier ist antifundamentalistisch und antilogozentrisch eingestellt. Welche Konsequenzen bringt es mit sich? „Kleine Völker verstehen wenig", schreibt in ihrem Gedicht „Głosy" („Stimmen") Wisława Szymborska. Sie verstehen nicht nur wenig von die-

Szczepan Twardoch: Einsame Identität (Auszug)

Aber ich kann mir nicht vormachen, ich hätte nichts gemein mit diesen Adjektiven: polnisch, deutsch, oberschlesisch. Wäre dem so, würde ich nicht so stark die Spannungen zwischen ihnen spüren, denn im Gegensatz zu meinen Großeltern und sogar Eltern muss ich das auch nicht.

Was verbindet mich mit der polnischen Kultur, so intim und tiefgründig, gleichzeitig in gewissem Sinne so inoffiziell und äußerlich? Es ist, als wäre ich nicht mit ihr verheiratet, sondern nur ihr Geliebter – sie möchte mich durchaus heiraten, ich aber will das nicht. Ich kann also das Polentum weder loswerden noch es als mein Eigenes annehmen. Ich bin kein Pole, wie ein Pole ein Pole ist, und gleichzeitig bin ich kein Nicht-Pole, wie ein Deutscher oder Bantu ein Nicht-Pole ist.

Warum kann ich das Polentum nicht als das Meine annehmen? Weil ich als bekennender Pole jener Landschaft, die mein Ich ist, entsagen würde, ich würde mir selbst entsagen. Ich würde meine nichtpolnische Geschichte und die meiner Vorfahren verleugnen, ich würde mich aus dem menschlichen Pilzgeflecht lösen, durch das ich in der Erde verwurzelt bin. Und es geht nicht darum, dass ich damit jemandes Erinnerung verletzen, jemanden verraten würde, denn ich würde niemanden verletzen oder verraten, in diesen Kategorien zu denken ist ein unnötiger Anachronismus. Das Problem liegt in mir: Mich mit dem Polentum zu identifizieren, wäre für mich ein Akt der Selbsttransplantation. Ich würde mich in einen Boden verpflanzen, der nicht mein Boden ist.

Und doch, gleichzeitig kann ich und will ich nicht (denn wozu?) das ablegen, was in mir polnisch ist und was damit beginnt, dass ich auf Polnisch denke, ich schreibe auf Polnisch und flüstere auch Frauen auf Polnisch Liebesgeständnisse zu, auf Oberschlesisch könnte ich gar keine Liebeserklärungen machen. Ich spreche und denke also auf Polnisch. Ich denke mich selbst auf Polnisch. Und dass ich mich des Oberschlesischen völlig frei bedienen kann, hat dabei überhaupt keine Bedeutung. Es sind auch nicht die detaillierten, ebenso wahren Gründe, die aus der Verfolgung jener Menschen der Generation meiner Eltern resultieren, die nicht in den Stollen bleiben wollten, die schon in der Mittelschule für das Sprechen von „unkorrektem Polnisch" verspottet und bestraft wurden und die später ihren Kindern die Demütigungen ersparen wollten und dies auch schafften, also spreche ich mit meinen Eltern auch auf Polnisch.

Aus dem Polnischen von Ruth Barbosa

Szczepan Twardoch: Einsame Identität, in: Jahrbuch Polen 2012 Regionen, S. 107–122.

ser sogenannten Großen Geschichte, sondern stehen ihr noch im Weg: „Wenn sie bloß nicht im Weg stünden, aber sie stehen / Aurunker, Marser, Spurius Maelius". Sie stellen sich einer jeden aufgebauschten Imperialität in den Weg, die sich über jede Differenz und die Perspektive des Einzelnen hinwegsetzt.

Das innige Verhältnis zur Umgebung, der man entstammt, sollte man nicht als Zeichen von Irrationalität deuten. Wenn dieses Verhältnis sich in zivilgesellschaftliches Engagement verwandelt, sollte man es in einem demokratischen Staat umso weniger missachten. Simone Weil schrieb dazu: „Und die Heimat? Es ist doch keine Gemeinschaft, die sie ausmacht, sondern Menschen mit Gemeinschaftsbezug, deren wir genauso wenig bewusst sind wie der Luft zum Atmen. Es ist der Bezug zur Natur, zur Vergangenheit und zur Tradition. Die Verwurzelung ist etwas anderes als nur Unterordnung im Sozialen." Die Verwurzelung ist von großer Bedeutung für eine gelebte Menschlichkeit. Der problematisch erscheinenden Anerkennung der Oberschlesier wohnt daher eine humanistische und ethische Dimension inne, nicht nur eine politische, wie manch einer wohl denken mag. Oberschlesien war lange genug ein Zwischenraum. Mich persönlich stört das nicht, denn auch im Zwischenraum kann man sich irgendwie einrichten, und zwar so, dass dieser zum Zentrum der Welt werden kann.

Die Dynamik der oberschlesischen Identität entspringt einer polen-, ja europa-übergreifenden Regionalismus-Bewegung. Prof. Hans-Georg Pott von der Heinrich Heine Universität Düsseldorf schrieb treffend darüber: „Es entsteht ein neuer Typ von Regionalismus, der nicht von einem Prinzip der Einheit und der Herrschaft, sondern von einer Heterogenität bestimmt ist. Dies heißt, die Region bestimmt sich nicht durch den Stamm (Sachsen, Schlesier, germanische Stämme, slawische Stämme usw.), also letztlich mythisch, religiös, rassisch oder rassischbiologisch, sondern durch reine Räumlichkeit (dieses Land zwischen Oder und Neiße). Man kann sich auf keine Kontinuität berufen, auf keine Genealogie, und genau deswegen muß man von neuem und wieder beginnen – zu erzählen und zu erforschen. Dabei kann man durchaus auf die Vergangenheit zurückgreifen, Traditionen erfinden und wiederfinden, die, anders als in der Vergangenheit, nicht mehr der Begründung und Legitimation einer Herrschaft (über dieses Land) dienen (und vielleicht nicht vom Ruhm vergangener Taten, sondern von den Niederlagen, den Knechtschaften und dem unrühmlichen Streit erzählen). Und er würde, dieser neue Regionalismus (von dem ich noch ein wenig träume, der aber vielleicht schon auf dem Weg ist, eine andere Vorstellung vom Fremden zu entwickeln), die Abweichler und Ausgegrenzten, die der Moloch des Globalisierungsprozesses ausstößt, integrieren."[1]

Den Ort, an dem man zur Welt kommt, kann man sich nicht aussuchen. Aber wenn man sich dazu entschließt, an einem konkreten Ort Wurzeln zu schlagen und dort ein Haus zu bauen, gewinnt all das an Bedeutung, denn es ist kein reiner Zufall, dass wir gerade dort sind, wo wir sind: „Der Mensch kann nicht den Ort willkürlich wählen, sondern er muss auf die Zeichen der Götter achten, in denen sich die Heiligkeit des Ortes bekundet", schrieb Otto Friedrich Bollnow in *Mensch und Raum*. Der Wiederaufbau der oberschlesischen Identität geht einher mit einer aufmerksamen Deutung der „Zeichen der Götter". Es scheint, als ob die Oberschlesier in ihrer Heimat irgendein göttliches Zeichen erkannt hätten. Denn dieser Ort auf der Erde ist an und für sich schon ein bedeutendes Zeichen. Genau das versuchen die Oberschlesier der Welt zu verkünden. Aber die Welt will es nicht zur Kenntnis nehmen, und zwar aus einem einzigen Grund – Oberschlesien war immer schon, wie Hans Lipinsky-Gottersdorf einst feststellte, von „politischer Ratlosigkeit" geprägt.

Wer sind also die heutigen Oberschlesier, die sich selbst wie ein weites und unbekanntes Land entdecken? Wer sind diese enthusiastischen Oberschlesier, die sich selbst mit solcher Begeisterung neu erfinden und vor diesem neuen Bild ungläubig ihre Augen reiben? Wer gibt uns darauf Antwort? Ich habe es versucht, so einfühlsam es ging, aber die beste „Antwort weiß das Schilfrohr am Klodnitzufer".[2]

Aus dem Polnischen von Marcin Wiatr

---

1   Hans-Georg Pott: Kurze Geschichte der europäischen Kultur, Paderborn 2005, S. 96.
2   Julian Kornhauser: Śląsk [Schlesien], in ders.: Kamyk i cień [Steinchen und Schatten], Poznań 1996, S. 17.

Irena Wiszniewska

„Illegal im Reich der Geister". Jüdisches Leben im heutigen Polen

Beinahe jeder polnischer Jude, der in der Welt herumgekommen ist, hat eine andere Version derselben Geschichte zu erzählen – denn jeder hatte auf die eine oder andere Weise mit Ausgrenzung oder Diskriminierung zu tun. „Ein Jude aus Polen?", hört man ungläubig aus der französischen oder argentinischen Diaspora. In diesen Worten schimmert durch die Ungläubigkeit Misstrauen hindurch. Wenn du als Jude in Polen lebst, ist irgendetwas mit dir nicht in Ordnung. Du bist sonderbar, fehlerhaft, etwas Widernatürliches.

Dieses Misstrauen kommt nicht von ungefähr. In der kollektiven Erinnerung ist Polen das Land der Shoah, hier wurden drei Millionen Juden ermordet, hier gab es auch nach dem Zweiten Weltkrieg Pogrome und hier wurden im Jahre 1968 jüdische Intellektuelle mit einem zur Ausreise berechtigenden „Reisedokument" ausgewiesen. Die Überlebenden der Shoah, die nach ihrer Rückkehr aus den Konzentrationslagern alles andere als freundlich begrüßt worden waren, die sich in Polen nicht sicher gefühlt hatten und die schließlich ausgewandert waren, hatten ihren Kindern und Enkelkindern die Erinnerung an Verfolgungen weitergegeben. In diesen Erinnerungen ist Polen – wegen des Holocaust und des Mangels an Empathie oder gar der Feindseligkeit der Nachbarn – ein „verfluchtes Land". Es geht so weit, dass es in manchen jüdischen Familien ein Tabu ist, nach Polen zu reisen.

Was soll nun ein Jude aus Polen machen, wenn er misstrauisch beäugt wird? Sich rechtfertigen? Erklären, dass der polnische Antisemitismus gar nicht so schlimm ist? Oder die Antisemitismen der jeweiligen Länder gegeneinander ausspielen, sagen, dass der französische schlimmer ist als der polnische? Oder auf Vertraulichkeit setzen und die eigene Familiengeschichte erzählen? Er steckt in einer wahnsinnig unangenehmen Situation, aus der es keinen rechten Ausweg gibt: Denn die Juden in Polen leben auf einem Friedhof. Und auf der Asche dieses Friedhofs errichten sie ihre eigene, neue Identität.

Wiedergeburt durch den Glauben

Auf eine gewisse Weise wurde die Kontinuität nie unterbrochen. Der Wendepunkt waren die Achtzigerjahre. 1979, zehn Jahre nach dem Trauma der Vertreibungen von 1968, gründeten Oppositionelle eine neue, unabhängige und illegale Organisation mit dem Namen Fliegende Jüdische Universität (Żydowski Uniwersytet Latający). Ihren Anfang nahm diese mit einer Initiative von Konstanty Gebert und Stanisław Krajewski. Der Terminus „Universität" schien passend für jene Gruppe von Autodidakten, die Vorlesungen zu verschiedenen Themen organisierten: von jüdischer Tradition bis hin zum Entdecken der weißen Flecken der Geschichte. Das Wort „fliegend" bezog sich auf die Tatsache, dass sich die Gruppen aus Angst vor der Miliz immer wieder in anderen Privatwohnungen trafen. Die Wohnungen platzten bei diesen Anlässen aus allen Nähten; die Vorträge prägten eine ganze Generation von Juden, die – obwohl sie ihre Wurzeln kannten – mit dem Judaismus nicht viel zu tun hatten. Mit der Zeit begannen manche Leute, freitags in ihren Wohnungen Sabbat zu feiern; sie lernten, wie man es richtig tut und worum es dabei wirklich geht. Heute hinterfragt die junge Generation die damalige Rückkehr zum Judentum mithilfe des Glaubens. Hatte es damals keinen anderen Weg als den Glauben gegeben? Wahrscheinlich nicht.

In einem Land, das so religiös ist wie Polen, wo 95 Prozent der Bevölkerung dem römisch-katholischen Glauben angehören, gibt es keinen Tag, an dem in den Medien nicht das Thema Kirche oder Religion zur Sprache kommt. Die Priester dürfen von der Kanzel über politische Themen urteilen, jede Minderheit wird zwangsläufig unter religiösen Gesichtspunkten gesehen und muss sich in dieser Hinsicht positionieren. Das neue jüdische Leben, das sich die leeren Synagogen erobert hatte, war von einem gewissen Paradox gekennzeichnet, denn in die Gemeinden traten auch Agnostiker oder sogar Atheisten ein. Was übrigens nicht unberechtigt ist – wenn man bedenkt, dass der Judaismus eine pragmatische Religion ist, in der man einen Menschen nicht fragt, ob er glaubt oder nicht glaubt, sondern lediglich, ob er gewisse Rituale einhält.

Bereits im Jahr 2006 sagte Michael Schudrich, der Oberrabbiner Polens: „Heute kämpfen wir mit denselben Schwierigkeiten wie jede herkömmliche kleine Gemeinde in Westeuropa, mit Meinungsverschiedenheiten jeder Art. So finden einige, meine Kaschruth-Aufsicht sei nicht streng genug, andere sind der gegenteiligen Ansicht. Die Liberalen möchten eine Gemeinde gründen und Chabad hat sein Zentrum eröffnet. Es handelt sich um positive Probleme, die in gewisser Weise von unserer Normalität zeugen."[1]

Seitdem ist der chassidische Chabad in Polen stärker geworden, und es gibt auch eine reformierte Synagoge – was dazu führt, dass religiöse Juden heute eine Wahl haben, von der sie auch tatsächlich Gebrauch machen. Eine junge Frau, die eine Chabad-Gruppe besucht, führt gleichzeitig eine Religionsschule für Kinder bei der reformierten Synagoge. Jemand, der anfangs die reformierte Synagoge besucht hat, fühlt sich nun wiederum in der orthodoxen Bewegung wohl. Diese religiöse Mobilität, die Suche nach dem eigenen Weg und all die damit verbundenen Irrungen und Wirrungen sind charakteristisch für Menschen, die in ihrer Kindheit keine religiöse Erziehung genossen haben.

Das religiöse und säkulare Leben durchdringen einander. Jeder nicht religiöse Mensch kennt einen Rabbiner, und es gibt immer mehr polnische Rabbiner (anfangs kamen sie aus dem Ausland und sprachen überwiegend Englisch), was sich positiv auf das Zusammengehörigkeitsgefühl innerhalb der Gemeinden auswirkt. Auch nicht religiöse Organisationen, die von internationalen Stiftungen finanziert

---

1   Polnische Realität, Michael Schudrich im Gespräch mit Roland S. Süssmann, in: SHALOM. DAS EUROPÄISCHE JÜDISCHE MAGAZIN, Herbst 2006. Zitiert nach: http://www.shalom-magazine.com/ Article.php?id=460219 (29.11.2015).

werden, sind sehr beliebt. Das Warschauer Moses-Schorr-Zentrum bietet Vorträge und Hebräisch-Kurse an, die Stiftung Shalom veranstaltet in Warschau Jiddisch-Seminare. Das Jewish Community Centre JCC, das in Krakau und in Warschau seine Filialen hat, hat ein so reichhaltiges Angebot (unter anderem gemeinsame Frühstücke und Kleidertausch-Börsen, Ferienlager und Wochenendausflüge), dass es heute ein beliebter Treffpunkt für Studierende geworden ist.

Beim alljährlichen Limmud[2], einer Konferenz, bei der 800 Personen aus ganz Polen zusammenkommen, kann man Vorträge besuchen und abends bei einem Glas Wein über Gott und die Welt reden oder sich in der Disco amüsieren. Die jüdische Loge B´nai B´rith hat ihre Aktivitäten in Polen wieder aufgenommen, fügt sich in die europäischen Strukturen dieser internationalen Vereinigung ein und erfüllt allmählich ihre historisch vorgezeichnete Rolle einer einflussreichen Organisation.

Die Suche nach den verschütteten Wurzeln

Juden gibt es in Polen offiziell gar nicht so viele, gerade mal 8.000–12.000 (so viele Personen gehören jüdischen Organisationen an, religiösen und weltlichen). Diese Schätzungen sind wahrscheinlich zu tief angesetzt, wenn man ein Phänomen berücksichtigt, das typisch für Polen zu sein scheint. Symcha Keller, der Rabbiner von Lodz, dessen Gemeinde gerade mal 300 Menschen zählt, kennt alleine in dieser einen Stadt über tausend Familien, die jüdische Wurzeln haben, dies allerdings geheim halten wollen. Das Moses-Schorr-Zentrum schätzt, dass es in Polen etwa 100.000 Juden gibt (nach anderen Angaben sogar 150.000), von denen circa 30.000 bis 40.000 tatsächlich die jüdische Religion und/oder Kultur ausüben.

Die jüdische Gemeinschaft in Polen wird von Jahr zu Jahr größer. Wie ist das möglich? Wie kann es sein, dass nach der Shoah, der Flucht aus Angst vor Pogro-

---

2   Limmud: 2006 in Großbritannien gegründete Organisation, die Begegnungen und jüdische Kulturfestivals veranstaltet, bei denen die Gemeinschaftserfahrung eine wichtige Rolle spielt.

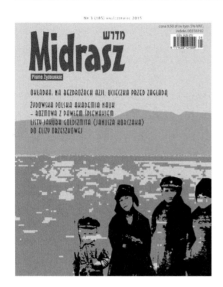 

men und den Vertreibungen nach 1968 immer mehr Juden in Polen verzeichnet werden? Jan Hartman, Philosoph und Bioethiker, ein bekannter polnischer Intellektueller, weist in diesem Zusammenhang auf die verschütteten Wurzeln hin. Es gibt Menschen, die sich auf die Suche nach ihrer Familiengeschichte, nach ihren verschütteten Wurzeln begeben. Ein Großvater in der Familie war Jude, vielleicht eine Urgroßmutter, aber das genügt schon, damit man den Wunsch verspürt, der Gemeinschaft anzugehören.

Jan Hartman selbst ist Nachkomme einer langen Linie von polnischen Juden, die sich für das Land hochverdient gemacht haben. Sein Ururgroßvater, der Rabbiner Izaak Kramsztyk, wurde wegen seiner Aktivitäten gegen das zaristische Russland nach Sibirien verbannt, und sein Vater, ein bedeutender Mathematiker, war in der Volksrepublik Polen ein oppositioneller Aktivist. Hartman spricht von sich mit einer gewissen Ironie als einem „Spiritus-Juden" und bezieht sich auf den in Polen produzierten Spiritus, reinen Alkohol mit einem zu vernachlässigenden Anteil von Wasser (0,2 Prozent). Somit ist ein „Spiritus-Jude" ein reiner Jude, von der Seite des Vaters und der Mutter, des Großvaters und der Großmutter, ohne Beimischungen. Solche Menschen gibt es in Polen nur wenige, und nicht alle haben so einen intellektuellen Zugang zu ihrem kulturellen Erbe.

Piotr Paziński, der Chefredakteur der Monatszeitschrift *Midrasz*, ein großartiger Autor, der in seinen bewegenden Erzählungen auf die verschwundene Welt vor dem Zweiten Weltkrieg Bezug nimmt, sagt: „Juden, die in Polen geblieben sind, sind hier quasi entgegen der herrschenden Weltordnung geblieben, entgegen der Geschichte, die von der Katastrophe gezeichnet ist. Sie sind ein Zeichen dieser Katastrophe, eine Narbe, eine Spur. Im Grunde genommen sind sie Illegale, denn sie leben unrechtmäßig in diesem Reich der Geister." Es sind schöne Worte, und es ist schwer, ihnen nicht zuzustimmen. Womöglich ist diese vernichtete jüdische Welt in Polen noch immer so bedeutsam, dass sie für mancherlei Überraschung sorgt – auch die, dass dieses Illegal-Sein im Reich der Geister ein Privileg ist.

Die Auseinandersetzung mit der Familiengeschichte ist nicht immer frei von
Schmerz. Eine in diesem Zusammenhang beinahe klassische Geschichte ist die
Erzählung von der Oma, die ihrem Enkel auf dem Sterbebett das Geheimnis ihres
Lebens verrät. Obwohl man auch auf Menschen trifft, die erst mit fünfzig Jahren
erfahren haben, dass sie jüdische Vorfahren haben.

Diese Familiengeheimnisse haben ihren Grund. Nach dem Krieg blieben viele der
Überlebenden bei ihren Tarnnamen oder veränderten ihre Nachnamen, damit sie
polnischer klangen. In der Armee wurde diese Vorgehensweise von den Befehls-
habern sogar angeordnet. Es entsprach dem damaligen Zeitgeist, dem allgemeinen
Wunsch, die Vergangenheit hinter sich zu lassen. Es war eine Möglichkeit, die
Furcht, die Demütigungen, den Tod zu vergessen. Hinzu kam das Bedürfnis, den
Kindern ein sicheres Leben zu ermöglichen – denn als Jude war einem ein solches
noch nie vergönnt.

In jenen polnischen Familien, wo das Geheimnis der jüdischen Herkunft verheim-
licht wurde, lebte es sich nicht einfach. Kinder, die spürten, dass man ihnen etwas
verschwieg, dass die Informationen der Eltern widersprüchlich waren (Vielleicht
würde es bald nichts mehr zu essen geben? Vielleicht würde man fliehen müssen?),
entwickelten sich zu Erwachsenen mit psychischen Problemen. Sie ahnten etwas,
wussten aber nichts – was dazu führte, dass ihnen ein grundlegendes Sicherheits-
gefühl fehlte. Wenn ein Mensch erst als Erwachsener erfährt, dass er Jude ist,
beginnt er sein Leben aus einem anderen Blickwinkel zu betrachten. Seine Selbstwahrnehmung wird eine andere; und das Bewusstsein, dass seine Familie ermordet
wurde, zwingt einen dazu, sich mit dem Trauma des Holocaust auseinanderzu-
setzen. Für Menschen, die dabei Unterstützung brauchen, hat Maria Orwid, eine
bekannte Psychiaterin, die als Kind aus dem Ghetto in Przemyśl fliehen konnte,
eine Therapie-Gruppe gegründet. Diese gab später den Impuls zur Gründung des
Vereins Zweite Generation.

In gemischten Familien (und diese überwiegen in Polen), ist das Jude-Sein eine Frage der persönlichen Entscheidung. In mancher Familie geht der Bruder in die Kirche und die Schwester in die Synagoge. Eine derartige Kluft kann man sogar bei Personen des öffentlichen Lebens finden, beispielsweise bei Anna Komorowska, der Ehefrau des ehemaligen polnischen Präsidenten Bronisław Komorowski, deren Mutter das Warschauer Ghetto überlebt hat. Die ehemalige First Lady ist eine gläubige Katholikin, wohingegen ihre jüngere (mittlerweile verstorbene) Schwester dem Verein Zweite Generation angehörte, der nach ihren eigenen Worten ihr „wahres Zuhause" war.

Über jene Menschen, die ihre Wurzeln wiederentdecken und sich in jüdischen Kreisen einbringen, sagt man, dass sie „aus dem Schrank herauskommen", was sich auf Verstecke von Juden zur Zeit der Nazi-Herrschaft bezieht. In Bezug auf Homosexuelle, die sich öffentlich zu ihrer sexuellen Orientierung bekennen, spricht man üblicherweise vom Coming-out. Man kann diese beiden Situationen miteinander vergleichen, wenn auch sie nicht deckungsgleich sind. Michał Piróg, ein Choreograf und Juror bei der TV-Show „You can dance", hat beide Bekenntnisse hinter sich und sagt, dass es viel schwerer war, „aus dem Schrank herauszukommen". Warum?

„Die meisten jungen Menschen kennen mindestens einen Schwulen, also kann man ihnen nicht einreden, dass ein Gay ein schlechter Mensch ist", erklärt er. „Aber Juden kennt man üblicherweise nicht, man weiß nur, dass über Jahrzehnte immer wieder behauptet wurde, dass sie böse sind."

Das „Herauskommen aus dem Schrank" kann immer noch eine schreckliche Erfahrung sein. Manche zelebrieren ihr Judentum im Privaten und verschweigen im Büro, dass sie am Freitag in die Synagoge gehen oder dass ihr Großvater den christlichen Glauben angenommen hat.

Was das öffentliche Leben angeht, so waren gleich drei polnische Außenminister Juden: Bronisław Geremek, Stefan Meller und Adam Daniel Rotfeld. Ihre Herkunft war allgemein bekannt. Ein populärer Fernsehjournalist, Andrzej Morozowski, der ein langes Interview über seine Familiengeschichte und seinen Vater Mordechaj Mozes gegeben hat, erinnert sich an eine Begebenheit: Ein ihm unbekannter Abgeordneter sprach ihn im Parlament an und sagte: „Sie sind so mutig! Ich bin ebenfalls jüdischer Herkunft, aber ich würde es niemals zugeben, denn sonst würden sie mich nicht wählen."[3]

In Polen ist mittlerweile die dritte Generation nach dem Holocaust herangewachsen. Diese jungen Menschen betrachten ihr jüdisches Erbe anders. Es ist etwas Alltägliches, nichts Traumatisches. Da verbirgt niemand etwas, niemand hat mehr Angst, und die Witze über den Schrank sind von einer gewissen Nachsicht gekennzeichnet. Maniuszka Bikont, eine 29-jährige Kulturwissenschaftlerin und Musikerin, ist mit den jüdischen Traditionen groß geworden: „Ich pflege die jüdischen Bräuche nicht jeden Tag, aber wenn ich den Wunsch danach verspüren sollte, wäre

---

3   Mein Vater Mordechaj Mozes, Marcin Meller im Gespräch mit Andrzej Morozowski, in: Newsweek, 28.01.2013.

Ida ist ein polnisch-dänischer Spielfilm von Paweł Pawlikowski aus dem Jahr 2013, der das Spannungsfeld zwischen Sozialismus, Antisemitismus und Katholizismus im Polen der 1960er-Jahre vor Augen führt.
Die junge Novizin Anna, die früher Ida hieß, bereitet sich auf ihr Ordensgelübde vor. Sie ist in einem Waisenhaus aufgewachsen. Bevor sie ihr Gelübde ablegen darf, besucht sie noch einmal ihre Tante Wanda, die letzte Verwandte. Die Tante war nach dem Zweiten Weltkrieg Richterin und trug aufgrund ihrer unerbittlichen Urteile den Spitznamen „Blutige Wanda". Mittlerweile führt sie ein selbstzerstörerisches Leben. Bei Annas Besuch konfrontiert die Tante sie mit ihrer Vergangenheit: Anna ist eine gebürtige Jüdin, deren Eltern während des Zweiten Weltkrieges zunächst von Nachbarn versteckt und dann umgebracht wurden. Auf der Suche nach dem Grab ihrer Eltern begeben sich die beiden Frauen auf eine Reise durch Polen. Der Film wurde 2015 mit dem Oscar in der Kategorie Bester fremdsprachiger Film ausgezeichnet.
Auf dem Foto: Agata Trzebuchowska als Ida.

daran nichts Ungewöhnliches." Diese Sichtweise entspricht der Einstellung der jungen Generation.

Diejenigen, die aus weniger engagierten Familien stammen und sich der Gemeinschaft anschließen wollen, übernehmen automatisch die Lockerheit und Selbstverständlichkeit ihrer Freunde. Was interessant ist: Bei der letzten Wahl zum Vorstand der Warschauer Gemeinde wurden mehrere Angehörige der dritten Generation gewählt – darunter zwei Frauen. Die Vorsitzende der Gemeinde ist nun Anna Chipczyńska, sie ist Mitte dreißig und arbeitet bei NGOs, die sich für humanitäre Hilfe einsetzen.

Die Schlacht um die Erinnerung

In einem Land, in dem die Geschichte über ein halbes Jahrhundert entweder verschwiegen oder verfälscht wurde, dauert die Schlacht um die Erinnerung

immer noch an. Wenn noch vor wenigen Jahren niemand im Westen Europas vom
Warschauer Aufstand gehört hatte, während der Aufstand im Warschauer Ghetto
allgemein bekannt war, verhielt es sich in Polen genau andersherum. Heute wird
der 19. April, der Jahrestag des Aufstands im Warschauer Ghetto, fast schon wie ein
Nationalfeiertag begangen. An diesem Tag verschenken Freiwillige auf den Straßen
gelbe Narzissen, die Lieblingsblumen von Marek Edelman, einem der Anführer des
Aufstands.

Eine wahre Schlacht wird auf einem anderen Feld ausgetragen: Das Verhalten von
Polen gegenüber Juden während der deutschen Besatzung wurde unter die Lupe
genommen. Den Anfang machte bereits im Jahr 2000 Jan T. Gross mit seinem Buch
Nachbarn, in dem er erzählt, wie in der Kleinstadt Jedwabne ortsansässige Juden
von Polen in einer Scheune verbrannt wurden.

Es folgte eine Flut an Büchern, die die weit verbreitete Überzeugung hinterfragten,
gerade die Polen, dieses großartige Volk, hätten unter Lebensgefahr im Krieg Juden
gerettet. Es erschienen Aufsätze über die Aneignung von jüdischem Besitz, über die
massenhaften Denunziationen versteckter Juden, über die Weitergabe von Informationen an die Gestapo. Dieses unbequeme Wissen, das nun ans Tageslicht gezerrt
wurde, löste großen Protest aus: Engagierte Historiker wurden des Antipolonismus
bezichtigt. Mit diesem Neologismus sollte suggeriert werden, es handele sich dabei
um eine dem Antisemitismus vergleichbare Einstellung.

Derweil dauert die nationale Psychoanalyse weiter an. Manches davon hat sogar
schon in der Massenkultur Spuren hinterlassen. Im Thriller *Pokłosie* (*Nachlese*)
von Władysław Pasikowski schweigt ein ganzes Dorf über die Kriegsverbrechen an
Juden. Im preisgekrönten Film *Ida* von Paweł Pawlikowski (Oscar 2015 für den
besten fremdsprachigen Film) waren die Polen für den Tod der Familie der Protago-
nistin verantwortlich.

Das neue Museum für die Geschichte der Polnischen Juden, ein riesiges Projekt,
dessen Umsetzung zehn Jahre gedauert hat und dessen Ausstellung tausend Jahre
jüdischen Lebens auf polnischem Gebiet umfasst, löst gemischte Gefühle bei der
jüdischen Diaspora aus. Viele Intellektuelle sind der Meinung, dass bei der Präsentation der neuesten Geschichte zu viel Gewicht auf die polnische Staatsräson gelegt
wurde. Unbequeme Themen wurden entweder ausgelassen oder beschönigend
dargestellt.

Eines dieser unbequemen Themen ist die Verantwortung für den Kommunismus,
die in Polen intensiv diskutiert wird. Für das Aufkommen des Kommunismus werden oft Juden verantwortlich gemacht, was zum Auftauchen des belasteten Begriffs
der „Juden-Kommune" (*żydokomuna*) führte. In der Dauerausstellung wurde die
Frage des jüdischen Anteils an der sozialistischen Regierung (wohl aus Angst vor
den Reaktionen des Publikums) nicht thematisiert.

Die Fürsprecher des Museums betonen den Reichtum und die Vielfalt, den kogni-
tiven Wert und die emotionale Erkenntnis der Ausstellung. Es kommt vor, dass die

Nach 20 Jahren kehrt Franek in seinen polnischen Heimatort zurück, um nach seinem jüngeren Bruder Józef zu sehen. Die Stimmung im Dorf ist feindselig gegenüber seinem Bruder, der entdeckt hat, dass nach dem Krieg Grabsteine des jüdischen Friedhofs zum Straßenbau benutzt wurden. Spannend wie in einem Thriller erzählt Władysław Pasikowski von den Spuren einer Schuld, die bis in die eigene Familie hineinreicht. Der Film *Pokłosie* (Nachlese, Polen 2012) spielt auf das 1941 in Jedwabne von polnischen Zivilisten an ihren jüdischen Nachbarn verübte Massaker an, das der Historiker Jan T. Gross in seinem Buch *Nachbarn* (München 2001) dokumentierte. In Polen löste der Film einen handfesten Skandal und hitzige Diskussionen aus.

Besucher (vor allem jene, die von weit her angereist sind) Tränen in den Augen haben. Maciej Zaremba, ein schwedischer Journalist polnisch-jüdischer Abstammung, schrieb nach seinem Besuch im Museum:

„Es ist das symbolische Ende einer gewissen nationalen Geschichtsperspektive in einem Land, in dem der Nationalismus – aus historischen Gründen – bis vor Kurzem notwendig und mit dem Drang zur Freiheit gleichzusetzen war. Die Existenz des Museums bedeutet nicht wenig, vor allem, wenn man bedenkt, wohin Europa zu driften scheint."[4]

Doch der Antisemitismus ist nicht verschwunden. Maciej Stuhr, der im oben erwähnten Film *Pokłosie* die Hauptfigur spielt, war wegen seiner Rolle des Wahrheitssuchenden einer wahren Hass-Attacke im Internet ausgesetzt. Er fühlte sich von der Meute regelrecht gehetzt.

Es ist ein alltägliches Phänomen, dass solche Angriffe im Netz unter jedem Artikel zu jüdischen Themen erscheinen; es ist wie eine Epidemie. Vielleicht sollte man darin das Symptom einer unbewussten kollektiven Schuld sehen. Diese kann, so Professorin Maria Orwid, aggressives Verhalten begünstigen, unter anderem auch

---

4 Maciej Zaremba Bielawski, Die lange Rückkehr nach Polin, in: Gazeta Wyborcza, 17.04.2015.

den Antisemitismus. Jan Gebert, ein Dreißigjähriger, der der dritten Generation angehört, ist der Meinung, dass der Antisemitismus in Polen schlimmer ist, als es die Polen vermuten, aber weniger schlimm, als im Westen Europas angenommen wird.

Manchen Besucher überrascht die Tatsache, dass in Polen weder Synagogen noch jüdische Institutionen bewacht werden. Dazu besteht keine Notwendigkeit, denn in Polen kommt es nicht zu Gewaltakten gegenüber Juden. Wahrscheinlich, weil es hier nicht den sogenannten neuen Antisemitismus gibt, der sich unter dem Deckmantel einer Kritik am Staat Israel und einer Solidarität mit Palästina gegen jeden Juden wendet, egal woher er stammt. Polen hat sich dem akademischen und wirtschaftlichen Boykott Israels nicht angeschlossen und wird allgemein als Fürsprecher Israels in der EU angesehen.

Das Judentum als Modeerscheinung

Die wachsende Anzahl an Juden in Polen liegt auch darin begründet, dass jedes Jahr etwa dreißig Personen zum Judentum konvertieren. Dafür gibt es unterschiedliche Gründe: die Heirat mit einem Israeli, den Wunsch nach dem Einhalten der Verhaltensregeln der Halacha (wenn man Jude in der männlichen Linie ist) oder das Bedürfnis, Traditionen aufzugreifen, die von den Vorfahren gepflegt wurden.

Doch es gibt auch Polen ohne jeglichen jüdischen Hintergrund, die sich zur Annahme des neuen Glaubens entschließen. Wenn wir bedenken, dass es vor dem Krieg vornehmlich Juden waren, die zum Katholizismus konvertierten, um sich in die polnische Gesellschaft zu integrieren, so verlangt die umgekehrte Tendenz nach einer Erklärung.

Vor dem Krieg wurde Jiddisch als eine Art Jargon angesehen und der Judaismus für Aberglaube gehalten. Ein Jude, der sich von seinem Glauben lossagte, bekam gleichsam Zugang zu einer besseren, höheren Kultur. Heute ist die polnische Kultur

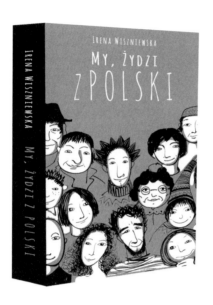

nicht mehr so angesehen, vor allem unter Menschen, die der allgemein vorherrschenden Macht der Kirche überdrüssig sind. Die polnische Kultur und die katholische Konfession erscheinen als etwas Langweiliges, Rückständiges. Derweil kommt einem der Judaismus (über den man in Wirklichkeit wenig weiß) spannend vor, die verlorene und dadurch idealisierbare Welt des Schtetl lockt mit dem Nimbus des Exotischen, des Geheimnisvollen – und zwar nicht nur jene, die konvertieren. In den jüdischen Gemeinden kursieren Anekdoten über Leute, die mit aller Kraft nach jüdischen Vorfahren suchten und zu ihrem Verdruss keine fanden.

Olga Tokarczuk, eine berühmte polnische Autorin, ist der Meinung, dass die Polen aus einem ganz bestimmten Grund die jüdische Identität verklären: „Diese verspricht eine Art starke, verschworene Gemeinschaft, an der es der heutigen polnischen Gesellschaft so fehlt."[5]

Artur Sandauer, ein bekannter polnisch-jüdischer, 1989 verstorbener Intellektueller, hatte schon in den Achtzigerjahren den Grund für das komplizierte polnisch-jüdische Verhältnis erkannt. Er führte in die polnische Sprache den Begriff „Allosemitismus" ein und beschrieb damit die Wahrnehmung der Juden als etwas Andersartiges, Exotisches sowie die Überzeugung, Juden seien etwas Besonderes, was sowohl zum Antisemitismus wie auch zum Philosemitismus führen kann. Diese zwei Tendenzen existieren nebeneinander, wobei der Philosemitismus zum Teil unfreiwillig komische Formen annimmt: Eine bekannte Sängerin produzierte einst, von der traditionellen jüdischen Musik inspiriert, einen Videoclip, in dem junge Männer in weißen Hemden (Kellner? Chassidim?) hektisch hin und her zappeln und sich immer wieder an den Kopf greifen.

Andererseits sind Klezmer-Festivals (vor allem in der jazzigen Variante) ungeheuer populär. Viele Aktivitäten, die der jüdischen Gemeinschaft zugutekommen, haben einen spontanen, großherzigen, gemeinnützigen Charakter. Beispielsweise arbeiten für das Krakauer JCC über hundert Freiwillige – von denen die Hälfte nicht jüdischer Abstammung ist.

Noch „illegal im Reich der Geister" und auf der Suche nach den eigenen Wurzeln, wächst heute in Polen, einem Land, das einerseits deutlich antisemitisch, zugleich aber auch vom Judentum fasziniert ist, eine neue jüdische Gemeinschaft heran.

Aus dem Polnischen von Paulina Schulz

---

5   Dorota Wodecka: Das ist kein Land für Ketzer, ein Gespräch mit Olga Tokarczuk, in: Gazeta Wyborcza, 24.01.2015.

Wiegenlieder in Jiddisch

Irena Wiszniewska im Gespräch mit Bella Szwarcman-Czarnota

Irena Wiszniewska: Wenn ich deine Texte lese, habe ich den Eindruck, den Geist einer anderen Sprache zu spüren.

Bella Szwarcman-Czarnota: Ich weiß nicht, ob du dabei die Art, wie ich die Sprache benutze, oder eher die Thematik im Sinn hast. Mein Ziel ist es, ganz natürlich zu schreiben, so, wie ich rede. Ich verwende keine ausgeklügelten Formulierungen, überlege nicht, ob ich eine Aussage von der einen oder der anderen Seite angehen soll. Aber ich wähle die Worte und wäge sie ab, um auf die einfachste Art und so gut wie möglich das wiederzugeben, worüber ich nachdenke. Dagegen gehört die Thematik wie zu einer anderen Welt. Zur jüdischen Welt, in der ich aufgewachsen bin.

Wiszniewska: Welcher Textgattung könnte man deine Arbeiten zuordnen? Mit was könnte man sie vergleichen?

Szwarcman-Czarnota: Ich habe keine eindeutige Bezeichnung für das, was ich schreibe. Du kannst es nicht Essay oder Erinnerungen nennen. Vor einiger Zeit ist mir aufgefallen, dass ich fast immer mit einer Erzählung beginne. Das ist ein Teil der jüdischen Tradition. Du führst einen Vers an, eine Geschichte, die jemand anders erzählt hat. Und du nimmst ihr gegenüber eine Haltung ein. Oder sie holt aus dir das heraus, was in dir steckt. Sie hilft dir zu erklären, was du im Sinn hast, was du fühlst, erlaubt dir zu zeigen, dass du bei jemand anderem einen ähnlichen Gedanken finden kannst.

Wiszniewska: Hast du bei dir zu Hause viele Erzählungen gehört?

Szwarcman-Czarnota: Bei mir zu Hause wurde viel miteinander gesprochen. Wir waren keine schweigsame Familie. Lange Gespräche mit den ständig überarbeiteten Eltern gab es zwar nicht oft, dafür plauderte ich ständig mit Tante Fejga, die bei uns gewohnt hat und die in meiner Kindheit die wichtigste Person für mich war. Ich habe vielen Erzählungen von ihr gelauscht. Die Geschichten waren nicht in so einen feierlichen Rahmen gekleidet, wie: „Setzen wir uns, ich habe dir etwas zu erzählen." Wir haben zum Beispiel zusammen gebacken oder gekocht, oder ich leistete ihr Gesellschaft, wenn sie in der Küche hantierte. Sie hatte auch die Gewohnheit, beim Putzen zu singen. Sie summte *Niggunim*[1], sang vor sich hin, nicht nur jüdische Lieder, sondern auch polnische und ukrainische. Mir ist aufgefallen,

---

1 Hebräisch für Melodie. Bezieht sich auf religiöse Lieder und Melodien, die von Gruppen gesungen werden. Niggunim können als Klagelied gesungen werden, aber auch als fröhliches Lied. (Alle Anmerkungen stammen von der Übersetzerin.)

dass in Polen das Singen oder Summen als gute Laune gedeutet wird. Bei uns dagegen – oder vielleicht in unserem Haus – nicht unbedingt. Man kann auch singen,
wenn man traurig ist oder weil man traurig ist.

Jeden Sonntag besuchte uns die übrige Familie oder wir sie. Die Schwestern meiner
Mutter mit ihren Ehemännern und Söhnen. Ich mochte die Erzählungen meiner
Tanten, aber das Schönste war, dem Singen zuzuhören. Meine Eltern und meine
Tanten bildeten einen drei- oder vierstimmigen Chor. Sie sangen jiddische Lieder,
wie der Chor von Jakob Gerstein aus Vilnius, in der gleichen Fassung. Häufig san-
gen auch meine Eltern im Duett oder Mama sang solo.

Wiszniewska: Du bist zweisprachig aufgewachsen?

Szwarcman-Czarnota: Meine erste Sprache war Jiddisch. Wir wohnten in Świdnica, in den sogenannten wiedergewonnenen Gebieten, wo sich meine Eltern nach
der Rückkehr aus der Sowjetunion niedergelassen hatten. Ich erinnere mich aus
dieser Zeit nur an zusammenhanglose Szenen oder Bilder. Alle sprechen Jiddisch,
und ich stehe am Ofen und rezitiere an meinem zweiten Geburtstag ein Gedicht.
Bis zu meinem dritten Lebensjahr konnte ich kein Polnisch. Der intensive Kontakt
mit der Sprache begann für mich erst, als wir nach Warschau umgezogen waren.
Als ich sechs Jahre alt wurde, kam ich in die Schule, und dann sprach ich eigentlich
nur noch Polnisch.

Zu Hause haben die Sprachen auch gewechselt. Meine Eltern arbeiteten zunächst in
jüdischen Institutionen, und wir sprachen zu Hause Jiddisch. Sie konnten gut Polnisch, weil sie beide polnische Schulen besucht hatten, viel in dieser Sprache lasen
und nicht in einer „jüdischen Straße" wohnten. Doch je weniger sie in jüdischen
Einrichtungen tätig waren, umso mehr wurde Polnisch zu unserer Alltagssprache.
Aber selbst danach gab es bei uns zu Hause den Brauch, jiddische Lyrik laut vorzu-
lesen. Prosa auch.

Wiszniewska: In deinen Büchern nimmst du manchmal Bezug auf die Geschichten, die Tante Fejga erzählt hat. Könntest du jetzt eine erzählen?

Szwarcman-Czarnota: Solche Geschichten erzählt man nicht einfach so, sondern mit einer Absicht, in einer konkreten Situation. Sie sollen etwas veranschaulichen oder erklären.

Wiszniewska: Deine Eltern waren in jüdischen Institutionen tätig.

Szwarcman-Czarnota: Nach dem Krieg arbeiteten sie in jüdischen Schulen, in denen die Unterrichtssprache Jiddisch war. Meine Mutter war zunächst Schulleiterin in Świdnica, dann wurde sie nach Warschau versetzt, wo sie auch eine jüdische Schule leitete. Doch das war nur kurz, weil die Schule geschlossen wurde. Dann war sie einige Zeit beim Polnischen Radio in der Redaktion. Die Auslandsprogramme wurden in Jiddisch gesendet für die westeuropäischen Länder, Nord- und Südamerika sowie Australien. Mein Vater, ebenfalls Lehrer, unternahm Ende der Vierzigerjahre den Versuch – natürlich nicht allein –, eine jüdische Pfadfinderbewegung zu gründen. Doch das hat nicht geklappt. Seit Anfang der Fünfzigerjahre arbeiteten beide bereits in polnischen Institutionen.

Wiszniewska: Du schreibst, dass du lange dachtest, du hättest keine glückliche Familie gehabt.

Szwarcman-Czarnota: Meine Eltern kannten sich seit ihrer frühen Jugend, beide hatten sie das Lehrerseminar in Vilnius beendet. Es war keine glückliche Ehe. Ich denke, auch deshalb, weil mein Vater, der in einem Waisenhaus groß geworden ist, sich nicht an das Familienleben gewöhnen konnte. Er hatte einen ziemlich schwierigen Charakter und wir bekamen mit, dass es auch an seinem Arbeitsplatz Konflikte gab. Leider wurde das von Jahr zu Jahr schlimmer. Jetzt sehe ich aber mein damaliges Zuhause mit anderen Augen und beurteile es viel milder.

Wiszniewska: Damals war die Tante für dich eine große Stütze.

Szwarcman-Czarnota: Ja. Definitiv.

Wiszniewska: Wie war sie?

Szwarcman-Czarnota: Tante Fejga war ein fröhlicher Mensch. Sie war nicht sentimental und trotzdem sehr gefühlvoll.

Wiszniewska: Hat sie noch mitbekommen, wie du dein Leben meisterst, eine glückliche Ehe führst?

Szwarcman-Czarnota: Sie starb 1988, Ende Februar, im Alter von 87 Jahren, als meine Tochter Róża eineinhalb Jahre alt war. Leider hatte sie, nachdem sie 80 wurde, Alzheimer bekommen; insofern hat sie uns gewissermaßen schon früher verlassen. Bestimmt hatte sie nicht das Gefühl, dass alles sehr gut läuft, oder wenigstens gut. Ich glaube, sie war der Meinung, es sei ein Fehler gewesen, nicht nach Israel auszureisen.

Wiszniewska: Hat das Jahr 1968 etwas in deinem Leben verändert?

Szwarcman-Czarnota: Das war ein Umbruchsjahr. Am 8. März war ich auf dem Gelände der Universität mit meinen zwei jüngeren Cousins. Ich sah, wie zwei Busse mit der Aufschrift „Ausflug" vorfuhren. Drinnen saßen Einsatzkräfte der Bereitschaftspolizei ZOMO. Das sogenannte Arbeiteraktiv aus verschiedenen Fabriken hat man auch zusammengetrieben, natürlich war das ein „einsatzwilliges" Aktiv. Der Vater eines Bekannten, der in einem Heizkraftwerk arbeitete, hat uns erzählt, wie man um die Arbeiter warb, indem man ihnen versprochen hat, sie in den Reisebussen mit Wodka und irgendwelchen Fleischgerichten zu bewirten. Doch der politische Aspekt war für mich zweitrangig. Das Entscheidende war, dass man, letztendlich gar nicht so lang nach dem Holocaust, so offen und brutal gegen Juden vorgehen konnte. Ich hatte nicht vermutet, dass von einem Tag auf den anderen so eine antisemitische Kampagne losbrechen könnte. Für uns war klar, dass das Ziel die Juden und nicht die Zionisten waren. Völlig verstört las ich in den Zeitungen ekelhafte Artikel über meine Bekannten und andere, die ich nicht kannte. Die antijüdische Propaganda traf auf fruchtbaren Boden. Eine enge Freundin von mir, deren Eltern während des Krieges Juden versteckt hatten, fing von einem Tag auf den anderen an Dinge zu sagen wie: „Die Juden sollten sich entscheiden, ob ihre Heimat Polen oder Israel ist." Oder: „Die, die sich Polen verbunden fühlen, sollten bleiben und die, die sich Israel verbunden fühlen, sollten gehen." Ich schaffte es nicht, ihr direkt zu sagen, was ich darüber dachte; ich versuchte es mit Erklärungen, aber schließlich brachen wir den Kontakt ab. Die Frage der zwei Heimatländer war immer wieder ein Thema. Meine Generation – vielleicht nicht alle, aber diejenigen, die ich kannte – betrachtete Israel als ihre mythische Heimat. Die zweite, aber mythische. Ich hatte nicht das Gefühl, das sei ein Ort, an den ich mich begeben könnte, wenn es mir hier schlecht ginge.

Wiszniewska: Du hast erlebt, dass Menschen ausgereist sind, die dir nahestanden.

Szwarcman-Czarnota: Ich hatte das Gefühl, den Holocaust zu erleben. Manche meinen, mein Vergleich sei völlig übertrieben, aber so habe ich es damals empfunden. Freunde verschwanden. Einfach so. Eines Tages waren sie plötzlich weg. Ich begleitete sie zum Danziger Bahnhof in Warschau; es gab Tränen und man hörte schlimme Geschichten über das Verhalten der Zöllner. Mitunter waren das anständige Leute, aber der größte Teil von ihnen ließ seinen Aggressionen freien Lauf. Sie beschlagnahmten Hab und Gut und gaben Kommentare von sich wie: „Endlich werden wir euch los." Die Schwester einer Freundin hatte als Erste von ihrer ganzen Familie beschlossen, nach Israel auszureisen. Im Innenministerium, wo sie aufgefordert wurde, „freiwillig" auf die polnische Staatsbürgerschaft zu verzichten, traf sie eine Griechin. Viele Griechen, die in Polen lebten, haben sich damals für die Emigration entschieden. Dieses Mädchen musste ihre Staatsbürgerschaft nicht abgeben. Als die Schwester meiner Freundin nach Hause kam, schluchzte sie. Ich habe das mitbekommen und das hat mich erschüttert. Die Erfahrung, vertrieben zu werden, ist eine schreckliche Erfahrung.

Wiszniewska: Hast du auch in Erwägung gezogen auszureisen?

Szwarcman-Czarnota: Hätte ich das wirklich gewollt, wäre ich wohl ausgereist. Ich denke aber, dass ein Teil von mir bleiben wollte. Und sicher fehlte mir der Mut. Ganz junge Leute, Studenten sind ausgereist und rechneten damit, dass ihre Nächsten nachkommen würden. Ich bin nicht ausgereist, war aber der Meinung, dass ich es hätte tun sollen.

Wiszniewska: Deine Eltern wollten nicht emigrieren?

Szwarcman-Czarnota: Meine Eltern waren da nicht mehr zusammen. Mein Vater hat eine Emigration überhaupt nicht in Erwägung gezogen. Es hat ihn übrigens auch keiner angerührt oder ihm seinen Posten streitig gemacht – so wichtig war er nicht. Er hielt die Sache für einen „Betriebsunfall" und war der Meinung, man müsse durchhalten. Er hat mir nur gesagt: „Ich kann dir keinen Rat geben, handle nach deinem Gewissen." Mein Vater war sonst kein besonders toleranter Mensch, deshalb schließe ich daraus, dass ihn das schon aufgewühlt hat.

Meine Mutter fürchtete sich wahrscheinlich vor so einem Schritt, sie war ein zerbrechliches Geschöpf. Sie ist übrigens jung gestorben. Irgendwann erwähnte sie, man hätte sich vielleicht gleich nach dem Krieg dafür entscheiden sollen. Später war das schwieriger. Außerdem: Wie viele Male im Leben kann ein Mensch alles verändern? Mutter ist doch so oft von irgendwo weggezogen, hat so oft den Wohnort gewechselt und von Neuem angefangen. Sie und Vater haben den Krieg in der Sowjetunion überlebt und kehrten direkt vor dem Pogrom von Kielce nach Polen zurück. Ich weiß nicht, ob der Ausdruck „kehrten zurück" richtig ist, denn keiner von ihnen ist in sein Haus aus der Zeit vor dem Krieg zurückgekehrt. Diese Häuser gab es nicht mehr.

Wiszniewska: Sie sind vor dem Pogrom von Kielce zurückgekehrt?

Szwarcman-Czarnota: Ja, ein paar Monate davor. In meiner Familie gab es keine Tabuthemen, was mir lange nicht als besonders sinnvoll erschien, denn so wurden die Kinder mit den Familiengeschichten belastet. Als ich aber merkte, wie tief der Schmerz bei jenen Juden saß, bei denen zu Hause geschwiegen wurde, da habe ich meine Meinung geändert. Meine Eltern erzählten vom Antisemitismus in der Zwischenkriegszeit, von schlimmen, dramatischen Erlebnissen während der Kriegsjahre, doch ein Thema wurde nie angesprochen: das Pogrom von Kielce oder andere Ereignisse dieser Art nach dem Krieg. Dabei mussten meine Eltern davon gewusst

> Das Pogrom von Kielce gilt als eine der schlimmsten antisemitischen Ausschreitungen im Nachkriegspolen. Nachdem Gerüchte über die Entführung und Ermordung christlicher Kinder, die sich aus jahrhundertealten Ritualmordlegenden speisten, im Ort die Runde gemacht hatten, wurden am 4. Juli 1946 jüdische Einwohner von Kielce angegriffen. Dabei wurden 40 Personen ermordet und etwa 80 weitere verletzt. Das Pogrom löste eine große Emigrationswelle polnischer Juden aus, die mehrheitlich in das von den Westalliierten besetzte Deutschland flohen. Einige Täter konnten zwar zur Rechenschaft gezogen werden, eine Aufarbeitung von offizieller Seite wurde jedoch erst in den 1980er-Jahren begonnen. Die juristische Klärung ist weiterhin offen; auch die Rolle des Geheimdienstes bleibt weiter unklar.

haben, denn sie arbeiteten in jüdischen Einrichtungen. Sie mussten von den Angriffen auf diese Einrichtungen gewusst haben, sie mussten von den Klagen, die bei der Regierung eingingen, gehört und über sie gelesen haben. Von den Appellen, die Regierung möge die Sicherheit dieser Institutionen gewährleisten.

Wiszniewska: Wie erklärst du dir das?

Szwarcman-Czarnota: Meine Eltern sind hierher zurückgekehrt, weil sie die Hoffnung hatten, hier würde alles besser werden, gerechter, und es würde keinen Antisemitismus geben. Und dann fanden sie nicht mehr den Mut, sich selbst einzugestehen, dass diese Hoffnung enttäuscht wurde. Man muss auch bedenken, dass sie die Zeit in der Sowjetunion in schlechter Erinnerung hatten, als sie in Russland und Zentralasien lebten, wo sie den Krieg überstanden. Das waren jedoch keine schlechten Erinnerungen an Menschen, ganz im Gegenteil. Sie gaben die Schuld dem System und meinten offenbar, man könne alles mit dem Krieg und den schwierigen Zeiten erklären.

Wiszniewska: Dort bist du zur Welt gekommen. In Usbekistan.

Szwarcman-Czarnota: Dort starb meine ältere Schwester Liba. Sie bekam Keuchhusten und der „kluge" Arzt gab ihr ein Bett in einem Saal, in dem Kinder waren, die Diphtherie hatten. Eine Krankheit, die damals tödlich war. Ihre Atemwege waren zweifach angegriffen und ihr eineinhalb Jahre alter und schwacher Körper, der zudem auch unterernährt war, hielt das nicht aus. Das musste so enden.

Wiszniewska: Das war ein Schlag für deine Mutter. Kein Wunder, dass sie so zerbrechlich war.

Szwarcman-Czarnota: Sie war sehr zierlich, kleiner als ich, zart. Aber manchmal erwachte die Löwin in ihr, dann lehnte sie sich auf und bewies sogar eine größere innere Stärke als andere. Als meine Eltern vor ihrer Ausreise nach Usbekistan noch in Russland, in Kostroma wohnten, mussten sie – wie alle anderen – in Fabriken schwere körperliche Arbeit verrichten. Jede Verspätung wurde als Sabotage gesehen und mit Verbannung bestraft. Mutter spürte, dass sie das nicht überleben würde. Sie ging zu der entsprechenden Behörde und sagte geradeheraus, dass sie so einer schweren Tätigkeit nicht gewachsen sei. Darauf fragte man sie: „Und was könnt Ihr, Genossin?" Mutter antwortete: „Ich kann einen Chor dirigieren." – „Hervorragend. Dann werdet Ihr einen Arbeiterchor organisieren und leiten."

Da sie Lehrerin war, fand sie auch Arbeit in einem Kindergarten. Während die ganze Familie befürchtet hatte, man würde sie „zu den Eisbären schicken", gelang es ihr, sich eine leichtere Tätigkeit zu verschaffen. Meine Tanten arbeiteten in der Fabrik, doch weil dort alle klauten, sind sie irgendwann noch weiter in den Osten geflüchtet. Denn wenn man nicht mitmachen wollte oder konnte, dann hatte man ein schweres Leben und musste sich sogar vor Rache fürchten. Meine drei Tanten verloren ihre Ehemänner, eine von ihnen verlor auch ihre zwei Kinder. Deshalb war die Rückkehr nach Polen mit einer großen Erleichterung verbunden.

Wiszniewska: War jemand aus deiner Familie in Polen geblieben?

Szwarcman-Czarnota: Tante Dwojra, die in ihrem Heimatort Bereźne bei Równe geblieben war, wurde mit ihren vier Kindern sowie mit allen dort lebenden Juden im August 1942 ermordet. Mein Großvater hatte es geschafft, vorher im eigenen Bett zu sterben. Pejsach, Tante Dwojras Mann, der Schmied war, wurde als Besitzer einer Werkstatt dazu verurteilt, in die Verbannung nach Sibirien zu gehen. Und mit ihm die ganze Familie. Ihnen war klar, dass die Kinder die Verbannung nicht überleben würden. Glücklicherweise hatte eine Bekannte Kontakte und konnte bewirken, dass nur Pejsach fahren musste. Dwojra und die Kinder blieben. Ein paar Jahre später gelang es Pejsach aus der Verbannung zu fliehen und mit der Armee von General Anders nach Palästina zu gelangen. So gesehen hat ihm die Verbannung das Leben gerettet. Dwojra und ihre zwei Kinder kamen um, weil man sie vor der Verbannung bewahrt hatte.

Wiszniewska: Als Kind hast du in einem polnischen Umfeld gelebt, warst du dir dessen bewusst, dass dein Zuhause anders ist?

Szwarcman-Czarnota: Die ersten drei Jahre meines Lebens war es nicht anders. Ich wuchs zunächst in einem jüdischen Umfeld auf, wo alle so wie ich waren und Jiddisch sprachen – außer meinem Kindermädchen, einer Deutschen. Sie sprach Deutsch mit uns und wir antworteten ihr auf Jiddisch. Später, als wir im Warschauer Stadtteil Praga wohnten, erlaubte mir Mutter nicht, auf dem Hof zu spielen, weil sie der Meinung war, die Kinder dort seien nicht der richtige Umgang für mich. Die verbrachten fast den ganzen Tag auf diesem Hof, bis ihre Mütter oder Großmütter sie am späten Nachmittag zum Essen riefen. In der Grundschule, in die ich ging und die sich im gleichen Gebäude befand, wo früher die jüdische Schule gewesen war, gab es keinen Religionsunterricht. Dort waren alle die, die „anders" waren. In meiner Klasse gab es zum Beispiel einige jüdische Kinder, und später kam eine Gruppe spanischer Kinder hinzu, deren Eltern – Kommunisten – nach dem Spanischen Bürgerkrieg in Südfrankreich gelandet waren. In der Zeit des Kalten Krieges beschloss Frankreich, sich ihrer zu entledigen, und schickte sie hinter den Eisernen Vorhang. Ein Teil von ihnen wohnt bis heute in Polen. In den anderen Klassen war es ähnlich.

Wiszniewska: In dieser Schule waren die „anderen", die Juden und Spanier. Ihr hattet wahrscheinlich viel Spaß zusammen.

Szwarcman-Czarnota: Es war eine gemütliche, nicht allzu große Schule, wo man sich geborgen fühlte. Alle kannten sich. Meine beste Freundin, die ganze Tage bei uns zu Hause verbrachte, war katholisch. Sie hatte nur ihre Mutter, die sehr viel arbeiten musste. Der Vater war ein Soldat der Heimatarmee gewesen. Er hatte sich nach dem Krieg nicht zu erkennen gegeben und war verschollen. Doch weder sie noch ich wussten das damals. Überrascht von meiner religiösen Ignoranz, beschloss sie, mich in dieser Hinsicht etwas zu bilden. Sie gab mir einen Zettel, auf dem die wichtigsten katholischen Gebete standen, und nahm mich in die St.-Florian-Kirche mit. Dieser Kirchenbesuch hat mich ein wenig erschreckt: Ein riesiger Raum, ein unbekannter Geruch, ich glaube, es war Weihrauch. Alles hatte etwas Feierliches, doch ich fühlte mich dort unbehaglich. Ich spürte, ich sollte das zu Hause lieber nicht erzählen. Aber meine Eskapade kam heraus, als meine Mutter einen Zettel mit Gebeten entdeckte. Sie reagierte sehr ruhig und sagte nur, wir gingen nicht in die Kirche, weil wir Juden seien. Das genügte mir. Ich wollte nicht jemand anders sein, als ich war.

Wiszniewska: Und die Synagoge?

Szwarcman-Czarnota: Bis 1970 wusste ich nicht einmal, wo es in Warschau eine gab.

Wiszniewska: Deine Eltern waren nicht religiös?

Szwarcman-Czarnota: Nein, obwohl ihre Haltung der jüdischen Religion gegenüber nicht so gleichgültig-feindlich war wie die anderer Juden im damaligen Polen. Die Feste wurden bei uns zu Hause ziemlich oberflächlich gefeiert, aber Tante Fejga brachte mir die Gebete *Schma Jisrael* und *Mode Ani* bei. Sie war eine sogenannte Schriftgelehrte, da Großvater keine Söhne hatte und sich entschied – wie es in so einer Situation manchmal der Fall war –, seiner Tochter eine religiöse Erziehung angedeihen zu lassen. Großvater ließ Lehrer zu sich nach Hause kommen, um sie unterrichten zu lassen, außerdem haben Dozenten von außerhalb in unserem Städtchen Kurse organisiert. So hat Tante Fejga an einem Kurs über die Geografie und Geschichte Palästinas teilgenommen. Als sechzehnjähriges Mädchen wurde sie Lehrerin in einer Tarbut-Schule, das ist eine hebräische Schule für Kinder. Ich denke, sie hat eine sehr gute Ausbildung bekommen, obwohl das nicht offiziell war. Alle ihre jüngeren Schwestern besuchten polnische Schulen. Fejga, die älteste und viel älter als meine Mutter, war für mich ein bisschen wie eine Großmutter. Sie selbst sagte über sich: „Ich bin nicht gläubig, aber ich habe eine religiöse Seele."

Wiszniewska: Schön gesagt.

Szwarcman-Czarnota: Ich denke, sie hat sich im Gegensatz zu den anderen weltlichen Juden nicht dem allgemeinen Trend angepasst. Damals ging eigentlich niemand aus meinem Umfeld in die Synagoge. Viele sahen die Religion als etwas von Gestern, das man hinter sich gelassen hatte und ablehnte, doch Tante Fejga erkannte die Schönheit des Judentums. Außer der Bibel kannte sie sich auch mit anderen, für die jüdische Religion wichtigen Texten sehr gut aus. Sie erzählte mir Midraschim und jüdische Legenden. Einer der ersten, den ich gehörte habe, war der Midrasch über Moses.

Wiszniewska: Erzählst du ihn mir?

Szwarcman-Czarnota: In der Thora lesen wir, dass sich Moses davor fürchtete, die ihm von Gott übertragenen Aufgaben anzunehmen, weil er Schwierigkeiten hatte sich auszudrücken. Man überlegte und spekulierte: Was für Schwierigkeiten? Warum fürchtete er sich? Eine Version besagt, dass er lispelte. Und warum lispelte er? Weil er als kleines Kind vom Pharao – der sich davon überzeugen wollte, ob Moses nicht zu klug sei und ihm nicht zu gefährlich werden könnte – einem Test unterzogen wurde. Man legte ihm ein kleines Stück glühende Kohle und ein kleines Stück Gold vor. Moses nahm das Stückchen Kohle, steckte es in den Mund und verbrannte sich. Daher das Lispeln. Der Pharao befand, das sei Klugheit: nicht nach dem zu greifen, was glänzt, sondern nach Kohle, die nützlich ist.

Wiszniewska: Er hat sich verletzt.

Szwarcman-Czarnota: Er war ein kleines Kind. In den Midraschim geht es nicht so sehr darum, psychologische Motive zu finden, sondern um die Erklärung einer Lücke im Text, einer unverständlichen Stelle. Sie muss ergänzt werden, denn im Judaismus sind kein Buchstabe, keine Wiederholung, keine Lücke zufällig, alles hat eine Bedeutung. Aus dem Text wissen wir, dass Moses Probleme mit dem Sprechen hatte. Der Midrasch liefert uns eine Erklärung dafür.

Wiszniewska: Wenn Bella Szwarcman-Czarnota über Moses' Lispeln schreiben würde, worauf würde sie das beziehen?

Szwarcman-Czarnota: Ich würde bestimmt nach anderen Erklärungen suchen und nicht die angeben, die ich schon kenne. Bei mir kommt oft der erste Impuls von anderswo. Ich sehe zum Beispiel einen kleinen vorüberfliegenden Vogel, und das erinnert mich an einen Text oder ein Ereignis. Dann fange ich an, zunächst in Gedanken und später auf dem Papier, etwas drumherum zu bauen oder es mit einem Gespinst aus Wörtern zu umhüllen. Allerdings muss das immer irgendwie in meinem eigenen Leben verankert sein. Ich könnte keinen Roman schreiben, keine fiktive Literatur. Ich würde mich nicht frei fühlen und ich sehe wahrscheinlich auch keine Notwendigkeit, so etwas zu schreiben.

Wiszniewska: Diese Verankerung im eigenen Leben ist wichtig, weil du über einen Teil der jüdischen Kultur schreibst, die hier in Polen verloren gegangen ist.

Szwarcman-Czarnota: Sie ist verloren gegangen und gleichzeitig ist sie es nicht. Zumindest nicht ganz. Ich glaube jedoch nicht, dass ich sie in irgendeiner Weise wieder ins Leben rufen könnte. Ich habe lediglich die Möglichkeit dazu beizutragen, dass das, was noch da ist, erhalten bleibt. Irgendwann wurde mir bewusst – wobei das nicht prahlerisch klingen soll –, dass ich etwas machen kann, das niemand anders kann.

Gleichzeitig habe ich gemerkt, dass sich – was das jüdische Leben in Polen betrifft – langsam eine andere Narration etabliert. Ich behaupte nicht, sie sei unbegründet, aber es ist nicht meine. Über eine Geschichte wie meine weiß man hier relativ wenig, weil solche Menschen wie ich normalerweise aus Polen ausgereist sind.

Wiszniewska: Was für eine Narration etabliert sich denn?

Szwarcman-Czarnota: Dass es nach dem Krieg eigentlich kein jüdisches Leben gab und nur Leere blieb. Von einer Leere kann man tatsächlich sprechen, allerdings erst ab 1968. Vorher gab es Schmerz und Verzweiflung nach dem Verlust der Verwandten und des Zuhauses, aber auch den heroischen Versuch, alles wieder aufzubauen. Indessen kursiert die Version vom fehlenden jüdischen Leben, die besagt, dass die Leute „in den Schränken" stecken geblieben waren und Angst hatten, sich zu ihrem Judentum zu bekennen. Und dass erst mit der Freiheit nach 1989, als die Angst vorbei war, das jüdische Leben wieder aufblühte. Ich kannte nur sehr wenige Personen unter meinen Altersgenossen und unter den etwas Jüngeren, die damals Angst hatten. Auf der anderen Seite denke ich, dass man jetzt auch Angst haben könnte, vielleicht sogar mehr als damals.

Wiszniewska: Wovor kann man heute Angst haben?

Szwarcman-Czarnota: Heute ist der Antisemitismus häufig viel offener, obwohl ich mir nicht sicher bin, ob er auch stärker ist. Damals, als ich heranwuchs, war es beschämend, antisemitische Ansichten zu verbreiten, und man fürchtete sich auch, sie zu äußern. Das hätte ja ein Aktenkrämer, irgend so ein Jude auf hohem Posten, mitbekommen können. Wenn mir jemand antisemitische Witze erzählte oder antisemitische Kommentare von sich gab, sagte ich: „Ich bin Jüdin." Und meistens war mein Gesprächspartner nicht dreist genug, um fortzufahren. Aber jetzt herrscht allgemeine Zustimmung. Außerdem wird einzig die offene Gewalt gegen Juden als Antisemitismus gewertet. Alles andere ist nur „so eine Art zu reden" oder „das Aussprechen einer unbequemen Wahrheit" oder überhaupt „das Aussprechen der Wahrheit". Vor Kurzem habe ich von einer mir ziemlich nahestehenden Person gehört, der Vorwurf des Antisemitismus sei emotionale Erpressung.

Es ist übrigens interessant, dass diejenigen, die schließlich ihre jüdischen Wurzeln entdeckten, vorher behauptet hatten, es gäbe keinen Antisemitismus. Solche Zwischenfälle bemerkten sie erst später. Vielleicht hatten sie den Antisemitismus nicht wahrgenommen, weil er nicht an sie adressiert war?

Wiszniewska: Dein Elternhaus war für dich inspirierend. War das so wegen Tante Fejgas Erzählungen oder gab es noch etwas anderes?

Szwarcman-Czarnota: Ich denke, ich habe etwas mitbekommen, was einem in jüdischen Familien selten zuteilwird: das Wissen darüber, was vorher war, und dass ich ein Glied in der Kette der Generationen bin. Natürlich reichen mein Wissen und mein Bewusstsein nicht weiter als zwei, drei Generationen zurück, aber die Kontinuität bleibt gewahrt. Die Geschichte wurde erzählt, und das in einer Weise, die mich zur bewussten Fortsetzung der Familiengeschichte bewegte.

Kann sein, es wäre anders gekommen, wenn ich keine Tochter bekommen hätte. Ich weiß nicht, ob ich Róża die jüdische Kultur nahegebracht habe. Ich habe ihr sicherlich die Familientraditionen weitergegeben, schon allein dadurch, dass ich ihr Schlaflieder auf Jiddisch gesungen oder ihr Familiengeschichten erzählt habe. Einmal sagte ich zu ihr: „Du bist vielleicht das einzige Kind in Polen, dem die Mama dieselben Wiegenlieder in Jiddisch singt, die sie von ihrer Mama gehört hat." Das ist eine gesunde und solide Grundlage.

Wiszniewska: Zwei deiner Bücher – *Mocą przepasały swe biodra* (Eng schnürten sie ihre Taillen) und *Cenniejsze niż perły* (Wertvoller als Perlen) – hast du jüdischen Frauen gewidmet. Du lässt die Erinnerung an diese Frauen wieder aufleben.

Szwarcman-Czarnota: Früher sprach man anders über Frauen, man sah sie in einer bestimmten Rolle – ich meine die Frauen im Judentum. Eine Frau wurde geachtet und geschätzt, aber ihr wurde immer ein bestimmter Platz zugewiesen, und das Schicksal derer, die diese Grenzen überschritten, war kein leichtes. Ehre gebührt denen, die es schafften, sich aus ihrer Situation zu befreien oder aus ihr herauszutreten.

Wiszniewska: Man könnte dich als eine Feministin bezeichnen.

Szwarcman-Czarnota: Ja und nein. Nein, weil ich mich mit den Problemen der Frauen nicht systematisch beschäftige. Ich theoretisiere nicht und bin keine Aktivistin. Der Feminismus geht manchmal mit einer doktrinären und kämpferischen Haltung einher. Ich weiß, dass das notwendig ist und dass es Kämpferinnen und Aktivistinnen geben muss, aber ich bin keine von ihnen. Ich möchte einfach das, was man über jüdische Frauen nicht weiß, ergänzen. Das interessiert mich sehr und ich finde es wichtig, weil man ihnen nur selten eine Stimme gegeben und zugehört hat und ihre Texte nur aus der männlichen Perspektive kommentiert wurden.

Wiszniewska: Als ich deine Bücher über jüdische Frauen las, hatte ich den Eindruck, dass manche von ihnen dir näher sind. Zum Beispiel Irena Klepfisz, eine Dichterin, die ihre Lyrik in zwei Sprachen verfasst – in Jiddisch und Englisch zugleich.

Szwarcman-Czarnota: Es gibt auch vieles, was mich von ihr trennt. Sie wurde in der Tradition des Bund[2] erzogen, an die sie sich hielt, die aber nicht meine Tradition ist. Außerdem hält sie entschieden Distanz zur Religion, wenngleich sie ihr nicht so feindlich gegenübersteht, wie viele linksorientierte Juden es tun. Ich war nie so eine Person wie sie, also jemand, der für die gerechte Sache kämpft. Sie ist mir jedoch in anderer Hinsicht sehr ähnlich: Wie ich entdeckte sie irgendwann, dass das Jiddische, das sie kannte, der Sprache eines kleinen Mädchens glich, und das genügte ihr nicht. Auch sie hielt es für notwendig, sich selbst an die Arbeit zu machen: die Sprache vervollkommnen, sie übersetzen und anderen erklären. Deshalb sollte man eher sagen, dass wir viel gemeinsam haben, aber nicht, dass sie mir näher ist als andere Frauen. In ihrem Essay „Świecka tożsamość żydowska" (Die säkulare Identität der Juden) schrieb sie: „Meine Identität ist mit eben dieser Kultur stark verbunden, und sollte sich herausstellen, dass diese Kultur bedroht ist, dann werde auch ich bedroht sein."

Wiszniewska: Empfindest du das auch so?

Szwarcman-Czarnota: Ja.

Wiszniewska: Das hat etwas Missionarisches.

Szwarcman-Czarnota: Das Wort „missionarisch" klingt für mich nach Bekehrung anderer. Ich sehe es lieber als Aufgabe. Der ich mich zunächst freiwillig und eher unbewusst angenommen habe. Später habe ich gemerkt, dass ich mich wegen der einseitigen, aber immer stärker verbreiteten Darstellung der jüdischen Nachkriegsgeschichte zu Wort melden wollte. Die Version von der Angst, vom Sichverstecken und von einer bewussten Wahl der Identität erst nach dem Zusammenbruch des früheren Systems ist sehr dominant. Das erscheint mir ungerecht. Ich behaupte ja nicht, dass es keine Angst gab. Angst hatten normalerweise diejenigen, die den

---

2   Der Bund war eine säkulare sozialistische Partei; durch seine Verbindungen zu verschiedenen Institutionen und Organisationen glich er einer sozialen Bewegung. Während des Zweiten Weltkriegs arbeitete der Bund in Polen im Untergrund und kämpfte gegen die deutschen Besatzer.

Eine alte jüdische Sommerfrische bei Warschau, bevölkert von Geistern der Vergangenheit. Ein junger Mann besucht den Ort, an dem er als Kind mit seiner Großmutter die Sommerferien verbracht hat. Der Ausflug wird zu einer Reise in die Vergangenheit, zur Suche der jungen Generation polnischer Juden nach der angemessenen Form im Umgang mit der Geschichte, die nicht die eigene ist, und den Zeugnissen einer Welt, die es nicht mehr gibt. Gleichzeitig verdeutlicht er auch die Zwiespältigkeit der zweiten Nachkriegsgeneration gegenüber dieser Aufgabe. *Die Pension* ist ein kleiner Roman von stilistischer Finesse und kompositorischer Vielfalt. Der Autor Piotr Paziński wird dieser Herausforderung gerecht, indem er Erinnerungen vieler Menschen zusammenführt.

Piotr Paziński: Die Pension, Berlin 2013 (edition.fotoTAPETA).

Krieg hier in Polen in einem Versteck überlebt hatten. Es gelang ihnen nicht, keine Angst mehr zu haben, und sie schafften es nicht „aus dem Schrank herauszukommen". Manche von ihnen wollten ihre Kinder und Enkel vor etwas bewahren, was sie für ein Stigma hielten – nämlich Jude zu sein. Und das war auch sicher berechtigt.

Aber man kann nicht sagen, dass es nur solche Leute gab und dass das jüdische Leben überhaupt nicht existierte. Wir hatten ein soziales Leben, Literatur, Musik und Theater. Es gab Klubs, Kinder- und Jugendferienlager, Zeitungen. Ich bin überzeugt, der Wiederaufbau oder Aufbau des jüdischen Lebens, das wir heute haben (wobei es vielleicht nicht so intensiv und stabil ist, wie man es gerne hätte), wäre nicht gelungen, hätten wir nicht diese Enklaven in Liegnitz, Breslau, Bielsko-Biała und Kattowitz gehabt (in Warschau wohl am wenigsten). Aus nichts entsteht nicht viel. Ich möchte, dass diese Menschen, die irgendwo am Rande Polens in kleinen, ärmlichen Klubs ihr Judentum pflegten, nicht vergessen werden. Und dass man ihre oft heldenhafte Haltung nicht geringschätzt.

Wiszniewska: Nach 1968 hast du dich einsam gefühlt. Wie hast du gelebt?

Szwarcman-Czarnota: Ich dachte, das jüdische Leben sei am Ende. Ich hatte jüdische Freundinnen, aber für sie war das nicht so wichtig. Ich wiederum verkehrte in polnischen Kreisen und beschäftigte mich mit verschiedenen anderen Dingen. Doch die ganze Zeit hatte ich das Gefühl, dass mir etwas weggenommen, geraubt worden war. Wenn dir die Menschen fehlen, musst du dorthin gehen, wo sie sind. Also ging ich 1970 zum ersten Mal in eine Synagoge. Dort habe ich zwar keine

Menschenmassen angetroffen, begegnete aber doch einer Menge Leute, meistens älteren Männern. Ich weiß noch, dass es zu dieser Zeit keinen separaten Bereich für Frauen gab. Ich erinnere mich an Adolf Rudnicki und an Henio Pustelnik, eine sehr interessante Erscheinung, er war ein Künstler, der das Schweigegelübde abgelegt hatte. Er malte Kärtchen mit guten Wünschen und verteilte sie in der Synagoge an Fremde. Er lief in Kleidern herum, die suggerierten, er sei ein gläubiger Jude, was aber nicht stimmte. Später stellte sich übrigens heraus, dass er deutscher Herkunft war und das als seine persönliche Buße betrachtete.

Meine Tante wunderte sich ein wenig über mein erwachtes Interesse, unterstützte mich aber tatkräftig. In den Siebzigerjahren kam während der Feierlichkeiten zu Rosch ha-Schana[3] ein Kantor aus Ungarn in die Synagoge. Er hatte Slawistik studiert und sprach Polnisch. Also hörte ich Predigten, die in einem wunderschönen Polnisch gehalten wurden, was mir alles sehr erleichterte.

Das war mein erster Vorstoß. Der zweite folgte nach 1980, als mein Mann und ich anfingen Pessach[4] zu feiern, was nicht leicht ist, wenn man keine genaue Unterweisung bekommen hat, wie man das macht, und keine *Haggada*[5] zur Hand hat, die dabei gelesen wird. Bei Chanukka[6] waren die Inhalte klar. Irgendwann Ende der Achtzigerjahre wurde ich von einer Freundin zur Sabbatfeier[7] eingeladen, in ein Haus, wo man sich für die Wiederbelebung des jüdischen Lebens engagierte. Ich habe die Einladung nicht angenommen. Damals schien mir, man könne mit 30 oder 40 Jahren kein Jude mehr werden, man könne in diesem Alter keine neue Identität annehmen, und ich fand, dass diese Versuche etwas Künstliches hatten. Natürlich war ich im Unrecht. Das heißt, ich war es und war es auch wieder nicht. Ich hatte deshalb nicht recht, weil das für diese Menschen sehr wichtig war; sie suchten nach etwas und waren in dieser Suche sehr authentisch. Mein Mann und ich fingen an mitzumachen, als wir unsere Kinder bekamen und uns darüber einig waren, dass man sie in jüdischem Geist erziehen sollte – was immer das auch heißen mag. Damals habe ich begriffen, dass jeder Weg zum selben Ziel ein guter Weg ist. Interessanterweise fing auch ich an, bei uns Sabbatfeiern vorzubereiten, obwohl ich diese Tradition von zu Hause nicht kannte. Der Impuls kam von unserer Tochter. Sie ging in einen jüdischen Kindergarten, wo erklärt wurde, was der Sabbat ist und wo er jeden Freitag begangen wurde; allerdings ohne die ganzen Feierlichkeiten, nur die traditionellen Hefezöpfe wurden gebacken. Und eines Tages teilte uns Róża mit, dass sie den Sabbat auch zu Hause feiern möchte. Da mein Mann und ich sehr feinhörig waren, was die Erwartungen unserer Tochter anging, haben wir uns einverstanden erklärt. Und so feiern wir bis heute regelmäßig den Sabbat bei

3   Jüdischer Neujahrstag.
4   Eins der wichtigsten Feste im Judentum, das an den Auszug aus Ägypten und die Befreiung der Israeliten aus ägyptischer Sklaverei erinnert.
5   Die Nacherzählung des Auszugs der Israeliten aus Ägypten.
6   Auch Lichterfest, acht Tage dauerndes, jährlich gefeiertes Fest zum Gedenken an die Wiedereinweihung des zweiten Tempels in Jerusalem im Jahr 164 v. Chr.
7   Der Sabbat (auch Schabbat) ist im Judentum der siebte Wochentag, ein Ruhetag, an dem keine Arbeit verrichtet werden darf. Er wird privat, zu Hause, immer am Freitagabend mit einem Festmahl gefeiert.

uns, obwohl wir ihn eher als einen kurzen Ausbruch aus dem Alltag sehen und die ganzen Regeln nicht so ehrfürchtig befolgen.

Als Róża klein war, lernte ich mit ihr zusammen, für sie und für mich. Das zieht einen richtig rein. Die jüdische Religion ist in großem Maße eine Religion des Lernens und der Praxis, wobei mich das orthodoxe Judentum noch nie besonders angesprochen hat. Bei mir war es das Bedürfnis zu lernen, mich in das Judentum in einem weit verstandenen Sinne zu vertiefen, die Grenzen des Hier und Jetzt für einen Moment zu überschreiten.

Wiszniewska: Könntest du, wie Tante Fejga, sagen, dass du eine religiöse Seele hast?

Szwarcman-Czarnota: Vielleicht ... Das ist fließend und verändert sich. Ich fühle mich dem Judentum verbunden, aber meine Beziehung zu ihm entwickelt sich immer mehr dahingehend, dass ich es studiere, mich in seine Lektüre und sein Wissen vertiefe. Ich denke, den reinen Glauben hatte ich nie in mir. Aber der ist im Judentum nicht unabdingbar.

Wiszniewska: Bleiben wir beim Wissen und nehmen eins deiner Werke: *Pies przyjacielem Żyda* (Der Hund – ein Freund des Juden). Es fängt mit deiner persönlichen Geschichte an, dann kommt die Geschichte von jemand anderem, schließlich lesen wir sechzehn Zitate oder Kommentare zu den Texten. Das zeugt von enormem Wissen.

Szwarcman-Czarnota: Maggid[8] aus Międzyrzec pflegte zu sagen, er habe so viele Geschichten auf Lager, dass er immer eine findet, die zu der entsprechenden Situa-

---

8 Rabbi Dow Bär von Mesritsch (1710–1772), der „Maggid von Mesritsch" oder der „große Maggid", war ein Rabbiner und Anführer der chassidischen Bewegung.

tion passt. So ungefähr ist das auch bei mir. Aber nicht immer hole ich eine fertige Geschichte aus der Schublade. Wenn mich ein Thema nicht in Ruhe lässt, dann fange ich an zu graben. Und ich finde immer etwas, was mich interessiert. Wenn ich den Eindruck habe, etwas ausgegraben zu haben, beginne ich zu schreiben. Manchmal kommt es allerdings vor, dass ich einen Gedanken ausdrücken will, mir aber etwas fehlt. Dann bohre ich weiter. Der Prozess des Schreibens ist auch ein Prozess des Lernens. Oder das Schreiben entspringt dem Prozess des Lernens. Vielleicht lassen sich meine Texte deswegen nicht eindeutig definieren.

Wiszniewska: Wenn man sich die Titel deiner Texte anschaut, *Uciec przed złym okiem* (Vor den bösen Blicken fliehen), *Śmiech jest dobry* (Lachen ist gut), *Naród nożyc i deski do prasowania* (Volk der Schere und des Bügelbretts), merkt man, dass es für dich keine unwichtigen Themen gibt. Das Kleine zählt genauso wie das Große. Das ist wohl eine sehr jüdische Denkweise.

Szwarcman-Czarnota: Auf jeden Fall. Die Ethik des Alltags, der im Judentum durch knappe Vorschriften geregelt wird, ist sehr wichtig. Diese Haltung hat sich gefestigt und selbst diejenigen, die sich von der Religion entfernt haben, halten an diesen Regeln in einem gewissen Maße fest. Nehmen wir zum Beispiel das Koscher-Gebot. Ich wusste nicht genau, warum meine Tante das Fleisch salzte. Viele machen das, ohne den Grund dafür zu kennen. Dabei geht es darum, auf diese Weise das Fleisch vom Blut zu befreien, denn mit Blut wäre es nicht koscher. Ähnlich hält man es wohl mit anderen Kleinigkeiten. Nicht nur die Juden schenken ihnen so viel Aufmerksamkeit, die Details sind für alle wichtig. Mir kommt beispielsweise *Das Buch vom Tee* in den Sinn. Es wurde von einem Japaner geschrieben, der in allen Einzelheiten den Prozess des Aufbrühens beschreibt. In der jüdischen Kultur ist allerdings die große Bedeutung der Details auf die Religion zurückzuführen.

Alles wird vom Religionsgesetz exakt geregelt. Es gibt den Ausdruck „talmudische Dialektik", darunter wird im Allgemeinen ein kompliziertes, abstraktes Ergründen verstanden, das lebensfremd ist. Zu Unrecht. Diese Überlegungen beziehen sich nämlich immer und gerade auf das Leben. Du kannst die Vielfalt der Situationen nicht voraussehen und musst dir mit präzisen Vorschriften helfen. Das ist natürlich für jemanden, der die religiösen Gesetze befolgt, umso wichtiger. Das Erörtern von scheinbar unwichtigen Details kann dazu führen, dass man den Buchstaben des Gesetzes über seinen Geist stellt, aber dieser Geist ist trotzdem vorhanden.

Wiszniewska: Und der Geist der jiddischen Sprache?

Szwarcman-Czarnota: Das ist etwas, worüber ich nicht nachsinnen würde, das wäre zu sentimental. Das Jiddische hat – wie jede Sprache – verschiedene Gesichter. Für einen Menschen, der in dieser Sprache seine ersten Worte sprach, ist es so, als ob er ein Paar bequeme Schuhe anziehen oder sich mit einem warmen Schal umhüllen würde. Das ist angenehm, man fühlt sich heimisch. In Jiddisch kann man gut Emotionen ausdrücken, es gibt viele Verkleinerungsformen, Verniedlichungen. Die Sprache eignet sich Wörter aus anderen Sprachen an, ist offen für innovative Experimente.

Wiszniewska: Kann man heute von einem wachsenden Interesse am Jiddischen sprechen?

Szwarcman-Czarnota: Ja, das kann man. Durch das Interesse an der jüdischen Kultur kam bei den Polen auch das Interesse am Jiddischen auf, was mich sehr freut. Dieses Interesse ist auch in wissenschaftlichen Kreisen vertreten und es herrscht kein Mangel an Spezialisten. Wichtige Übersetzungen und Interpretationsarbeiten wurden aufgenommen, im Moment wird unter anderem das Ringelblum-Archiv ins Polnische übertragen. Eine gewaltige Arbeit, die ein ganzes Team von Mitarbeitern erfordert. Es gibt eine unvorstellbare Menge an Texten zu übersetzen, sowohl Dokumente als auch schöngeistige Literatur. Eine Aufgabe für Generationen.

Das wird jedoch nicht dazu führen, dass die Menschen im Alltag und zu Hause Jiddisch sprechen. Das ist keine lebende Sprache. Und selbst wenn es das ist, so ist es keine Sprache von lebenden Menschen. In dem New Yorker YIVO[9], dessen Stipendiatin ich war, versuchen die Mitarbeiter Jiddisch zu sprechen. Aber langsam bekommt das etwas Künstliches, denn immer weniger Menschen benutzen diese Sprache zu Hause in der Familie. Früher hat man einfach miteinander geredet, jetzt fällt man eine Entscheidung: Wir sprechen Jiddisch.

Nach 1989 habe ich bedauert, dass das wiedererwachende jüdische Leben überhaupt keine Beziehung zum Jiddischen hatte. Wegen Israel oder um die Grundlagen des Judentums zu begreifen, wollten die Juden Hebräisch lernen, was ich verstehe und was unerlässlich ist. Aber warum sollte man nicht etwas pflegen, was für diesen Ort – Polen und Ostmitteleuropa – so prägend war? Doch es gibt Hoffnung, dass sich das ändern wird, weil die jüngere Generation angefangen hat, das Jiddische zu schätzen und zu pflegen, also wird sie wollen, dass auch ihre Kinder diese Sprache lernen. Ich weiß, dass die Vision von kleinen Rotznasen, die sich beim Spielen etwas auf Jiddisch zurufen, unrealistisch ist. Aber es gibt eine kleine Gruppe von Kindern, die in Warschau zum Jiddischunterricht gehen, und das gefällt mir.

Aus dem Polnischen von Joanna Manc

Das Gespräch wurde abgedruckt in: Irena Wiszniewska: My, Żydzi z Polski [Wir, die Juden aus Polen], Warschau 2014, S. 293–311.
© Irena Wiszniewska
© Wydawnictwo Czarna Owca, 2014

9   Yidisher visnshaftlekher institut (Jiddisches Wissenschaftliches Institut).

Polnisch-ukrainische Beziehungen

Bohdan Osadczuk im Gespräch mit Basil Kerski und Andrzej Stanisław Kowalczyk

Basil Kerski und Andrzej Stanisław Kowalczyk: Wir möchten eine Bilanz der polnisch-ukrainischen Beziehungen bis zum Ausbruch des Zweiten Weltkriegs ziehen. Diese Beziehungen befanden sich damals in einer Sackgasse.

Bohdan Osadczuk: Gestatten Sie, meine Herren, dass ich diese Bilanz mit ein paar grundsätzlichen Bemerkungen zum Thema der polnisch-ukrainischen Beziehungen beginne. Es gibt historische Vorfälle, die bewirkt haben, dass heutige Partner, die nach neuen internationalen Prinzipien und neuer Staatsräson gleichberechtigt zusammenarbeiten, eine schwere Last der Geschichte mit sich schleppen. Diese bereitet nicht nur Historikern, die sich darum bemühen, den Verlauf der Geschichte und den Einfluss älterer Epochen auf die jeweiligen Zeitabschnitte und das Bewusstsein der Generationen zu untersuchen, viele Schwierigkeiten. Die Überlagerungen in der historischen Überlieferung, ob in Form tatsächlicher Ereignisse oder in Gestalt einer ideologischen Interpretation, die von veränderlichen Machtverhältnissen oder der Meinung von Oppositionskräften abhängt, unterliegen mit der Zeit – entsprechend den sich wandelnden politischen Konstellationen – neuen Veränderungen und, was in der Natur der Sache liegt, auch Deformierungen. Daher immer wieder die Versuche, die Geschichte umzuschreiben oder sie zu „entzaubern".

In unserem Fall ist das ein sehr wesentliches Problem, denn es geht um zwei Nationen, deren historische Entwicklung sehr unterschiedlich verlief. Parallelen gab es nur am Anfang unserer Geschichte, zu Zeiten der Piasten in Polen und des Kiewer Reiches. Danach trennten sich die Wege und führten zu vollkommen unterschiedlichen Prozessen. Das Piasten-Polen wuchs zu einem mächtigen Königreich heran, und die Ukraine des Kiewer Reiches versank in Machtlosigkeit. Der schmerzlichste Stoß, der den Ruthenen (Ukrainern) versetzt wurde, war die Nichtanerkennung dieses Teiles des Jagiellonen-„Imperiums" als autonomes Mitglied, das der polnischen Krone und Litauen gleichgesetzt worden wäre. Ebenfalls tragisch wirkte sich die Verachtung der russisch-orthodoxen Religion und das fehlende Verständnis für die Rolle der griechisch-katholischen Kirche aus. Durch die Expansion der römisch-katholischen Kirche, die in diesem Fall mit der polnischen Vorherrschaft identisch war, verlor die Ukraine einen Großteil ihrer Aristokratie. Den anderen Teil schluckte später das zaristische Russland in der linksufrigen Ukraine, also östlich vom Dnjepr. Unsere Region bildete keine Ausnahme in diesem schmerzhaften Prozess gesellschaftlicher Veränderungen unter den Eliten. Ein ähnliches Schicksal traf die Tschechen, Slowaken, Weißrussen, die Völker vom Balkan und aus dem Baltikum.

Wohl seit jener Zeit gibt es in der Haltung der Polen eine gewisse Überheblichkeit, das Verhältnis der „Herren" zu den „Rüpeln", das in der Zeit der polnischen Teilungen in den Ländereien polnischer Landbesitzer auf ukrainischen Gebieten Bestätigung fand, vor allem in der rechtsufrigen Ukraine. Der Konflikt wurde noch durch die Kollaboration des polnischen Adels mit den russischen Behörden verstärkt, der sich um den Preis der Toleranz seine Eigentumsprivilegien sicherte. Frühere Kosakenkriege brachten keine Wendung zum Besseren, sondern bestätigten eher das Stereotyp des Ukrainers als Unruhestifter, mit der Zeit auch als ruchloser Mörder. Diese Stereotype sollten sich in der Zeit Volkspolens noch verstärken. Nachdem das Bild des feindlichen Deutschen aufgrund der Entstehung eines Staates „guter Deutscher", der Deutschen Demokratischen Republik, ausgedient hatte, musste man ein anderes Objekt für die „Wut des Volkes" finden, um die Aufmerksamkeit von den stalinistischen Verbrechen abzulenken. Auf diese Weise wurde das Bild des ukrainischen Feindes in Büchern wie *Feuerschein in den Beskiden* von Jan Gerhard, die immer noch in polnischen Schulbibliotheken stehen, gefestigt. Es wäre eine wichtige Aufgabe der Polnisch-Ukrainischen Schulbuchkommission, die Schullektüre in Polen und der Ukraine hinsichtlich unserer gutnachbarschaftlichen Beziehungen untersuchen zu lassen. Doch die grundlegende Frage in der immer noch bestehenden Disharmonie war im 20. Jahrhundert die Verschiebung der polnisch-ukrainischen Problematik von Ost nach West, vom Dnjepr-Gebiet nach Galizien.

Kerski/Kowalczyk: Denken Sie, dass sich durch die Ereignisse in Galizien die ukrainischen revolutionären Aktivitäten von einer ausschließlich inneren Angelegenheit des ehemaligen russischen Imperiums zu einem Problem der politischen Stabilität im ganzen damaligen Mittel- und Osteuropa verwandelt hätten?

Osadczuk: Galizien und die Balkanländer wurden in den Konflikt der Großmächte Russland und Österreich-Ungarn um deren Einflussbereiche hineingezogen. Die Zugeständnisse, die Polen und Ukrainern als Teil der antirussischen Strategie Wiens erteilt wurden, führten zur Entstehung patriotischer Strömungen und zum Ausbruch eines nationalistischen Kampfes um die nationale Zugehörigkeit Galiziens. Das wirkte sich negativ auf die polnisch-ukrainische Zusammenarbeit aus und belastete 1920 die Allianz von Piłsudski und Petljura. Es beraubte auch die polnische Bevölkerung einer Zukunftsvision und endete mit dem Abkommen von Riga, das darauf abzielte, die Föderationspläne zu zerschlagen und das Experiment einer Assimilation der Ukrainer zu wagen.

Die Grenze am Sbrutsch war vergleichbar mit dem, was einige Jahrzehnte später, in den Zeiten des Kalten Krieges, den Namen Eiserner Vorhang erhielt. In der Zwischenkriegszeit waren die polnisch-ukrainischen Beziehungen von Feindschaft, Unwissen und gegenseitiger Ignoranz geprägt. Die ukrainischen Kommunisten träumten von einer revolutionären Befreiung Galiziens und Wolhyniens. Als sie das autonome Gebiet von Schytomyr schufen, rechneten sie mit einem Erfolg. Das war in den Zwanzigerjahren, in der Zeit eines gemäßigten ukrainischen „Nationalkommunismus" (ähnlich dem späteren „Titoismus"), als sich die Hauptstadt der Sowjetukraine in Charkiw befand. Noch später, als Kiew bereits Hauptstadt war, kamen die Jahre des Großen Terrors, die alle nationalen Experimente

mit Verhaftungen, Exekutionen, Deportationen und der roten Zwangsarbeit in den Gulags beendeten.

Die von der Welt abgeschnittene und über keinerlei objektive Informationen über die Nachbarländer verfügende, immer stärker terrorisierte ukrainische Bevölkerung wusste nicht, was westlich des Sbrutsch passierte. Die zersprengten kommunistischen Eliten und auch die von den Verfolgungen demoralisierten intellektuellen Eliten waren infolge der sich ändernden Konzepte Stalins gegenüber Polen völlig desorientiert: Diese Konzepte reichten von revolutionären Losungen bis zu einer Grenzbestätigung. Doch die krassen Kontraste zwischen der offiziellen Propaganda über Erfolge beim „Aufbau des Sozialismus" und der Realität führten bei einem großen Teil der ukrainischen Bevölkerung zu Misstrauen. Möglicherweise hat diese Situation bewirkt, dass die alten Stereotype von „Weißpolen" oder den „polnischen Faschisten", die aus sowjetischer Zeit stammten, verhältnismäßig schnell aus dem ukrainischen Bewusstsein verschwanden.

Anders gestalteten sich die Ansichten über die Ukraine in der polnischen Bevölkerung. Relativ schnell verschwanden hier die Einflüsse von Beschreibungen tragischer Schicksale polnischer Landadelshäuser zur Zeit des „Brandes" – um an den Titel eines Buches von Zofia Kossak-Szczucka zu erinnern –, also zur Zeit der blutigen Auseinandersetzungen zwischen Polen und Ukrainern gegen Ende des Zweiten Weltkrieges und im Polnisch-Ukrainischen Krieg 1918–1919. Auch die Allianz Piłsudski-Petljura wurde für immer verdrängt durch die Erinnerung an den polnischen Sieg im Kampf gegen die Ukrainer um Lemberg. Innerhalb weniger Jahre war die Dnjepr-Ukraine vergessen – da nicht mehr systematisch durch Berichte aus der Sowjetukraine an sie erinnert wurde. Eine beständige Quelle von Vergangenheitsbildern war die Lektüre des Romans *Mit Feuer und Schwert* von Henryk Sienkiewicz.

Kerski/Kowalczyk: Wenige Zeitschriften mit kleiner Auflage wie *Wschód* (Der Osten), *Biuletyn Polsko-Ukraiński* (Polnisch-Ukrainisches Bulletin), *Bunt Młodych* (Rebellion der Jugend) und *Polityka* (Politik, Chefredakteur Jerzy Giedroyc) bemühten sich, die Wissenslücke über die Ereignisse in der sowjetischen Ukraine zu füllen.

Osadczuk: Doch das war nur ein Tropfen im Meer des Schweigens und des Unwissens. Mit der Zeit wurden die ungehorsamen Mitbürger „ruthenischer, bojkischer, huzulischer" oder „hiesiger" Nationalität im „östlichen Kleinpolen" für den Durchschnittsbürger der Zweiten Polnischen Republik zum Synonym für die Ukrainer. Die Ukrainer wurden zu Staatsbürgern zweiter Klasse degradiert. Man versperrte ihnen den Zugang zu vielen Berufen, schränkte ihre Rechte im Bereich des Schulwesens ein, begann mit einer langwierigen stufenweisen Assimilation durch Militäransiedlungen sowie einer schleichenden Deportation in Form der Versetzung von Staatsbeamten, hauptsächlich Lehrern und Eisenbahnern ukrainischer Abstammung, aus den östlichen Woiwodschaften nach Zentral- und Westpolen. Dies hatte weitgehende, bis zum heutigen Tag spürbare Folgen. Die Reduzierung des ganzen ukrainischen Problems auf eine innere Angelegenheit und Minderheitsfrage beeinflusste die polnische politische Reflexion negativ, hemmte theoretische Auseinandersetzungen, schuf die undurchdringliche Mauer eines konsequenten Dogmatismus.

Als infolge des aggressiven Vorgehens des Dritten Reiches und der Sowjetunion das in Versailles und unter der Ägide des Völkerbundes beschlossene internationale System in Europa zusammenbrach, kam es zu einer Konfrontation von zwei entgegengesetzten Bestrebungen – den konservativen der Polen und den revolutionären der Ukrainer. Polen gehörte in der Zwischenkriegszeit zu den „satten" Ländern und strebte in der Zeit des Zweiten Weltkrieges nach Wiederherstellung des *status quo ante*; die Ukrainer dagegen verfolgten das Ziel – ähnlich wie die Polen vor dem Ersten Weltkrieg –, das geteilte, ethnisch ukrainische Gebiet in einem gemeinsamen Staat zu vereinigen. Man könnte *grosso modo* sagen, dass sich die Ukraine im Verlauf des Zweiten Weltkrieges der internationalen Befreiungsbewegung der um ihre Selbstbestimmung und den Sturz kolonialer Systeme kämpfenden Völker angeschlossen hatte. Hoffnungen, dass die beiden Kolonialregime in Europa, das heißt der nationalsozialistische und der sowjetische Imperialismus, sich gegenseitig vernichten würden, gingen nicht in Erfüllung. Doch kam es infolge des Krieges zu einer Vereinigung ukrainischer Gebiete und einer internationalen Anerkennung der halbsouveränen Ukrainischen Sozialistischen Sowjetrepublik (USSR), die zu den Gründerstaaten der UNO zählte.

Als Ergebnis dieser erwähnten prinzipiellen Gegensätze in den Bestrebungen der polnischen und ukrainischen politischen Eliten konnte es nicht zur Absteckung eines gemeinsamen Weges im Kampf um die Freiheit kommen. Im Septemberfeldzug verhielten sich die Ukrainer dem polnischen Staat gegenüber loyal. Deutschen Ermunterungen, einen antipolnischen Aufstand zu beginnen, folgten sie nicht. Ihre Soldatenpflicht erfüllten sie ohne Verrat und Desertion. Doch später gab es keine gemeinsamen Ideale und Aufgaben mehr. Und als ein Teil der ukrainischen politischen Elite mit Befreiungsplänen und einem Programm der organischen Arbeit im Gebiet des Generalgouvernements auftrat, fassten die Polen das als Illoyalität, sogar als feindliche Haltung auf. Die unterschiedlichen nationalen Interessen stießen nicht auf das geringste Verständnis, weil eine solche Entwicklung einfach nicht zu dem aus der Vorkriegszeit stammenden Bewusstsein passte.

Kerski/Kowalczyk: Auf diese Weise kamen zu alten Ressentiments und Konflikten neue hinzu, und sie führten in den strittigen Gebieten zu blutigen ethnischen Säuberungen, die zum Teil von fremden Mächten, von deutschen und sowjetischen, geschürt wurden …

Osadczuk: Dieser tragische Zusammenstoß zweier staatlicher Interessen war wahrscheinlich unumgänglich. Die blutigen Konflikte waren eine Folge von Nachlässigkeit und Fehlern in der polnischen Nationalitätenpolitik der Zwischenkriegszeit. Zu diesen und keinen anderen Formen der Lösung territorial-ethnischer Konflikte trug auch der allgemeine Verfall der Kultur und der politischen Ethik bei. Wenn damals, nach dem Zweiten Weltkrieg, zwei unabhängige Staaten der Polen und der Ukrainer entstanden wären, wäre wohl ein Krieg um die Festlegung der Grenzen unumgänglich gewesen. Doch die Ukrainer bekamen ihre Unabhängigkeit nicht und die Polen verloren die ihre. Es kam eine von fremden Mächten kontrollierte Übergangszeit, die auf beiden Seiten der neuen Grenze entlang von Bug und San eine erzwungene Umsiedlung der seit Jahrhunderten dort ansässigen Bevölkerung mit sich brachte. Zusätzlich wurden die in Polen gebliebenen Ukrainer noch im Rahmen der „Aktion Weichsel" umgesiedelt und über das Land verteilt.

Die Tatsache, dass es Fremde waren, die diesen rücksichtslosen Bevölkerungstransfer durchführten, wird immer ein unrühmliches Kapitel in unserer Geschichte bleiben. Gleichzeitig sollte man daran erinnern, dass unsere von diesem Unglück betroffenen Länder imstande waren – übrigens ähnlich wie Deutschland –, mit dem Phänomen der Vertriebenen fertigzuwerden. Das ist enorm wichtig, denn wären die Vertriebenen nicht integriert worden, würde uns immer noch dieses eiternde Revanche-Geschwür zu schaffen machen. Eine andere Integration vollzogen die Realisten im Exil, an erster Stelle die Gruppe um die Zeitschrift *Kultura*, Jerzy Giedroyc und seine Anhänger, die es schafften wie nie zuvor jemand in der Geschichte, aus dem Ausland das Konzept einer zukünftigen Zusammenarbeit und den Verzicht auf eine Revision der Grenze durchzusetzen.

Das sind Dinge von historischer Dimension, die vielen von uns nicht bewusst sind. Heute verhalten sich unsere Regierungen, Parlamente und Parteien so, als ob das vollkommen normal wäre. Einerseits ist das gut, denn es zeugt von einem radikalen Wandel in unseren Beziehungen, andererseits ist es schlecht, weil es ein gefährliches Ausmaß an Trägheit kennzeichnet, eine gefährliche Selbstzufriedenheit. Solche Haltungen führen zu Apathie und Stagnation. Es gibt nichts Schlimmeres als den Zustand von Bewegungslosigkeit und Passivität.

Kerski/Kowalczyk: Kehren wir zu den vertanen Chancen der polnisch-ukrainischen Verständigung am Anfang der Zweiten Polnischen Republik zurück …

Osadczuk: Erstens: Der Kampf um Lemberg und der Polnisch-Ukrainische Krieg waren eine Tragödie. Zweitens ist die Chance, Polen territorial nach Osten auszuweiten, nicht genutzt worden. Man hätte mehr aushandeln und bei dem Abkommen von Riga die Schwäche der Bolschewiki ausnutzen können. Die Nationaldemokraten wollten nur so viel nehmen, wie sie zu konsumieren, das heißt zu assimilieren imstande waren. Es war eine Tragödie, dass Piłsudski die Politik verlassen hatte und für mehrere Jahre seinen Gegnern das Feld überließ. Es wurden vollendete Tatsachen geschaffen durch die Nichtanerkennung der ukrainischen Autonomiebestrebungen und die Bekämpfung aller autonomen Unabhängigkeitsbewegungen, die Nichterfüllung der geringen Forderungen im Zusammenhang mit der Übergabe Galiziens an Polen im Jahre 1923.

Das Fehlen einer politischen Perspektive in der ukrainischen Frage erkennt man am Vorgehen mehrerer Regierungen in der Zeit vor Mai 1926. Piłsudski interessierte sich für die Probleme der Ukraine, doch dann übergab er die ukrainischen Angelegenheiten einer kleinen Gruppe seiner Mitarbeiter, zu denen Bronisław Pieracki, Henryk Józewski und Tadeusz Hołówko gehörten. Ihr Einfluss war zu klein, um dem Lager der Nationaldemokraten und der Armee eine andere Richtung aufzuzwingen. General Tadeusz Kasprzycki und die Armee spielten immer eine fatale Rolle. Im Grunde genommen war die Armee gegen jedwede Verständigung – sogar im Rahmen einer Normalisierung zwischenstaatlicher Beziehungen. Proukrainische, mit der Regierung verbundene Gruppen wie die von Giedroyc und Bączkowski mit ihren Zeitschriften *Bunt Młodych* und *Biuletyn Polsko-Ukraiński* waren ein zu kleiner Kreis, um der Nationalitätenpolitik in Bezug auf die Ukraine eine klare Richtung geben zu können.

Unklar war auch das Verhältnis zum Kommunismus Sowjetrusslands. Meiner Meinung nach hätte man die Grenze am Sbrutsch öffnen müssen, statt sie wie einen Sanitärkordon zu schließen. Man hatte Angst vor kommunistischem Einfluss und interessierte sich – abgesehen von wenigen Publizisten – tatsächlich nicht dafür, was in Charkiw, der damaligen Hauptstadt der USSR, und später, nach 1934, in Kiew geschah. Das war die Domäne von wenigen, spezialisierten Gruppen. Doch die Mehrzahl der Bevölkerung, der politischen Parteien oder politischen Machteliten, wusste nichts. Man grenzte sich mit einer Mauer des Schweigens und einer Mauer des Unwissens ab. Das ist übrigens bis heute so. Wenn die Publizistik damals konsequent gewesen wäre, hätte sie ständig über die fortschreitenden Veränderungen in der Ukraine informiert, doch es gab kein solches Bedürfnis. Es gab nur eine negative Sensationsjagd. Aber nicht einmal die Verfolgungen und Tragödien in der Zeit des Großen Hungers wurden sichtbar gemacht. Ausnahmen waren wenige Gruppen oder Bączkowskis Zeitschrift *Orient*, die Fakten publizierte. Und innerhalb der Polnischen Republik bestand eine unerschütterliche zweite Mauer des Unwissens und des Hasses in Gestalt einer inneren Grenze zwischen Galizien und Wolhynien fort, einer Grenze, die als „Sokal"-Grenze (nach der Stadt Sokal) bezeichnet wurde. Auch innerhalb der Ukraine wurde der kulturelle und politische Austausch zwischen den zwei Provinzen des Landes verhindert.

Kerski/Kowalczyk: Aber das war doch nicht polizeilich aufgezwungen?

Osadczuk: Es galt ein ungeschriebenes Gesetz, dass es eine innere Grenze gibt. Die Militäransiedlung in Wolhynien, die Bewegung des Landadels in Galizien, die Nichtanerkennung der Nationalität, die Teilung der Ukrainer in Ruthenen und „Hiesige", Lemken und Huzulen, war Irrsinn vom Standpunkt der Staatsräson gesehen. All das wurde zum Nährboden für die Organisation Ukrainischer Nationalisten (OUN). Man gab nationalistischen Extremisten eine Chance, denn nur auf solchem Boden können sie sich entwickeln. Diese Zeit war eine Tragödie für die gemäßigten ukrainischen Politiker von der Ukrainischen National-Demokratischen Vereinigung (UNDO) und deren parlamentarische Repräsentation im Sejm, auch für Vertreter der griechisch-katholischen Kirche wie den Metropoliten Andrej Scheptyzkyj. Es gab keine Chance für eine Verständigung, nicht einmal von innen. Während des Krieges kam es zu keinerlei Änderung der Ansichten, es gab nur das Beharren auf dem *status quo*, von dem keiner abrücken wollte.

Im polnischen Nationalrat im Exil gab es keine Vertreter der ukrainischen Minderheit. Anfänglich wurden irgendwelche Gespräche in Bukarest geführt, doch ohne Ergebnis. Der ukrainische Delegierte reiste zum Nationalrat, als sich dieser noch in Frankreich befand, doch Verhandlungen wurden nicht aufgenommen, weil der Exilpräsident der Ukraine sich im besetzten Polen befand und Premierminister Prokopowytsch in Paris. Man hatte die früheren Kontakte der Ukrainer mit dem Piłsudski-Lager nicht vergessen, aber sie wurden von der polnischen Exilregierung ignoriert.

Im Generalgouvernement gab es keine große Chance, eine politische Zusammenarbeit unter dem Regime der deutschen Besatzer aufzunehmen. Trotz existierender alter Kontakte war es schwierig, zu der neuen Untergrundbewegung durchzudringen. Mir scheint, dass beide Seiten, die polnische und die ukrainische, in der Anfangsphase der Besatzung die Kontakte vernachlässigt hatten, und später nahm die Geschichte leider einen tragischen Verlauf. Ich meine die ersten Schüsse im Jahre 1942, als die Ukrainische Aufstandsarmee (UPA) entstand. Diese politischmilitärische Formation, die in den nächsten elf Jahren aktiv war, entstand aus einer Vereinigung ukrainischer Partisanenverbände, die in Polesien und Wolhynien kämpften. In politischer Hinsicht unterstand sie den Entscheidungen der OUN. Die Hauptaufgabe der UPA als einer Keimzelle der künftigen regulären Armee war der Kampf um die Unabhängigkeit der Ukraine und der Schutz der ukrainischen Bevölkerung vor dem Feind, der gegen die Unabhängigkeitsidee war. Für Feinde hielt man Sowjetrussland, Deutschland und die Polen aus den Gebieten des polnisch-ukrainischen Grenzraums.

Auch seitens der Petljura-Regierung begann sich eine Partisanenbewegung zu entwickeln, die sogenannten „Bulba"-Anhänger – abgeleitet vom Namen Taras „Bulba" Borowez. Borowez studierte Theologie in Warschau. Er ging vor dem Ausbruch des Krieges von 1941 über die Grenze und begann, eine bewaffnete und neopetljurische Bewegung zu organisieren. Er schuf einen Partisanenverband, den er Ukrainische Revolutionäre Armee (URA) nannte. Infolge eines politischen Konflikts, vor allem mit den Bandera-Leuten (die sich in ihren totalitären Bestrebungen die volle Macht sichern wollten), erklärten sich einerseits die mit Borowez zusammenarbeitenden Melnyk-Anhänger, also Wolhynien, für die Bulba-Leute, und andererseits Galizien für Bandera. Die Bandera-Leute haben einen Bürgerkrieg entfacht, um sich die ganze Westukraine unterzuordnen. Bevor es zum Abschlachten der Polen kam, hatte man den Kampf im Inneren gegen die Melnyk-Anhänger aufgenommen, um sie zu vernichten.

Kerski/Kowalczyk: Kam es zu Kämpfen zwischen ukrainischen Verbänden?

Osadczuk: Ja, selbstverständlich. Die Bandera-Anhänger führten verbissene Kämpfe gegen Melnyk-Anhänger, erschossen sie oder nahmen sie gefangen. Mein Freund Wasyl Schtul ging beispielsweise nach der Schließung der Zeitschrift *Wolyn* (Wolhynien) zu den Partisanen, zu den Melnyks. Er wurde gefangen genommen und man befahl ihm, Artikel und Texte zugunsten Banderas zu schreiben. Weil er Journalist war und nichts anderes konnte. Sie gaben die Richtlinien vor, die ihrer Propaganda dienten – später erschossen sie ihn.

Die Melnyk- und die Bulba-Anhänger hatten die Absicht, die Polen aus Galizien und Wolhynien nicht auszusiedeln; Polen sollten nicht ermordet werden, sondern es sollte nach einer Verständigung mit ihnen gesucht werden. Die Bandera-Anhänger haben dieses Konzept erfolgreich zunichte gemacht. Eine wichtige Rolle bei der Festigung friedlicher Haltungen spielte der Metropolit der griechisch-katholischen Kirche, Andrej Scheptyzkyj, der in Hirtenbriefen zu Toleranz aufrief und Morde verurteilte. Er wurde von einem großen Teil der Bevölkerung für den geistigen (und sogar politischen) Führer gehalten, doch besaß er nicht in der ganzen Ukraine Autorität, und seine Stimme drang nicht überall durch. Die inneren Spaltungen waren tief und die Deutschen und Sowjets nutzten sie geschickt aus. Es ist schwer zu sagen, wo der Patriotismus aufhörte und fremde Interessen begannen. Die Deutschen machten am Anfang des Krieges gegen die Sowjets einen Rückzieher hinsichtlich der großen ukrainischen Idee und verboten die Gründung eines ukrainischen Nationalstaates am 30. Juni 1941.

Ich sage den Bandera-Anhängern immer wieder: Hört mal, ihr solltet Hitler ein Denkmal aufstellen, weil er eure Regierung zerschlagen hat. Sonst hättet ihr nach dem Krieg alle am Galgen gegangen wie der slowakische Diktator, Priester Jozef Tiso, oder andere Kollaborateure, zum Beispiel der rumänische Diktator Ion Antonescu. Ihr hättet die Ukraine vor der ganzen Welt bloßgestellt! Das wäre nämlich passiert, wenn eine pronazistische ukrainische Satellitenregierung entstanden wäre.

Dr. Arlt, ein heute noch in Süddeutschland lebender ehemaliger NS-Beamter, der sich mit der ukrainischen Frage beschäftigt hatte, arbeitete in jenen Jahren bei der Spionageabwehr von Wilhelm Canaris. Er erzählte mir folgende Begebenheit: Nach der Zerschlagung der ukrainischen Regierung am 30. Juni 1941 saß Admiral Canaris – der Chef der Spionageabwehr – im Hotel George in Lemberg. Vor ihm stand eine Flasche Wein. Als Obersturmführer Arlt hereinkam, bot der Admiral ihm ein Glas Wein an und sagte, die Deutschen würden den Krieg verlieren, weil Hitler beschlossen habe, die Ukrainer zu verfolgen. Ohne die Ukraine sei der Krieg verloren.

Um auf mein grundsätzliches Urteil der polnisch-ukrainischen Beziehungen zurückzukommen, so meine ich, dass der Zweite Weltkrieg den vor 1939 existierenden polnisch-ukrainischen Konflikt vertieft hat. Und über das, was später geschah, hatten weder Polen noch die Ukraine in irgendeiner Weise zu entscheiden. Das waren Schritte fremder Staaten, vor allem Stalins, es waren seine Grenzlösungen. Radikale Lösungen. Vom heutigen Standpunkt aus gesehen war Stalins Nationalitätenpolitik grausam, doch sie führte zu einer besseren Chance auf eine Zusammenarbeit als beispielsweise eine Situation, in der mehrere Millionen Ukrainer im heutigen Polen leben und gleichzeitig in Kiew Bestrebungen zur Veränderung des Grenzverlaufs und zum Kampf um die Vereinigung des Landes aufkommen würden.

Grausame Abtransporte und Aussiedlungen der Bevölkerung sind eine große Schande und waren unnötig. Ich meine die „Aktion Weichsel", das heißt die Deportation innerhalb Polens. Im Lemkenland, also in den Bieszczady, gab es gar keinen Nationalitätenkonflikt, im Gegenteil, dort herrschte völlige Ruhe. Hin und wieder kam es zu Überfällen von versprengten UPA-Einheiten: Die Bevölkerung wurde gezwungen, ihnen zu helfen, doch sie tat es nicht mit Begeisterung oder in der Bereitschaft, sich antipolnisch zu engagieren. Der Grund für die Kommunisten war ein anderer, man brauchte nämlich einen neuen Feind. Außerdem verlangte der innere Feind, das heißt die reaktionären Kräfte, ebenfalls nach einem Ersatz. Zu diesem Feind wurden für eine gewisse Zeit die Ukrainer.

Eine Gleichstellung der Verbrechen von Wolhynien mit der Deportation der Ukrainer im Rahmen der „Aktion Weichsel" im Frühjahr 1947 wäre sinnlos. Beide Ereignisse fanden unter vollkommen unterschiedlichen historischen Bedingungen statt. In Wolhynien waren Partisaneneinheiten mit ihrer überzogenen nationalistischen Doktrin straflos und eigenmächtig aktiv. Im Jahre 1993 hat der damalige Präsident der Ukraine, Leonid Krawtschuk, öffentlich am Ort der tragischen Ereignisse sein Bedauern darüber zum Ausdruck gebracht. Das rief in Polen kein entsprechendes Echo hervor.

In der großen Ukraine, wo während des Krieges ein Meer von Blut vergossen wurde, löste die Tragödie von Wolhynien niemals ein tiefer gehendes Interesse aus. Sie wurde als eine weitere blutige Episode jener schrecklichen Jahre betrachtet. Das Bekanntwerden dieser Tatsachen wurde auch durch die von den National-Radikalen gewählte Taktik verhindert, das Verbrechen zu vertuschen. Die „Aktion Weichsel" war ein Verbrechen anderen Ranges. Sie ähnelte den Deportationen, die früher in der Sowjetunion gegenüber den Tschetschenen, Krimtataren, Wolgadeutschen und vielen anderen Nationalitäten angewandt wurden. Es gibt jedoch einen gewichtigen Unterschied: Während die Tschetschenen oder Tataren zumeist in geschlossenen Gruppen am Deportationsort angesiedelt wurden, hat man die Ukrainer in ganz Polen verstreut. Von den Vertriebenen wurden höchstens hundert Familien in einem Kreis angesiedelt, und zwar so, dass ihr Anteil nicht zehn Prozent der Gesamtbevölkerung überstieg. Den Tschetschenen und Tataren in der Sowjetunion erlaubte man während der Tauwetterperiode, in ihre Heimat zurückzukehren.

Die polnische Assimilierungsstrategie, die die Kommunisten von ihren ehemaligen Feinden aus dem Lager der Nationaldemokraten übernommen hatten, änderte sich nicht. In der Zeit des sogenannten Polnischen Oktober 1956, einer Zeit der politischen Liberalisierung, wurden nur die empfindlichsten politischen Sanktionen abgeschafft. Die damalige Begründung für die Aussiedlung, die sich auf eine angebliche Kollaboration der deportierten Bevölkerung mit UPA-Partisanen berief, war eine politische Lüge. Die ukrainische Partisanenbewegung befand sich damals schon im Zustand der Agonie. Die rassistische Methode der Kollektivschuld, sogar einschließlich verdienter kommunistischer Aktivisten ukrainischer Nationalität, auch in Bezug auf national gemischte Familien, zeugt davon, dass es den neuen Machthabern hauptsächlich um eine nationalistisch-patriotische Geste ging, die die andere (weil extrem internationalistische) Vergangenheit der polnischen Kommunisten vertuschen sollte.

Es ist möglich, dass die Urheber der „Aktion Weichsel" auch ein weitsichtigeres Ziel vor Augen hatten: ein für allemal die ukrainischen territorialen Forderungen bezüglich des Grenzgebiets zu vereiteln. Dem Anschein nach gehörte die Aktion zu einer Serie erzwungener Bevölkerungsverschiebungen. Aber nur dem Anschein nach. Sie war unmenschlicher. Die aus dem Osten vertriebenen Polen kamen in eine polnische Umgebung. Ihnen drohten nicht die Gefahr des Identitätsverlustes und keine permanenten Konflikte und Schikanen. Genauso war es mit den aus Polen ausgesiedelten Deutschen. Die Opfer der „Aktion Weichsel" befanden sich in einer anderen, viel schlimmeren Situation.

Kerski/Kowalczyk: Die „Aktion Weichsel" wurde in der kommunistischen Propaganda als ein großer Sieg über den Terrorismus dargestellt, über die Mächte des Bösen …

Osadczuk: Eine Folgeerscheinung der Deportation, die teilweise bis heute noch anhält, war – wie sich herausstellte – die systematische Deformation des historischen Ukrainer-Bildes. Ob aus Rache und Hass gegen die romantische ukrainische Schule in der polnischen Literatur, die das Bild des edlen Ukrainers entwarf, wurden nun Bibliotheken und sogar Schulen mit Pamphleten, Schundromanen und Erzählungen über Ukrainer als Banditen, Sadisten und Henker ohne elementare menschliche Eigenschaften überflutet. Es genügt, an die „Werke" von Jan Gerhard und Edward Prus zu erinnern; Dutzende von Schmähschriften, die auf Bestellung geschrieben wurden, lassen wir lieber unerwähnt. Bis heute sind polnische Bibliotheken nicht von diesem Schund befreit worden. Natürlich darf man auch die hervorragenden literarischen und wissenschaftlichen Werke nicht verschweigen, die diese Dinge objektiv zeigten, die Werke von Buczkowski, Kuśniewicz, Odojewski, die Bücher der Historiker Madajczyk, Torzecki, Kersten, Serczyk und in letzter Zeit auch Olszański. Aber das negative Stereotyp des Ukrainers, das oftmals in einer vom Hass vergifteten Propaganda dargestellt und wiederholt wurde, hat stärkere und tiefere Wurzeln im Bewusstsein eines durchschnittlichen Polen geschlagen als die solide und wertvolle Literatur.

Kerski/Kowalczyk: Welchen Einfluss auf die polnisch-ukrainische Publizistik hatte die Reflexion der politischen ukrainischen Emigration? Versuchten die ukrainischen Exilanten antipolnische Stimmungen zu bekämpfen?

Osadczuk: Die Tätigkeit ukrainischer politischer Publizisten im Exil ist schwer zu vergleichen mit der Aktivität der polnischen Emigration, zum Beispiel mit der Rolle der *Kultura* im Bereich der polnisch-ukrainischen Annäherung. In den ersten Nachkriegsjahren dominierte in der ukrainischen Emigration ein politisches Denken, das man mit dem Konzept des polnischen Londoner Exils vergleichen könnte. Man setzte auf den dritten Weltkrieg und nicht auf politische Evolution in Europa. Das Konzept stammte von den Erben der Petljura-Regierung, sie wollten sich völlig von der Sowjetukraine trennen und sie bekämpfen.

Es gab zwei Lager, die sich davon absetzten: die Liberalen und den Kreis um die Ukrainische Demokratisch-Revolutionäre Partei. Das Lager der ukrainischen Liberalen war mit dem Ukrainian Research Institute an der Harvard-Universität in Cambridge

(USA) und mit dem Canadian Institute of Ukrainian Studies in Edmonton (Kanada) verbunden. Es waren alte Studienkommilitonen aus meiner Studienzeit in Berlin: der verstorbene Historiker Iwan Lysjak-Rudnytsky und Omeljan Pritsak, einer der Organisatoren des Harvard-Instituts. Sie gehörten zu dieser Gruppe.

Die Ukrainische Demokratisch-Revolutionäre Partei war dagegen eine Gruppierung der neuen Emigration aus der Ukraine; sie trug den populären Namen „Schidnjaki", also „die aus dem Osten". Ich war der einzige Westukrainer unter ihnen. Einmal im Leben habe ich einer Partei angehört und war sogar im Zentralkomitee. Ich hatte eine wichtige Funktion, die Leitung der Auslandsabteilung. Im Zentralkomitee gaben wir eine Zeitschrift heraus, die unsere Haltung klar zum Ausdruck brachte. Wir setzten auf eine langsame Entwicklung und die Komsomolkader in der Ukraine – als mögliche Zukunft der Ukraine, weil es keine anderen Kader gab. Nicht auf die Widerstandsbewegung, sondern auf Kader innerhalb der ukrainischen kommunistischen Partei. Und so kam es auch. Sowohl die Liberalen als auch wir wurden von den Bandera-Anhängern und ihren Freunden wie gekaufte Agenten behandelt.

Ich möchte noch auf eine dritte Emigrantengruppe aufmerksam machen – den Ukrainischen Hauptrat für die Befreiung (UHWR). Es war eine Splittergruppe der Bandera-Anhänger, die sich unter der Leitung des UPA-Anführers und Gründers des UHWR, Mykola Lebed, versammelt hatte, der seit der Organisation des gelungenen Attentats auf Bronisław Pieracki im Jahre 1934 bekannt war. Lebed wurde später von den Deutschen an die Polen ausgeliefert.

Kerski/Kowalczyk: Sie haben Iwan Lysjak-Rudnytsky erwähnt. Seine ganze Familie hat sich um die Geschichte der Ukraine sehr verdient gemacht …

Osadczuk: Iwan Lysjak-Rudnytsky war die Mäßigung und Zurückhaltung in Person. Er gehörte zu den bei uns seltenen Menschen, die ausschließlich in rationellen Kategorien denken und handeln. Diese Eigenschaften brachte er aus seinem Elternhaus mit. Seine Mutter, Milena Rudnytska, war ukrainisch-jüdischer Abstammung. Sie gab ihren Beruf als Mathematiklehrerin an einem Gymnasium bald auf und widmete sich restlos der politischen Aktivität in zwei Bereichen: in der Frauenbewegung, die sich eigentlich dank ihr entwickelte und festigte, und im Sejm der Polnischen Republik, wo sie als Abgeordnete der konservativ-liberalen Partei UNDO tätig war. Ihre Reden in den parlamentarischen Debatten in Warschau zeichneten sich nicht durch Schärfe, sondern durch präzise Formulierungen aus. Iwan Lysjak-Rudnytskys Vater, Pawlo Lysjak, war Rechtsanwalt, Publizist und ebenfalls Mitglied derselben Partei im Sejm. Iwan hatte drei Onkel, die Brüder von Milena: Iwan Rudnytsky-Kedryn, einen gewandten Journalisten der Lemberger Tageszeitung *Dilo*, Mychajl Rudnytsky, einen Literaturkritiker, Redakteur der liberalen Wochenzeitung *Nazustrits*, Französischübersetzer und Romanistikprofessor, und schließlich Anton Rudnytsky, einen Komponisten und Dirigenten. Am Anfang seines Studiums – ein Jahr vor dem Krieg – verriet Iwan monarchistische Sympathien, was in der ukrainischen politischen Kultur einer Unterstützung für die Hetman-Bewegung gleichkam. Später, während seines Studiums in Berlin, Prag und Genf, ging er zu Positionen des konservativen Liberalismus über. Anfang der Fünfzigerjahre emigrierte er, wie die meisten ukrainischen Intellektuellen, in die Vereinigten Staaten. Er lehrte an amerikanischen Universitäten Geschichte Osteuropas mit besonderer Berücksichtigung der Ukraine. Später zog er nach Edmonton, wo er am Canadian Institute of Ukrainian Studies arbeitete. Seine Domäne war das 19. Jahrhundert. Viele Jahre lang beschäftigte er sich mit dem Werk von Mychajlo Drahomanow. Viel Aufmerksamkeit widmete er der Rolle Polens und der Polen in der nationalen Wiedergeburt der Ukraine, insbesondere der Tätigkeit solcher Personen wie Tymko Padura, Franciszek Duchiński und Michał Czajkowski (Sadık Paşa). Er hatte auch den Mut, bei uns unpopuläre Ansichten über die Aktivitäten der OUN während des Zweiten Weltkriegs zu äußern. Er begriff die Bedeutung der polnisch-ukrainischen Zusammenarbeit und unterstützte deshalb im Sommer 1978 sofort meinen Appell an die Behörden der USSR, die Zerstörung nicht nur ukrainischer, sondern auch polnischer, jüdischer und tatarischer historischer Denkmäler nicht zuzulassen. Der Appell hatte übrigens Erfolg.

Aus dem Polnischen von Agnieszka Grzybkowska

Erstmals erschienen in: Basil Kerski, Andrzej Stanisław Kowalczyk (Hg.): Ein ukrainischer Kosmopolit mit Berliner Adresse. Gespräche mit Bohdan Osadczuk (Alexander Korab), Osnabrück 2004, S. 41–56. Bei dem hier abgedruckten Gespräch handelt es sich um eine überarbeitete Textfassung.

Sokrat Janowicz

Eine nationale Minderheit zu sein erfordert Charakter

Die weißrussische Minderheit ist im heutigen Polen eine absolut selbstverständliche Erscheinung, die alle gängigen Charakteristika der Minderheitendefinition erfüllt. Die von ihr bewohnte, ethnisch nicht polnisch geprägte Region rückte in der Nachkriegszeit infolge der Grenzverschiebungen nach dem Abkommen von Jalta stärker ins Bewusstsein. Bereits zuvor war das weißrussische Sprachgebiet im Osten (Gebiet um Smolensk) und Norden stark beschnitten worden, sowohl zugunsten Russlands als auch Lettlands (Lettgallen an der Düna). Die weißrussischsprachige Region Vilnius fiel mitsamt ihren polnischen Sprachinseln erst nach der Tragödie vom September 1939 an Litauen.

Die polnischen Weißrussen leben nicht im klassischen Sinne in der Diaspora, denn sie verfügen über ein klar umrissenes Territorium, ähnlich wie die Litauer und Slowaken, nur viel größer. Das ist sehr wichtig, denn aus diesem Grund erinnert ihre geistige und materielle Existenz in gewisser Weise an die kleinen Völker Europas. In psychokultureller wie auch in wirtschaftlicher Hinsicht wurde diesem nicht polnischen Stück Polen ein besonderes Schicksal zuteil. Im Laufe der Zeit entstand die berüchtigte „Ostwand", sie erstreckte sich vom Augustów-Urwald im Norden bis zu den Waldkarpaten im Süden und entsprach jenem Gebiet, in dem seit jeher Ost- und Westslawen aufeinandertrafen. Es sei hier nur erwähnt, dass Grenzgebiete noch nie für ihren Wohlstand berühmt waren, sondern immer nur für Verwahrlosung und Armut.

Die gewaltsam angekurbelte Industrialisierung Polens infolge des damals hoch gepriesenen Sechs-Jahres-Plans (1950–1955) erwies der nationalen Minderheit einen höchst zweifelhaften Dienst. In erster Linie ging sie zulasten der Dörfer. Die ideologisch motivierte bauernfeindliche Politik des Regimes (es ging um den Kampf gegen das Privateigentum) war verhängnisvoll für die weißrussische Minderheit um Białystok, denn sie führte zu einem Exodus aus den Dörfern in die städtischen Industriezentren. Damals waren fast alle Weißrussen – zumeist arme – Bauern.

Zu den positiven Entwicklungen der 1950er- und der folgenden Jahre gehört zweifelsohne die rasche Entstehung einer gebildeten Schicht, da Ober- und Hochschulen nun allgemein zugänglich waren. Mit steigendem Bildungsniveau wandelte sich das Stereotyp vom Weißrussen, der bislang als „dumm" galt. Aus heutiger Sicht fällt zudem auf, dass die meisten Angehörigen der weißrussischen Minderheit in die Plattenbausiedlungen und Villen an den Stadträndern von Białystok, Bielsk Podlaski, Hajnówka, Sokółka und sogar Łapy bei Wysokie Mazowieckie zogen. Auf dem Land und in der Landwirtschaft verblieb in etwa ein Zehntel der weißrussischen Bevölkerung. Die entvölkerten Dörfer, von denen immer mehr nur noch auf der Landkarte existieren, werden bald schon von Wald überwuchert sein. Die Aufforstungspläne

in vielen Gemeinden erinnern an eine Art langsamen Selbstmord ... Fast alle
Gemeinden sind von staatlichen Zuwendungen abhängig, wobei in einigen nur sehr
wenige Einwohner Grundsteuer zahlen – nicht einmal ein Zehntel der Bewohner
einer durchschnittlichen polnischen Gemeinde. Meine Heimatgemeinde Krynki
beispielsweise, deren Fläche einem kleinen Landkreis entspricht, wird von ein
paar Dutzend Bauern finanziert, die – von wenigen Ausnahmen abgesehen – keine
Nachfolger haben (im Landesdurchschnitt gibt es weit über tausend landwirtschaft-
liche Betriebe pro Gemeinde).

Kein Bauer ist jemals von sich aus in die Stadt gezogen. Die Komplexe der Landbevölkerung lassen sich leicht erklären: Ein Dorf ist deshalb ein Kaff, weil das Leben
hier viel beschwerlicher ist, während es seit dem Altertum immer die Stadt war, die
die staatlichen Institutionen und sämtliche daraus entstehenden Bequemlichkeiten
hervorbrachte (Rom war sogar ein Imperium!). Sklaven und Bauern zettelten Revolutionen an, später auch die Proletarier, aber wir wissen ja, mit welchem Ergebnis ... Der Weißrusse in Białystok hat nur dann eine Chance, dass seine Traditionen
fortbestehen, wenn er seine Kinder studieren lässt und diese mit einer Hausbibli-
othek voll weißrussischer Bücher aufwachsen. Das sind universelle Gesetze, die
überall auf der Welt gelten, auch bei den Auslandspolen in Chicago.

Das Dorf verwaist – einer gewissen negativen Selbstverständlichkeit folgend – unter dem ökonomischen Druck, der bereits beim Anbruch der Moderne die seit der
Abschaffung der Fronarbeit angeschlagenen Gutshöfe hinwegfegte. Die Warenwirt-
schaft hat das gesamte feudale Siedlungsnetz umgepflügt, bis sie endlich die Lebens-
qualität angeglichen und den „Bauerntrottel" in einen Unternehmer mit Diplom
von der Agrarhochschule verwandelt hatte, mit eigenem Speise- und Wohnzimmer,
so groß, dass die einstigen Gutsherren bestenfalls davon hätten träumen können.

Der Begriff „globales Dorf" verwundert mich gar nicht. Die postindustrielle Epoche
und eine Reihe technologischer Revolutionen kehren die uralten Zentrifugalkräfte
um: Eine Wohnung außerhalb der Agglomeration wird – wie die Villa Romana – zu
einem Zeichen von Reichtum; in den Plattenbau-Schlafstädten mit Wandheizung,
nach denen sich der Mob sehnt, hausen jene, die nicht über das nötige Kleingeld
verfügen, sich ein Anwesen mit einigen Hundert Quadratmetern Wohnfläche
kaufen zu können, eine halbe Stunde Fahrtzeit mit dem Polonez von der Firma
oder der Arbeitsstelle entfernt. Darüber ließe sich noch vieles sagen.

Die weißrussische Minderheit verwandelt sich gerade: Aus Bauern werden Akade-
miker, meist aber Neureiche. Den wachsenden Snobismus bezüglich ihrer weißrussischen Identität verdankt die Minderheit dem Nationalismus der Polen in den
Randgebieten sowie dem missionarischen Eifer katholischer Aktivisten gegenüber
Orthodoxen. Wir sollten – doch das ist jetzt ein Scherz! – dem „wahren Polen" ein
Denkmal errichten, der sich unendlich darum verdient macht, die Weißrussen vom
hundertprozentigen Polentum abzubringen – zwar ist er sich dessen nicht bewusst,
aber das spielt keine Rolle ... Die unangenehme Spezies der polnischsprachigen
Weißrussen, wahre Teufel, sind ein Ebenbild der englischsprachigen Iren ...

Die Weißrussen wurden von der unerbittlichen Geschichte zu Bauern degradiert, durch Katholisierung und Polonisierung ihres Bürgertums und bereits in früheren Jahrhunderten ihres Adels beraubt. Erst in der Gegenwart besitzen sie eine mehrdimensionale Bevölkerungsstruktur. Zwar zahlen sie dafür einen horrenden Preis, doch als Teil Europas sind sie gerettet. Zu weit sind ihre Literatur und Kunst bereits entwickelt, als dass sie wieder ganz verloren gehen könnten. Im gemischten Milieu werden sie zu Partnern. Ja, mehr noch: Die polnischen Weißrussen sind eine kleine, im Entstehen begriffene europäische Nation.

Denn sie unterscheiden sich immer stärker vom hoffnungslos russifizierten und sowjetisierten Volk der Republik Weißrussland. Beide Welten, wir und sie, kommen kaum noch miteinander in Berührung. Diese Kluft vertiefte sich einerseits durch die Integration Polens in die Europäische Union, andererseits durch den starken Drang des weißrussischen Staates in Richtung Russland. Es sei daran erinnert, dass das weißrussische Staatswesen ein klassisches postkoloniales Geschöpf ist, das zudem die Merkmale einer sozialen Republik aufweist. Weißrussland ist kein Nationalstaat; vier Fünftel seiner Bevölkerung sind ein Relikt des einstigen Sowjetvolks. Es ist also eine Art unsterbliche UdSSR, reduziert auf die Umrisse Weißrusslands. Und so wird es noch lange bleiben, wie auch der biblische Auszug der Juden aus Ägypten lange dauerte ... Wobei natürlich das Syndrom des (nicht nur sprachlich gemeinten) „Sowjetismus" mit dem Aussterben der Generation, die sich noch an das Imperium erinnert, abnimmt. Diese Menschen sind schlichtweg verstümmelt, ihre Persönlichkeit ist auf Gehorsam reduziert, der mit einem Dasein am Rand des Existenzminimums belohnt wurde. Natürlich wissen auch sie von einer besseren Welt, von Ländern des Wohlstands, doch stehen sie dem absolut gleichgültig gegenüber, so, wie Millionen polnische Fernsehzuschauer auf ihren kleinen Bildschirmen Szenen aus Hollywood betrachten: ohne einen Schatten von Neid, denn für sie bleiben diese engelsgleich überirdischen Frauen, diese königlich herausgeputzten Kerle so unerreichbar wie der Mond ... Das sind Märchen für Erwachsene.

Das Schicksal einer jeden Minderheit wird im Allgemeinen durch die Beziehung der Mehrheit zu ihr bestimmt. Lenin übernahm seine Unterscheidung zwischen den Nationalismen kleiner und großer Völker von einem westlichen Denker; der Nationalismus kleiner Völker verdient bedingungslose Toleranz, wenn nicht gar Unterstützung, denn er ist von Natur aus defensiv. Der polnische Antirussismus, der andererseits auch verständlich ist, fällt wie ein feindseliger Schatten auf die polnischen Weißrussen, die sich zumeist auf den ersten Blick nicht von den Russen unterscheiden, allein schon aufgrund ihrer – so oberflächlich das sein mag – orthodoxen Konfession. Der weißrussische Katholizismus in den Kirchen von Minsk, Mahiljou und um Hrodna befreite sich erst in letzter Zeit von dem Ruf, polnisch zu sein, und beginnt Boden zu gewinnen. Zwar liegen seine Anfänge bereits in der Romantik, doch wurde er jahrhundertelang gleichermaßen von den polnischen und den russischen Brüdern unterdrückt – aus gänzlich entgegengesetzten Gründen, wie das so üblich ist im Ringen zwischen Siegern und Besiegten.

Die – zeitweise beeindruckenden – Freiheiten in der Nationalitätenpolitik der Volksrepublik Polen resultierten aus ideologischen Erfordernissen. Deshalb

betonte damals auch niemand ein staatliches Interesse: Die Nicht-Polen wurden
als notwendiges Übel betrachtet, das sich neutralisieren lassen und bald schon im
allgemeinpolnischen Volk aufgehen würde. Besonders intensiv wurde diese Politik
in den 1970er-Jahren unter Gierek betrieben, damals wurde der Begriff von der
politisch-moralischen Einheit der Bürger der Volksrepublik Polen geprägt. Zeitgleich
redete Breschnew endlos über die Konstituierung der sowjetischen Nationalität
– nach dem Vorbild der amerikanischen – und sicher wäre es auch dazu gekommen, hätten nicht die Russen selbst Widerstand geleistet.

Vor diesem Hintergrund wurde die weißrussische Minderheit in Polen offiziell immer stärker als eine Art Anachronismus betrachtet, als ein regionales Hemmnis auf
dem Weg zur strahlenden Zukunft. So erkundigte sich Moskau bei den Warschauer
Genossen, wieso zum Henker sie diese Weißrussen behielten, die doch in der
UdSSR gerade wacker ausgerottet wurden ... Doch bald zogen Wolken über dem sozialistischen Lager auf und niemand hatte mehr Zeit, sich mit solchen Dummheiten
zu befassen. Unterdessen schien sich das Problem von selbst zu lösen. Aufgrund
des zunehmenden Alters der Landbevölkerung nahm die Bedeutung des sogenannten weißrussischen Schulwesens deutlich ab; da es nicht mehr genug Kinder gab,
wurden die Dorfschulen geschlossen. Die verbliebenen Kinder besuchten kleinstäd-
tische Schulen, in denen ein muttersprachlicher Unterricht nicht gerade erwünscht
war. Durchaus typisch waren Zwischenfälle wie folgender in der Landgemeinde
Boćki bei Siemiatycze: Die Direktorin der dortigen Grundschule, an der eine kleine
Gruppe von Kindern aus dem „russischen" Nurzec unterrichtet wurde, erreichte
mit großem Einsatz, dass die Eltern die feige Erklärung abgaben, auf den muttersprachlichen Weißrussischunterricht zu verzichten. Von irgendwelchen Veranstaltungen außerhalb des regulären Unterrichts ganz zu schweigen ... Je weiter man
von Warschau entfernt ist, umso schlechter sieht es aus. Beim Kontakt zwischen
den Ethnien sprühen die Funken, zuweilen entladen sich die Spannungen in einem
blendenden Lichtbogen (Przemyśl!) – und das in einem Land, in dem die nationalen
Minderheiten noch nicht einmal ein Prozent der Bevölkerung ausmachen.

Die weißrussische Minderheit in Polen zeichnet sich dadurch aus, dass sie nicht
allein mit dem Erhalt ihrer Identität Probleme hat, sondern zudem eine recht große
Region mit einer Reihe gesellschaftlicher und wirtschaftlicher Bedürfnisse vertritt.
So kann man nicht einfach das gesamte Gebiet wieder aufforsten und seine Bevölkerung in den Städten einer Polonisierung überlassen. Diese Zeiten sind vorbei. Sichel
und Pflug wurden von Landmaschinen und Traktoren abgelöst. Die enorm effektive
Mechanisierung ersetzt zwar die körperliche Arbeit und nimmt dem Dorf an sich
seinen Sinn, lässt aber nicht den Menschen aus der Landschaft verschwinden.
Und dieser Mensch bleibt Weißrusse. Ein Weißrusse, der sich deutlich von seinem
Vorgänger, einem verschüchterten Väterchen, unterscheidet, denn er hat einen gut
gefüllten Geldbeutel und kniet nicht mehr reflexartig vor jedem beliebigen Beamten
nieder.

Fälschlicherweise galt der Bauernstand als Motor des Nationalbewusstseins und
der Nationalbewegungen. Entstanden ist diese Vorstellung in den Vorzimmern der
bürgerlichen Salons, in denen Intellektuelle und verschiedene Verehrer des Bau-

erntums zusammenkamen. Andernfalls hätte es niemals einen Jakub Szela gegeben, und die Januar-Aufständischen wären in Władysław Reymonts Roman *Die Bauern* nicht von Bauern geschnappt worden … Kenner unterteilen die europäischen Nationen in Aristokraten, Plebejer und Bauern – ausgezeichnet versinnbildlicht durch die Polen, Tschechen und Weißrussen.

Naive, romantische Autoren beklagen das Dahinschwinden der weißrussischen Kultur, wobei sie sich dummerweise auf vergangene – vorgeblich goldene – Zeiten berufen. Das Beispiel anderer kleiner Ethnien weltweit zeigt deutlich, dass diese nur so lange unerschütterlich bestehen, wie ein Staat an ihnen lediglich ein durch Polizisten und Gerichtsvollzieher vermitteltes Interesse hat. Doch wurden die Machthaber mit der Demokratisierung von Feinden zu Partnern, und dies beschleunigt das materielle Wachstum durch zahlreiche neue Verbindungen und Abhängigkeiten, die die Marktwirtschaft (anstelle der Naturalwirtschaft) zwangsweise mit sich bringt. Die im Laufe der Jahrhunderte erstarrte traditionelle Gesellschaft zerfällt, wie wir gegenwärtig am Beispiel der polnischen Weißrussen beobachten. Zugleich machen sie einen bislang unvorstellbaren kulturellen Aufstieg durch; die Überreste der Folklore sind der Nährboden einer neuen Hochkultur. (Den Anfang macht normalerweise die Literatur: Im Umland von Białystok kommen statistisch gesehen zwei weißrussische Dichter auf jede Gemeinde – so, wie einst in Flandern jedes Wirtshaus einen eigenen Rembrandt beherbergte.)

Die Literatur, insbesondere die Dichtung, dringt am schnellsten an die Oberfläche des Lebens einer sich emanzipierenden menschlichen Gemeinschaft, so typischerweise auch bei Nationsbildungsprozessen. Unsere Weißrussen haben Schriftsteller hervorgebracht, deren Namen im literarischen Europa bereits ein Begriff sind, und damit – diese Übertreibung sei hier gestattet – Polen in ein Land mit zwei Literaturen verwandelt, wofür sich niemand schämen muss. Dieses Paradox ist für viele unverständlich: Während die weißrussische Bevölkerung beunruhigend schnell schrumpft, erlebt zugleich ihr Verlagsleben eine außergewöhnliche Blüte und es entstehen spezialisierte Strukturen mit deutlich nationaler Färbung.

Grenzt es auch immer an Leichtsinn, die Zukunft voraussagen zu wollen, so muss man doch eben dieses Risiko eingehen, um zumindest einige Verwirrungen zu vermeiden. Pläne lassen sich nie exakt verwirklichen, sind aber notwendig, um laufend Korrekturen vornehmen und halbwegs vernünftig agieren zu können. Die Assimilationsresistenz der weißrussischen Minderheit bedeutet keineswegs, dass sie zahlenmäßig weniger schrumpft – das widerspräche der Natur des gesellschaftlichen Zusammenlebens. Den Kern des Problems bildet der Übergang vom Minderwertigkeitskomplex zu einem Gefühl von Gleichwertigkeit und Partnerschaft. So romanisierte das antike Rom, wen es wollte, vom Atlantik bis zum Schwarzen Meer – mit einer Ausnahme: Die hellenistische Kultur ließ es unangetastet. Der Grieche blickte, obgleich besiegt, nicht aus der Position eines mit stinkenden Fellen bekleideten Barbaren auf den Römer. Ebenso blieb den Polen die Russifizierung nicht etwa erspart, weil sie ethnisch zu fremd waren; ihre Zugehörigkeit zum Westen rettete sie, vor allem ihr Katholizismus. Die Germanisierung hatte eine deutlich niedrigere Barriere zu überwinden, und ihren vollständigen Erfolg

verhinderte nicht das Posener Polentum, sondern die protestantische Andersartigkeit der Kulturkämpfer. Bismarck versetzte auf genial einfache Weise der Kirche
einen Schlag, und wäre sie damals gestürzt worden, dann wäre von dem sich nach
Brandenburger Vorbild modernisierenden Slawentum an Warthe, Oder und Netze
nichts übriggeblieben. Jeder Hobby-Archäologe kann bestätigen, dass die Polanen
unter Mieszko I. dem Schicksal der Westslawen nur dank der undurchdringlichen
Moore im Oderdelta entgingen, die bis heute zu katastrophalen Überschwem-
mungen neigen.

Es gibt keine objektiv verständlichen Ursachen für die Konflikte zwischen Weißrussen und Polen in Białystok – und dennoch treten sie auf. Grundsätzlich sind beide
Seiten daran schuld, doch tragen die Polen als dominierende Gruppe mit eigener
Staatlichkeit die größere Verantwortung. Eine europäische Spielregel besagt, dass
der Stärkere nachgeben und nicht auf sein absolutes Recht pochen sollte. Einem
Schwächeren Unrecht anzutun ist kinderleicht, ebenso sich ihm gegenüber zu
benehmen wie der sprichwörtliche Elefant im Porzellanladen …

In Gródek erscheint monatlich eine – übrigens hervorragend redigierte – Gemein-
dezeitschrift mit einigen wenigen Texten in weißrussischer Sprache (rund fünf
Prozent des Seitenumfangs). Zur Überraschung der Redaktion rief diese im Grunde
symbolische Geste zugunsten der zahlreichen hiesigen Weißrussen heftige Anfein-
dungen seitens der „wahren Polen" hervor. Daraufhin veröffentlichte nicht weißrussische Stimmen, die sich beschämt über diesen Schwachsinn äußerten, gossen nur
noch mehr Öl ins Feuer: Der Krawall im Namen des weißen Adlers dauerte über
ein Jahr. Und als wollte er den „wahren Polen" zu Hilfe eilen, zeichnete auch noch
der Stadtpräsident von Białystok im Herbst 1997 nur einen von zwei Schriftstellern
aus, die gemeinsam eine erfolgreiche Lyrik-Reihe mit regionalem Bezug heraus-
gaben. Gegen die Ehrung des anderen sprach seine weißrussische Nationalität.
Notfalls lässt sich noch verstehen, dass der Chef der Woiwodschaftshauptstadt nicht
gerade für seine Klugheit bekannt ist, aber unter keinen Umständen lässt sich das
zufriedene Schweigen des polnischen Kollegen moralisch rechtfertigen, der schließlich zur intellektuellen Elite zählt.

Derartige höchst ehrlose Angriffe des Großen auf den Kleinen sind einer Atmosphäre bürgerlicher Integration sehr abträglich. Der Schwächere ist immer nachtra-
gender, das ist ein psychologisches Gesetz. Natürlich könnte man auch auf jegliches
Zusammenleben pfeifen und die Weißrussen links liegen lassen, weil dieser Min-
derheiten-Firlefanz für das polnische Schicksal sowieso unbedeutend ist – dieser
Meinung ist unter anderem der „nationaldemokratische" Gemeindevorsteher in
meinem Heimatort Krynki. Nur – ist es tatsächlich so unbedeutend?

An das Gewissen von Politikern zu appellieren ist ausgesprochen dumm, das weiß
ich. Politik-Tiere reagieren nur auf Stock und Peitsche und auf die Möhre vor ihrem
Maul, nach der sie lechzen. Das weißrussische Stöckchen kommt mir lächerlich
mickrig vor und ein Möhrchen kann ich gar nicht erst entdecken. Also ruht die
ganze Hoffnung auf dem Idealismus der Brüsseler Bürokraten, die – es sind eben
Bürokraten! – sich am Einhalten von Vorschriften und am Aufstellen formaler

Anforderungen ergötzen. Also hört man: Und wie läuft es bei euch in Polen mit den Minderheiten? – Na ja, so lala.

Abschließend ein paar Gedanken dazu, was es für Charakter und Moral bedeutet, wenn man „man selbst ist", also in diesem Fall einer nationalen Minderheit angehört. Die Geschichte einer jeden solchen Minderheit setzt sich, grob gesagt, aus zwei Phasen zusammen: Zunächst gibt es den objektiven Zwang, eine Minderheit zu sein, später bleibt sie dann dabei – nun allerdings freiwillig. Unsere Weißrussen befinden sich am Anfang der zweiten Phase ihrer Existenz. Daher rührt ihre plötzliche zahlenmäßige Reduzierung auf die Schicht der Intelligenz und am gegenüberliegenden Ende auf die der Bauern, dazwischen eine unbestimmte Zahl von Zuschauern. Ein wohlgesinntes Klima ist und bleibt entscheidend für das, was ich als weißrussisches Schicksal bezeichne. Was ich damit meine: Verwandelt man sich sprachlich-kulturell zu einem Polen, so lässt man dadurch noch lange nicht den ökonomischen Weißrussen (*Albarussicus oeconomicus*) hinter sich. Noch klarer: sich zu polonisieren macht nicht reich. Für das Essen auf dem Tisch ist dies vollkommen unbedeutend (der Staat prämiert ein solches Verhalten von Individuen oder Gruppen nicht, bestenfalls der Stadtpräsident von Białystok).

Eine Minderheit zu sein ist nicht angenehm, sondern erfordert eine überdurchschnittliche Empfindsamkeit und Charakter. Wer schwach ist, erspart sich diese Anstrengung, die für das Alltagsleben nicht notwendig ist; erleichtert schwimmt er mit dem Strom.

Die Identifikation mit einer nationalen Minderheit in einer zivilisatorisch-kulturellen Situation, in der diese Identifikation einzig und allein eine Frage der Entscheidung ist – und falls es doch ein Imperativ sein sollte, dann eher ein moralischer, eine Gewissensfrage –, zwingt das menschliche Individuum zu einer permanenten geistig-intellektuellen Mobilisierung. Ständig muss man die Mehrheitsumgebung davon überzeugen, dass es nichts Besonderes ist, Weißrusse zu sein, und dass man sich damit nicht die eigene Persönlichkeitsentwicklung verbaut. Im Gegenteil, sich frei in beiden sprachlichen – und damit auch kulturellen – Welten zu bewegen, ist ein offensichtlicher Vorsprung. Gerate ich an großartige Polen, dann erlaube ich mir zuweilen den Spaß und ärgere sie damit, dass sie mir leidtun, weil ich ihnen als polnischer Weißrusse zwangsläufig überlegen bin – aufgrund meiner Bikulturalität, Zweisprachigkeit und meiner größeren Gescheitheit.

Aus dem Polnischen von Katrin Adler

Der Beitrag erschien in Sokrat Janowicz: Ojczystość [Heimatlichkeit], hg. v. Robert Traba, Olsztyn 2001, S. 210–218, Abdruck mit freundlicher Genehmigung des Verlages Borussia in Allenstein (Olsztyn).

Andriy Korniychuk, Anna Piłat,
Justyna Segeš Frelak

Zur Situation der Polonia in den Nachbarländern Polens

Einleitung

Der vorliegende Beitrag befasst sich mit der Situation der Polen in den Nachbarländern Polens, in den baltischen Staaten und in Kasachstan, aber auch mit der
Politik dieser Länder gegenüber der Polonia. Der Begriff Polonia wird hier in einem
weiteren Sinne als polnische Diaspora gebraucht, er umfasst also sowohl Menschen,
die Polen verlassen haben und jetzt im Ausland leben, als auch Personen, die im
Ausland geboren sind, aber auf ihrer polnischen Herkunft und den Verbindungen
zu Polen beharren.[1] Der von uns verwendete Begriff ist also weiter gefasst als die
Definition des polnischen Außenministeriums, die unter dem Begriff polnische
Minderheit Personen bezeichnet, für die „das Wohnen außerhalb Polens nicht Ergebnis einer individuellen Entscheidung, sondern von historischen Ereignissen ist,
die die staatliche Zugehörigkeit ihrer Heimat verändert haben. Die Polonia ist ein
Kollektiv von Menschen, die außerhalb von Polen geboren sind und deren Vorfahren Polen verlassen haben." Die beiden anderen vom polnischen Außenministerium
definierten Gruppen sind die Emigranten aus der Zeit des Zweiten Weltkrieges und
diejenigen, die im Zuge von Migrationsbewegungen nach dem EU-Beitritt Polens
2004 das Land verlassen haben.[2]

Außerhalb Polens leben gegenwärtig etwa 18 bis 20 Millionen Polen und Menschen
polnischer Abstammung. Schätzungen zufolge wurde ein Drittel von ihnen in Polen
geboren, die übrigen sind polnischer Abstammung. Am meisten Polen wohnen
in den USA (9,66 Millionen Menschen), etwas weniger in Westeuropa (ca. 4,2
Millionen Menschen, davon 1,5 Millionen in Deutschland) und in den Ländern
der ehemaligen Sowjetunion (ca. eine Million Menschen, die meisten davon – fast
300.000 – in Weißrussland).

Die Hauptziele der Politik gegenüber der polnischen Diaspora sind die Förderung
des Polnischunterrichts und die Teilhabe an der polnischen Kultur, die Stärkung der
Position polnischer Minderheiten in der Diaspora, die Hilfe bei der Rückkehr nach
Polen und beim Knüpfen von Kontakten in Polen. Beispielhafte Maßnahmen in
diesem Bereich sind etwa die Vergabe von Stipendien an Menschen polnischer Ab-

---

1 Die Begriffe „Polonia", „polnische Minderheit" und „Menschen polnischer Abstammung" werden in der vorliegenden Arbeit deckungsgleich verwendet.
2 Rządowy Program współpracy z Polską Diasporą w latach 2015–2020. Projekt [Regierungspro-
gramm für die Zusammenarbeit mit der polnischen Diaspora in den Jahren 2015–2020. Ent-
wurf], Außenministerium, Warschau, November 2014, http://www.msz.gov.pl/resource/
f5c606f6-e411-4dcb-92d7-b7483406e69c:JCR (01.08.2015).

stammung oder die Entsendung von Lehrern ins Ausland.[3] Der vorliegende Beitrag bietet einen kurzen Überblick über ausgewählte Instrumente der polnischen Politik in den Nachbarländern; dargestellt werden auch die wichtigsten Aspekte der Politik dieser Länder gegenüber der polnischen Minderheit.

Deutschland

Nach statistischen Angaben der Bundesrepublik Deutschland leben hier 1,5 bis 1,6 Millionen Menschen mit polnischem Migrationshintergrund (seit 2005 berücksichtigen die Statistiken auch eingebürgerte Ausländer), wobei polnische Schätzungen sogar von bis zu 2 Millionen Menschen ausgehen (die jüngste Welle der Arbeitsmigration umfasst ein Fünftel davon).[4]

Geht man in der Geschichte weiter zurück, kann man mehrere Wellen der polnischen Auswanderung nach Deutschland unterscheiden. Polen fanden sich vor allem im Zuge der Teilungen Polens Ende des 18. Jahrhunderts durch Preußen, Russland und Österreich innerhalb der deutschen Grenzen wieder. In Preußen lebten zu Beginn des 19. Jahrhunderts etwa 1,5 Millionen Menschen polnischer Abstammung, später stieg diese Zahl auf 2,5 Millionen. In dieser Zeit entwickelte sich die Migration innerhalb des preußischen Teilungsgebiets bzw. Deutschlands sehr dynamisch. Polen aus den Grenzgebieten (Posen, Pommerellen, Ostpreußen, Oberschlesien) zogen hauptsächlich in die Industriezentren und bildeten dort die

3   Ebd.
4   Nach den erwähnten Schätzungen leben im Ruhrgebiet (u. a. in Bottrop, Essen, Bochum, Recklinghausen, Gelsenkirchen, Düsseldorf, Duisburg, Dortmund) möglicherweise zwischen 70.000 und 200.000 Menschen polnischer Abstammung, in Berlin und Umgebung 150.000, in Hamburg 100.000, in München 15.000. In Bezug auf ihre zahlenmäßige Stärke wird die polnische Gemeinschaft nur von der türkischen und der italienischen übertroffen. Vgl. S. Nagel: Zwischen zwei Welten. Kulturelle Strukturen der polnischsprachigen Bevölkerung in Deutschland. Analyse und Empfehlungen, in: Ifa Dokumente 2009, Nr. 1, http://www.ifa.de/fileadmin/pdf/studien/polonia2009.pdf (01.08.2015).

größten Ansammlungen polnischer Bevölkerung in zentralen und westlichen Regionen Deutschlands (darunter etwa 500.000 im Ruhrgebiet). Die zweite polnische Migrationswelle erfolgte nach dem Zweiten Weltkrieg und umfasste Soldaten der polnischen Streitkräfte im Westen, Häftlinge aus Lagern, ehemalige Zwangsarbeiter (sogenannte Displaced Persons, deren Gesamtzahl auf ca. 50.000 Menschen geschätzt wird). Zu dieser Gruppe zählten sowohl Personen, die später die deutsche Staatsangehörigkeit angenommen hatten, als auch Staatenlose. Die dritte Migrationswelle erfolgte im Rahmen der Familienzusammenführung im Zeitraum zwischen 1956 und 1989. Menschen, die sich als deutsche Volkszugehörige bekannt hatten, reisten als sogenannte Aussiedler in die Bundesrepublik Deutschland aus. Ein Teil dieser Gruppe (die etwa 1 Million Menschen umfasste) behielt die polnische Staatsangehörigkeit. Die vierte Gruppe polnischer Zuwanderer stellen Personen dar mit polnischer Staatsangehörigkeit und Aufenthaltsgenehmigung in Deutschland sowie politische Emigranten, Ehepartner deutscher Staatsbürger und – in den letzten Jahren, besonders nach dem polnischen EU-Beitritt – auch Arbeitsmigranten. Nach Angaben des polnischen Außenministeriums umfasst diese Gruppe 470.000 Personen.[5]

Die Anfänge auslandspolnischer Organisationen in Deutschland reichen zurück bis ans Ende des 19. Jahrhunderts. 1922 entstand in Bochum der Bund der Polen in Deutschland, der die Interessen der polnischen Volksgruppe in der Zwischenkriegszeit vertrat. Zu Beginn des Zweiten Weltkrieges wurde er von den deutschen Behörden aufgelöst und sein Besitz konfisziert; viele seiner Funktionäre kamen in Konzentrationslager, wo Hunderte von ihnen starben. Nach dem Krieg wurde der Bund reaktiviert, aber 1952 kam es aufgrund der Kontroversen im Verhältnis zu den kommunistischen Machthabern in Warschau zu einer Spaltung. Daraufhin entstand der konkurrierende Bund der Polen „Zgoda" in der BRD, der enge Kontakte

---

5   Atlas polskiej obecności za granicą [Atlas der Polen im Ausland], Außenministerium, Warschau 2014.

zu den Machthabern in der Volksrepublik Polen unterhielt.[6] Nach dem Sturz des kommunistischen Regimes in Polen gründeten am 15. Februar 1992 16 Vereine den Polnischen Kongress in Deutschland – einen freiwilligen Zusammenschluss auslandspolnischer Organisationen in Deutschland, dessen Ziel es ist, die Mitglieder der deutschen Polonia gegenüber den Bundes- und Landesbehörden der Bundesrepublik Deutschland sowie der Regierung der Republik Polen zu vertreten sowie die Annäherung zwischen dem polnischen und dem deutschen Volk zu fördern. 1995 entstand, ebenfalls mit dem Ziel, die Interessen der Polonia zu vertreten, der Bundesverband Polnischer Rat in Deutschland, Vorsitzender war Janusz Marchwiński (derzeitiger Vorsitzender ist Aleksander Zając).

Nach neuesten Daten des polnischen Außenministeriums werden die Interessen der Polonia in Deutschland von etwa 170 bis 180 Organisationen vertreten[7], die im Bereich der Kultur tätig sind, sich mit sozialen Belangen beschäftigen oder einzelne Berufsgruppen repräsentieren (Lehrer, Rechtsanwälte, Ärzte). Polnische Stellen beurteilen den Organisationsgrad der Polen in Deutschland jedoch als niedrig und erklären dies mit spezifischen Eigenschaften dieser Migrantengruppe und aktuellen Migrationstendenzen (u. a. der fehlenden Notwendigkeit, die nationale Identität in der Fremde zu bekräftigen).[8]

Wichtigstes Instrument des Dialoges zwischen den Polen und den deutschen Behörden ist mittlerweile der Konvent der polnischen Organisationen in Deutschland, ein Gremium der Vorsitzenden von vier bundesweit tätigen Organisationen: des Christlichen Zentrums zur Förderung der polnischen Sprache, Kultur und Tradition in Deutschland, des Bundesverbandes Polnischer Rat in Deutschland, des Bundes der Polen „Zgoda" in der Bundesrepublik Deutschland und des Kongresses der deutschen Polonia.[9] Nicht vertreten im Konvent ist der Bund der Polen in Deutschland „Rodło".

In Berlin besteht zudem die Geschäftsstelle der Polonia, die nach den Beratungen am Runden Tisch 2011 und in Umsetzung der Grundsätze des Vertrages über gute Nachbarschaft und freundschaftliche Zusammenarbeit (vom 17. Juni 1991) im Jahr 2012 gegründet wurde.[10] Eine integrierende Funktion unter den Polen erfüllt die Polnische Katholische Mission, die über 60 Kirchengemeinden umfasst, in denen 23 Vereine tätig sind, was sie – neben religiösen Zentren – auch zu Orten polnischer kultureller und sozialer Aktivitäten macht. Aus Sicht polnischer staatlicher Stellen werden die Aktivitäten der Polen, die man grundsätzlich für wenig präsent in der deutschen Öffentlichkeit hält, in den Kirchengemeinden am deutlichsten.

6 M. Warchol-Schlottmann: Polonia in Germany, in: THE SARMATIAN REVIEW 2001, Bd. 21, Nr. 2.
7 Zumeist sind dies jedoch kleine Organisationen oder Vereine, die nur einen geringen Anteil der polnischsprachigen Gemeinschaft in Deutschland umfassen.
8 Atlas polskiej obecności za granicą, a. a. O.
9 Der Konvent – gegründet 1998 – ist keine formell registrierte Organisation, denn er wurde vor allem deshalb ins Leben gerufen, um für die deutsche Polonia einen gemeinsamen Standpunkt zu finden, die polnische Minderheit in den Kontakten zu den Behörden zu vertreten und Mittel für die Aktivitäten auslandspolnischer Organisationen einzuwerben.
10 Vgl. http://www.vdg.pl/attachments/article/13/O%C5%9Bwiadczenie%20Okr%C4%85g%C5%82y%20St%C3%B3%C5%82%20PL.pdf (01.08.2015).

Die Kirchengemeinden betreiben auch Sonntagsschulen, in denen polnischer Sprachunterricht für Kinder erteilt wird.

Der Vertrag über gute Nachbarschaft und freundschaftliche Zusammenarbeit von 1991, der die deutsch-polnischen Beziehungen grundlegend regelt, sichert den Polen deutscher Abstammung alle Rechte zu, die einer nationalen Minderheit gewährt werden, darunter auch das Recht zur Wahrung ihrer Identität ohne Assimilationsversuche gegen ihren Willen. Die polnische Gruppe definiert der Vertrag als „Personen deutscher Staatsangehörigkeit in der Bundesrepublik Deutschland, die polnischer Abstammung sind oder die sich zur polnischen Sprache, Kultur oder Tradition bekennen" (Art. 20). Als die deutsche Regierung 1997 das Rahmenübereinkommen des Europarates zum Schutz nationaler Minderheiten ratifizierte, zählte sie zu den nationalen Minderheiten in Deutschland nur Dänen, Friesen, Sorben und Roma und überging damit die polnische Gruppe.[11]

Dabei ist allerdings zu betonen, dass die offizielle Anerkennung einer polnischen Minderheit eine Änderung des Ratifizierungsgesetzes erfordern würde. Dieses Argument wird von den deutschen Entscheidungsträgern oft als Grund dafür angeführt, dass den Polen der Status einer nationalen Minderheit verweigert wird.[12] Diese Situation ruft Unzufriedenheit bei einigen Vertretern der polnischen Organisationen hervor, nach Meinung mancher Experten zeigt sie auch eine Ungleichbehand-

11 Die deutsche Seite betont, aus dem Nachbarschaftsvertrag gehe hervor, die Entscheidungsträger beider Seiten hätten anerkannt, dass die Rechte der polnischen Minderheit durch die Beschlüsse des Dokuments ausreichend garantiert seien. In der Praxis bedeutet dies, dass die Polen rechtlich nicht als ethnische Minderheit anerkannt sind, sondern zur Gruppe der sogenannten Einwanderer gehören. Allerdings haben sie nach der Vereinbarung zwischen beiden Regierungen das volle Recht, ihre Eigenheiten zu entwickeln und zu äußern.

12 Vgl. http://www.tvn24.pl/wiadomosci-ze-swiata,2/polacy-nie-beda-mniejszoscia-narodowa-w-niemczech,486553.html (01.08.2015).

lung der polnischen und der deutschen Minderheit in beiden Ländern. Über die unterschiedliche Interpretation des Status dieser Gruppe durch Regierungen und Politiker beider Länder wie auch durch Vertreter der auslandspolnischen Organisationen wird schon lange diskutiert, doch eine Einigung in der Sache scheint nicht in greifbarer Nähe.[13] Polnische Repräsentanten und Vertreter der Polonia sprechen seit Jahren von einer großen Heterogenität der Polen in Deutschland, ihrem schwachen Organisationsgrad und einer großen Kluft zwischen der neuen und der alten Polonia[14], weisen aber auch auf einen Mangel an fähigen Führungspersönlichkeiten hin, die die polnische Gemeinschaft mobilisieren könnten. In den Wahlorganen wie dem Bundestag oder den Landesparlamenten gibt es keine Aktivisten, die politisches Kapital aus ihrer polnischen Identität oder an die Polonia gerichteten Initiativen schlagen würden. Die Repräsentanten der polnischen Minderheit halten zudem der polnischen Regierung vor, zu wenig zur Verbesserung ihrer Situation zu unternehmen. Die Entscheidungsträger in Deutschland wiederum werfen seit Beginn der 1990er-Jahre der polnischen Minderheit Passivität, Unfähigkeit zur Kooperation sowie institutionelle Schwäche vor.[15] Dabei weisen sie darauf hin, dass sich die Aktivitäten der deutschen Regierung in den letzten Jahren hauptsächlich auf die Integration der verschiedenen Einwanderergruppen konzentrieren. Nicht ohne Bedeutung ist auch die sich vergrößernde Distanz zwischen jungen Polen, die nach Deutschland kommen, und der älteren Generation. Die neue Generation – die manchmal als „Kosmo-Polen" bezeichnet wird – verfügt über hohe interkulturelle Kompetenzen, denn sie ist nicht mit den Traumata der Geschichte belastet und nutzt aktiv innovative Formen sozialen Engagements.[16] Erwähnenswert ist auch, dass die Mehrheit der jungen Menschen, die sich kulturell betätigen, dies außerhalb der formalen Strukturen der Polonia in Deutschland tut.

Tschechien und die Slowakei

Die Frage einer polnischen Minderheit in der Tschechoslowakei tauchte nach dem Ersten Weltkrieg im Zusammenhang mit der Teilung des Teschener Schlesien auf – im Olsagebiet verblieben damals etwa 120.000 bis 150.000 Polen. Der tschechischen Volkszählung von 2011 zufolge bekannten sich 39.269 Personen zu einer polnischen Volkszugehörigkeit, 18.242 Personen besaßen die polnische Staatsangehörigkeit, zugleich gaben über 50.000 Personen Polnisch als Muttersprache an und fast 80.000 erklärten, polnische Wurzeln zu haben. Laut Schätzungen des polnischen Außenministeriums wohnen in der Tschechischen Republik ca. 130.000 Menschen polnischer Abstammung.[17] Ein wichtiges Merkmal der polnischen

---

13 Andrzej Kaluza: Zum Minderheitenstatus der polnischsprachigen Migranten in Deutschland, in: POLEN-ANALYSEN Nr. 98, 01.11.2011, http://www.laender-analysen.de/polen/pdf/Polen Analysen98.pdf (01.08.2015).

14 Niemcy, Niemcy ponad traktat [Deutschland, Deutschland über dem Vertrage], in: ANGORA 1998, Nr. 48.

15 Polskie piekło [Die polnische Hölle], in: WPROST 1995, Nr. 49; DIALOG 1996, Nr. 1.

16 E. Mansfeld, M. Szaniawska-Schwabe: Neue Mittler – Junges polnisches Engagement in Deutschland/Nowi pośrednicy – O młodych formach polskiego zaangażowania w Niemczech, in: IFA-EDITION KULTUR UND AUSSENPOLITIK, Stuttgart 2012.

17 Raport o sytuacji Polonii i Polaków za granicą 2012 [Bericht über die Situation der Polonia und der Polen im Ausland 2012], Außenministerium, Warschau 2013.

Minderheit ist ihre hohe Konzentration im Olsagebiet, in Mitteltschechien und in Prag. Erwähnenswert sind auch die Daten des polnischen Statistischen Hauptamtes, nach denen sich 2013 in Tschechien 8.000 Polen aufhielten. Das Land ist ziemlich attraktiv für polnische Arbeitsmigranten, besonders in den Grenzregionen. Polen, die nach Tschechien ausreisen, arbeiten hauptsächlich in der Industrie.

In der Tschechischen Republik sind im Allgemeinen keine Verstöße gegen die Rechte der polnischen Minderheit oder polnischer Staatsbürger festzustellen. Dank der Schulen, darunter auch Grundschulen, gelingt es, die polnischen Sprachkenntnisse bei den Kindern der Einwanderer zu bewahren; ein Problem der letzten Jahre ist jedoch die sinkende Anzahl polnischer Schüler. Seit 2000 gilt in Ortschaften, in denen die polnische Minderheit 10% der Bevölkerung stellt, das Prinzip der Zweisprachigkeit; diese wurde jedoch erst in zwei Dritteln der Gemeinden eingeführt, für die diese Verpflichtung gilt.[18] Manchmal kommt es zu Vandalismus an Schildern in polnischer Sprache, doch das sind Einzelfälle. Eine der größten Herausforderungen ist die zu geringe Anzahl polnischsprachiger Sendungen im öffentlichen Fernsehen.

Die tschechische Politik gegenüber der Polonia konzentriert sich vor allem auf die Förderung polnischer Bildungseinrichtungen, die Werbung für Polen und die polnische Kultur sowie die Zusammenarbeit mit auslandspolnischen Organisationen, von denen die meisten im Olsagebiet arbeiten und im Kongress der Polen in der Tschechischen Republik organisiert sind.[19]

Ähnlich sieht die Politik des Staates gegenüber der polnischen Minderheit in der Slowakei aus, wo die Polonia jedoch zahlenmäßig wesentlich schwächer ist. Die Bevölkerung polnischer Abstammung bewohnt das polnisch-slowakische Grenzgebiet, vor allem die Zips, Arwa (Orava) und den Kreis Tschadsa (Čadca; Goralen von Čadca). Eine weitere polnische Bevölkerungsgruppe in der Slowakei sind Migranten aus Polen, die im 20. Jahrhundert hierher zuwanderten. Ein Teil der heutigen slowakischen Polonia ist als Ergebnis von alten Migrationsbewegungen innerhalb der Tschechoslowakei anzusehen, die auch die tschechische Polonia betrafen.[20]

Bei der letzten allgemeinen Volkszählung in der Slowakei gaben insgesamt 3.084 Personen eine polnische Abstammung an. Nach inoffiziellen Daten gibt es möglicherweise sogar ca. 10.000 Polen in der Slowakei. Doch die Daten der allgemeinen Volkszählung bilden für die slowakischen Behörden die Grundlage für die Höhe der Subventionen zur Unterstützung der Minderheiten.[21] Kontroversen rief 2013 der Entwurf des Regierungsbevollmächtigten für Minderheitenfragen László Nagy hervor, der eine Senkung der Zuschüsse für die Aktivitäten von zehn nationalen

---

18 Im Bericht des Europarates über die Umsetzung der Europäischen Charta der Regional- oder Minderheitensprachen wurde festgestellt, diese Schwierigkeiten seien bürokratischer Natur.
19 http://www.wyszehrad.com (01.08.2015).
20 Vgl. http://wspolnota-polska.org.pl/polonia_w_opracowaniach/17.html (09.07.2015).
21 Vgl. http://www.polonia.sk/index.php/polonia-w-mediach/554-trudny-czas-dla-polakow-na-sowacji.html (09.07.2015).

Minderheiten in der Slowakei, darunter der polnischen, von 4,5 Millionen auf 4,25 Millionen Euro vorsah.[22]

Die Slowakei hat 2001 die Europäische Charta der Regional- oder Minderheitensprachen des Europarates unterzeichnet und ratifiziert, wonach die polnische Sprache, ebenso wie die tschechische oder die ungarische, eine geschützte Sprache ist. Zweifel weckt jedoch die Beschränkung des Verwendungsgebiets von Regional- oder Minderheitensprachen auf Kommunen, in denen eine Minderheit mindestens 20% der Bevölkerung stellt.[23]

Litauen

Den Ergebnissen der Volkszählung von 2011 zufolge leben in der Republik Litauen 200.317 Personen polnischer Nationalität[24] (6,58% der Bevölkerung dieses Landes). Die Gemeinschaft der Polen in Litauen konzentriert sich stark auf die Region Vilnius (ca. 23% der Einwohner), darin vor allem auf Vilnius, wo die Polen fast 17% der Einwohner stellen (über 88.000 Menschen), doch der größte Anteil an Polen – 78% der Bevölkerung – lebt in dem Gebiet um Šalčininkai (am meisten in den Kommunen Eišiškės und Medininkai).[25] Obwohl die Polen in Litauen die zahlenmäßig größte nationale Minderheit sind, wurden die sie betreffenden Schlüsselfragen bisher nicht gelöst, was zu permanenten Spannungen nicht nur in Litauen, sondern auch im Verhältnis zwischen Warschau und Vilnius führt. Am drängendsten sind die Fragen der Schreibweise polnischer Familiennamen, zweisprachiger Straßen- und Ortsnamen sowie des polnischen Sprachunterrichts an litauischen Schulen.[26] Ein riesiges Problem, mit dem die polnische Minderheit in Litauen zu kämpfen hat, ist auch der eingeschränkte Zugriff auf polnischsprachige Medien, darunter die in Polen erscheinende Presse. Noch bis vor Kurzem – bis dies durch Polen eingeschränkt wurde – war beispielsweise der Empfang des staatlichen polnischen Fernsehens möglich, der gegenwärtig stark erschwert ist.

Die Polen in Litauen sind in einigen Organisationen der Polonia organisiert, die größte davon ist der Bund der Polen in Litauen. Die größte Partei, die die Polen in Litauen vertritt, ist die Wahlaktion der Polen in Litauen, die im litauischen Parlament sitzt, von Funktionären des Bundes der Polen in Litauen ins Leben gerufen wurde und bis heute enge Beziehungen zu diesem unterhält. Die Wahlaktion der Polen in Litauen, die 1994 gegründet wurde, ist im Prinzip die einzige nennenswerte Vertretung der polnischen Minderheit in Litauen. Ein Monopolist besonderer Art ist auch der Europaabgeordnete Waldemar Tomaszewski, Vorsitzender und

22 Kłopoty Polaków na Słowacji. Polskie MSZ „monitoruje" sytuację [Probleme der Polen in der Slowakei. Das polnische Außenministerium „beobachtet" die Situation], 31.01.2013, http://www.rp.pl/artykul/975931.html?print=tak&p=0 (09.07.2015).
23 Vgl. http://wyszehrad.com/slowacja/kultura/jezyki-mniejszosci (09.07.2015).
24 Litauisches Amt für Statistik, 2011, http://statistics.bookdesign.lt/dalis_04.pdf (09.07.2015).
25 Ebd.
26 Im Zusammenhang mit der Forderung, polnische Straßennamen zu entfernen, werfen die Polen den litauischen Behörden die Verletzung des Rahmenübereinkommens der EU vor. Das litauische Verwaltungsgericht wies die Entfernung der Schilder bis zum 14. Oktober 2009 an, in einigen Ortschaften wurde diese Anweisung jedoch nicht ausgeführt.

Władysław Kozakiewicz

Der erfolgreiche Stabhochspringer wurde am 8. Dezember 1953 in Šalčininkai (Sassenicken)
– damals Sowjetunion, heute Litauen – geboren. Ende der 1950er-Jahre zog die Familie nach
Gdynia.
Bei den Olympischen Spiele 1980 in Moskau gewann Kozakiewicz die Goldmedaille im
Stabhochsprung und stellte einen neuen Weltrekord auf. Der Wettkampf um den ersten Platz
wurde jedoch aus einem anderen Grund zu einem einzigartigen Ereignis. Das vier Stunden
dauernde Finale wurde zwischen dem Russen Konstantin Wolkow, Władysław Kozakiewicz
und einem anderen Polen, Tadeusz Ślusarski, ausgefochten. Dabei versuchte das sowjetische
Publikum, Kozakiewicz und Ślusarski durch Skandierungen, Pfiffe und Buhrufe aus der Ruhe
zu bringen. Als Kozakiewicz die Weltrekordhöhe von 5,78 Metern übersprang, revanchierte
er sich beim Publikum. Unmittelbar nach dem Sprung reckte er seine rechte Faust in die
Höhe und schlug sich mit der linken Hand auf den Oberarm – diese Geste ist in Polen bis
heute als Kozakiewicz-Geste in Erinnerung geblieben.

Gesicht der Partei ohne Unterbrechung seit 1999. Die entschieden prorussische[27]
Linie Waldemar Tomaszewskis und das über viele Jahre andauernde Monopol
der Partei führen jedoch in den letzten Jahren zu immer stärkeren Spannungen
innerhalb der Organisationen der Polonia in Litauen und zu einem wachsenden
Konflikt mit einem Teil der Vertreter des polnischen Staates, darunter auch dem
Senatsmarschall Bogdan Borusewicz[28], der nicht nur ein Treffen mit dem langjährigen Vorsitzenden der Wahlaktion der Polen in Litauen verweigerte, sondern auch
die Aktivitäten dieser Organisation missbilligte. Statt mit der größten polnischen
Partei in Litauen traf sich Bogdan Borusewicz unter anderem mit jungen Vertretern
des Polnischen Diskussionsklubs, was in Kreisen der Polonia, die mit der Wahlaktion der Polen in Litauen verbunden sind, ausgiebig kommentiert wurde. Die
Funktionäre warfen dem Senatsmarschall unter anderem vor, „die Einheit der Polen
in Litauen zu zerstören". Eines der Parteimitglieder und zugleich der Vizepräsident
des litauischen Parlaments, Jarosław Narkiewicz, kommentierte das Treffen mit dem
Polnischen Diskussionsklub folgendermaßen: „Ich denke, jedermann möchte, dass
die Aktivitäten des polnischen Staates in Bezug auf die Landsleute in der ganzen
Welt die Polen einen und verbinden und nicht das Gegenteil davon. Die polnische
Gemeinschaft bei uns in Litauen ist organisiert und stellt eine Kraft dar wie keine
andere polnische Gemeinschaft. In den meisten Ländern außerhalb Polens sind die
Gemeinschaften der Polen gespalten. Ich glaube, dass die Vertreter des polnischen
Staates sich die Frage stellen sollten, was für eine polnische Gemeinschaft sie in
Litauen sehen wollen."[29] Es war nicht das erste Mal, dass der Senatsmarschall sich
nicht mit Vertretern der Wahlaktion der Polen in Litauen traf und öffentlich der
ganzen Partei, besonders aber Waldemar Tomaszewski die Leviten las.

Die Wahlaktion der Polen in Litauen ist zweifellos eine stark umstrittene Partei,
aber viele Jahre lang wurde sie von der polnischen Regierung toleriert und von den

27 So bildete u. a. bei den Kommunalwahlen die Koalition der Wahlaktion der Polen in Litauen mit
    der „Allianz der Russen" die gemeinsame Liste „Block Waldemar Tomaszewski".
28 Vgl. http://zw.lt/wilno-wilenszczyzna/narkiewicz-borusewicz-rozbija-jednosc-polakow-na-litwie
    (09.07.2015).
29 Vgl. http://wyborcza.pl/1,75477,17760740,Polacy_na_Litwie___koniec_fikcyjnej_jednosci.
    html#ixzz3fELIxQGm (09.07.2015).

Wählern in Litauen unterstützt. Gegenwärtig jedoch hat sie deutlich an Popularität eingebüßt, sowohl in Polen als auch in Litauen; erstmals kritisierte auch
ein hochrangiger polnischer Politiker offiziell die politische Linie von Waldemar
Tomaszewski. Da die Wahlaktion der Polen in Litauen immer noch die wichtigste
politische Kraft der polnischen Minderheit ist, ihr gegenüber kritisch eingestellte
politische Kreise wiederum, die unter anderem mit dem Online-Radio „Znad Wilii"
und dem Polnischen Diskussionsklub verbunden sind, noch keine reale Kraft, keine
entsprechende Vertretung und Wählerschaft haben, bleibt die Partei von Waldemar Tomaszewski sowohl für die polnische als auch für die litauische Regierung
Hauptpartner bei den Gesprächen über die polnische Minderheit. Der Konflikt, der
um den letzten Besuch des Senatsmarschalls entbrannt ist, hat enorme Probleme
offenbart, mit denen die polnische Minderheit zu kämpfen hat – erstens mit ihrer
internen Spaltung und dem Fehlen einer ernsthaften Alternative zu der einen
Partei, die die Interessen der Polen in Litauen vertritt, zweitens mit der Schwäche
der polnischen Regierung, die keine langfristige Strategie zur Unterstützung der polnischen Minderheit in Litauen vorzuweisen hat.

Lettland und Estland

In Lettland wohnen Polnischstämmige vor allem im südöstlichen Teil des Landes
und in der Hauptstadt Riga, wobei sich die zahlenmäßig stärkste Konzentration der polnischen Minderheit in Dünaburg (Daugavpils), unweit der Grenze zu
Weißrussland und Litauen, findet, wo ca. 18.000 Polen leben (15% der Einwohner
der Stadt). 2013 waren in Lettland offiziell 48.960 Polen registriert, davon besaßen 37.640 (77%) die lettische Staatsbürgerschaft, 9.917 Personen (20%) waren
staatenlos.[30] In Lettland leben sowohl Vertreter der alten polnischen Migration
(Nachkommen von Siedlern aus dem früheren Livland sowie Polen, die vor dem
Zweiten Weltkrieg als Saisonarbeiter in das Gebiet des heutigen Lettland gekommen
waren) als auch Polen, die nach 1945 im Rahmen von Wanderungsbewegungen
aus anderen Sowjetrepubliken kamen. Die letzte Welle polnischer Migranten
wurde in hohem Maße russifiziert und verwendet heute im Alltag mehrheitlich die
russische Sprache (zu Beginn der 1990er-Jahre benutzten lediglich 30% von ihnen
das Polnische als Muttersprache).[31] Diese Gruppe war auch gegenüber dem 1991
gegründeten unabhängigen lettischen Staat wesentlich skeptischer eingestellt, was
man von den Nachkommen der alten Migration nicht sagen kann, die die Letten bei
ihren Bestrebungen zur Gründung eines eigenen Staates nach dem Zerfall der Sowjetunion konsequent unterstützten. Dies schlug sich sehr deutlich in der Situation
beider Gruppen im neuen lettischen Staat nieder. Das unabhängige Lettland – das
nur mit Mühe die eigene Gesellschaft zusammenhalten konnte, in der die Letten
nach Erlangung der Unabhängigkeit 1991 gerade einmal die Hälfte der Bevölkerung
stellten – führte viele rechtliche Regelungen ein, die auf eine größtmögliche nationale Homogenisierung abzielten. Um die autochthone lettische Bevölkerung zu stär-

---

30 Daten des lettischen Amtes für Statistik (Centrālā statistikas pārvalde, CSP), http://www.csb.
    gov.lv/en/statistikas-temas/population-census-2011-key-indicators-33613.html (08.09.2015).
31 M. Głowacka-Grajper: Zbiorowości polskie w zachodnich republikach byłego ZSRR [Die polni-
    schen Gemeinschaften in den westlichen Republiken der ehemaligen UdSSR], Studia BAS 2013,
    Nr. 2.

ken und die Bedeutung der lettischen Sprache zu betonen, machte man nach den neuen Gesetzen den Erhalt der Staatsbürgerschaft vom Bestehen einer lettischen Sprachprüfung abhängig. Da die Nachkommen der alten Migration das Lettische oft perfekt beherrschten, hatten sie damit keinerlei Schwierigkeiten, während dies für die Vertreter der Migration aus der Zeit der Sowjetunion ein echtes Hindernis darstellte. Die Bedingung der Sprachkenntnis wurde für sie *de facto* zu einem Ausschlusskriterium. Infolgedessen blieben viele in Lettland lebende Polen ohne lettische Staatsangehörigkeit und hatten gleichzeitig auch keine andere, denn die meisten von ihnen hatten nach dem Krieg die polnische Staatsangehörigkeit nicht zurückerhalten – offiziell haben sie somit den Status von Staatenlosen, was eines der größten Probleme der polnischen Minderheit in Lettland darstellt (2013 waren davon 9.000 Personen betroffen, also ca. 20% der polnischen Minderheit).[32] Diesen Menschen wurde zwar ein dauerhaftes Aufenthaltsrecht in Lettland eingeräumt, das ihnen die meisten Rechte garantiert, die auch lettische Staatsbürger haben, allerdings ohne das Wahlrecht und die Möglichkeit, in der öffentlichen Verwaltung zu arbeiten. Die Situation der polnischen Minderheit in Lettland ist jedoch nicht nur wegen der oft fehlenden Lettisch-Kenntnisse schwierig, sondern auch wegen der schwindenden Fähigkeit, sich des Polnischen zu bedienen. Nach Jahren, in denen die polnische Sprache unterdrückt wurde und es keine Möglichkeit gab, sie in der Lettischen Sowjetrepublik zu erlernen, ist die Kenntnis dieser Sprache innerhalb der polnischen Diaspora in Lettland gegenwärtig nur schwach verbreitet. Das Polnische ist nicht Unterrichtssprache an den polnischen Schulen in Lettland und wird auch zur Verständigung im privaten Bereich oft nicht verwendet, daher ist das Sprachkriterium für die polnische Minderheit in Lettland heute nicht der ausschlaggebende Faktor (ähnlich wie auch bei der polnischen Minderheit im benachbarten Estland). Als wesentlich stärkerer Faktor für das Bekenntnis, polnisch zu sein, gilt – neben der polnischen Abstammung – die Zugehörigkeit zur römisch-katholischen Kirche. In Lettland bekennen sich knapp 20% der Bevölkerung zum Katholizismus, die Polen stellen 12% aller Gläubigen.[33]

Am aktivsten von den lettischen Organisation der Polonia ist – ähnlich wie in den Nachbarländern – der Bund der Polen in Lettland (hervorgegangen aus dem Klub der Polnischen Kultur „Polonez"); Beachtung verdient auch die Tätigkeit des Zentrums für Polnische Kultur in Dünaburg, der Stadt mit der größten Anzahl polnischer Einwohner.[34] Außerdem gibt es in Lettland sechs polnische Grundschulen, eine polnische Realschule und ein polnisches Gymnasium. Neben dem Bund der Polen in Lettland sind auch kleinere Organisationen recht aktiv, beispielsweise der Bund junger Polen in Lettland und die Liga polnischer Frauen.[35] Die Vereine der Polonia konzentrieren sich hauptsächlich darauf, die Tätigkeit der von ihnen betriebenen Schulen zu gewährleisten und die Russifizierung eines Teils der Polen rückgängig zu machen, insbesondere von Menschen, die aus anderen Gebieten der ehemaligen Sowjetunion zugezogen sind. Ungeachtet der Frage der Staatsangehörig-

---

32 Ebd.
33 Ebd., S. 57.
34 http://www.ckp.lv (08.09.2015).
35 Polnische Organisationen in Lettland – vgl. http://www.ryga.msz.gov.pl/pl/wspolpraca_dwustronna/polacy/organizacje (08.09.2015).

keit ist zu konstatieren, dass die polnisch-lettischen Beziehungen konfliktfrei verlaufen und sich die polnische Minderheit in Lettland ohne größere Probleme entfalten kann, was auch Ausdruck der sehr ordentlichen Beziehungen zwischen Warschau und Riga ist; bezeichnenderweise absolvierte der neugewählte polnische Präsident Andrzej Duda seinen ersten Staatsbesuch im Ausland in Lettland.

Die Polen stellten niemals eine große Minderheit in Estland – nach den neuesten Statistiken leben in diesem Land gegenwärtig ca. 3.000 Menschen polnischer Abstammung, die seit dem Zerfall der Sowjetunion den Status einer nationalen Minderheit besitzen. Fast die Hälfte der Polen in Estland lebt in der Hauptstadt Tallinn; größere Ansammlungen von Polen gibt es auch in anderen größeren Städten (Tartu, Narva, Valga, Ahtme, Pärnu). Die in Estland lebenden Polen gehören überwiegend der römisch-katholischen Kirche an, was auch eines der Kriterien für die Zugehörigkeit zur polnischen Minderheit darstellt, ähnlich wie bei der polnischen Diaspora in Lettland; polnische Sprachkenntnisse sind in dieser Gruppe relativ schwach vertreten. Die meisten der in Estland lebenden Polen bedienen sich im Alltag des Russischen (67%), viel weniger des Polnischen und nur wenige des Estnischen (5%). Nach den Daten der estnischen Volkszählungen ist die Verbreitung der polnischen Sprache unter den Polen jahrelang systematisch zurückgegangen, hauptsächlich zugunsten des Russischen, was jedoch keine Abnahme der Identifikation mit dem polnischen Volk zur Folge hatte. Ähnlich wie in Lettland hat sich auch in Estland nach 1991 die Anzahl der Polen verringert. Ein Grund dafür war vor allem die Ausreise nach Polen, einerseits wegen der besseren ökonomischen Perspektive, andererseits wegen der fehlenden Möglichkeiten, die estnische Staatsbürgerschaft zu erhalten.

Dafür, dass es sich um eine relativ kleine Minderheit handelt, sind die Polen in Estland sehr gut organisiert. Aktiv sind in diesem Land gegenwärtig der Bund der Polen in Estland (bis 1995 unter dem Namen Gesellschaft der polnischen Kultur „Polonia" tätig) und der Verein Polen-Estland. Die Aktivität der polnischen Kulturvereine ist umso wichtiger, als – wie erwähnt – unter den in Estland lebenden Polen die Verbreitung der polnischen Sprache zurückgeht.

Kasachstan

Die polnische Minderheit in Kasachstan besteht aus den Nachkommen der Polen, die sich nach dem Zweiten Weltkrieg außerhalb der Grenzen Polens, vor allem auf dem Gebiet der früheren Sowjetunion, wiederfanden. Manchen gelang es in den 1940er- und 1950er-Jahren, nach Polen zurückzukehren, den übrigen war die Möglichkeit einer Rückkehr für viele Jahre verbaut und tat sich erst wieder nach dem Zerfall der Sowjetunion und den Systemveränderungen in der Region auf. Heute wird die Anzahl der Polen in Kasachstan auf ca. 50.000 geschätzt, aber die Repatrianten aus den ehemaligen Sowjetrepubliken stellen nur 5% der legal nach Polen kommenden Migranten.[36] Die Geschichte der Umsiedlung von Polen nach

36 J. Elrick, J. Frelak, P. Hut: Polska i Niemcy wobec rodaków na Wschodzie – Polen und Deutschland gegenüber ihren Diasporas im Osten, Instytut Spraw Publicznych, Warschau 2006, S. 19.

Anna German

Anna German, geboren am 14. Februar 1936 im heutigen Usbekistan, zählte im Polen der 1960er Jahre zu den populärsten Sängerinnen. Sie stammte aus einer russlanddeutschen Familie, die im Rahmen der Stalinschen Säuberungen nach Mittelasien deportiert wurde. Durch die Heirat ihrer Mutter mit einem Angehörigen der polnischen Armee, der kurz darauf im Krieg fiel, gelangte die Familie 1946 nach Breslau. Anna sprach damals Russisch und Deutsch, aber kaum Polnisch. Nach Abschluss ihres Geologie-Studiums nahm sie an zahlreichen Gesangswettbewerben teil. Mit ihrer Single *Gi* gelang ihr der internationale Durchbruch. Fortan tourte sie als eine der wenigen Sängerinnen, die auf Russisch und Polnisch sangen, durch Westeuropa und Nordamerika. 1982 erlag Anna German in Warschau einem Krebsleiden. Auch mehr als drei Jahrzehnte nach ihrem Tod ist die Sängerin im kollektiven Bewusstsein der polnischen und russischen Bevölkerung noch sehr präsent. 2012/13 wurde in Polen und Russland eine mehrteilige Fernsehserie über ihr Leben ausgestrahlt, die sich großer Beliebtheit erfreute.

Sibirien und in Gebiete des heutigen Kasachstan geht zurück bis ins 19. Jahrhundert und die Verbannungen in der Zeit des zaristischen Russlands, von denen vor allem Nachkommen der Aufständischen, freiwillige Siedler und demobilisierte Soldaten aus dem russischen Teilungsgebiet sowie ehemalige Kriegsgefangene des Ersten Weltkrieges aus der preußischen und der österreichischen Armee betroffen waren. Ihren Höhepunkt erreichten die Deportationen jedoch 1936 und in den Jahren von 1939 bis 1941, als ca. 250.000 Polen weit in das sowjetische Hinterland verbannt wurden. Eine erste Welle der Deportationen erfolgte nach der Liquidierung der beiden autonomen polnischen Nationalen Bezirke „Marchlewski" und „Dserschinski" auf dem Gebiet der entstehenden Sowjetunion; eine zweite aus Gebieten, die nach dem 17. September 1939 von der Zweiten Polnischen Republik abgetrennt und der Ukrainischen und Weißrussischen Sowjetrepublik einverleibt wurden, als hauptsächlich Vertreter der polnischen politischen und intellektuellen Eliten sowie Vertreter der öffentlichen Verwaltung aus den Gebieten der heutigen Westukraine deportiert wurden. Ein beträchtlicher Teil der polnischen Diaspora in Kasachstan hat somit niemals in Gebieten gelebt, die zum heutigen Polen gehören, denn er wurde aus Teilen der heutigen Westukraine ausgesiedelt. Daher war die von den deportierten Polen aus dieser Region mitgebrachte Kultur großenteils eine Mischung aus polnischer und ukrainischer Kultur.[37]

Nicht zu vergessen sind auch die Polen, die freiwillig – aus ideologischen Gründen und unter dem Einfluss der kommunistischen Propaganda – in den 1950er- und 1960er-Jahren nach Zentralasien zogen, um sich in den dortigen Sowjetrepubliken anzusiedeln.

Die erste Phase der Repatriierung aus Kasachstan erfolgte nach der politischen Wende 1991. Der Zerfall der Sowjetunion hatte eine Neuorientierung der kasachischen Politik gegenüber den nationalen und ethnischen Minderheiten zur Folge, was unmittelbar mit dem Aufbau des neuen Staates zu tun hatte; dessen Erfolg hing von einer weitgehenden sprachlichen und kulturellen Homogenisierung ab, die sich auf

37 P. Hut, Ł. Żołądek: Repatrianci i polityka repatriacyjna [Repatrianten und Repatriierungspolitik], Studia BAS 2013, Nr. 2, S. 87.

eine einzige ethnische Gruppe stützte, die Kasachen, während zugleich die Rechte
anderer nationaler Minderheiten (darunter auch der Polen) eingeschränkt wurden.
Die einschneidenden politischen Veränderungen auch auf dem Arbeitsmarkt (eine
Bevorzugung von Arbeitskräften kasachischer Nationalität) sowie Reformen in
Bezug auf Bildungswesen und Nationalsprache hatten einen Niedergang der nicht-
kasachischen ethnischen und nationalen Gruppen zur Folge. Die neue Politik in der
Region löste eine massenhafte Wanderungsbewegung von Juden, Deutschen und
Russen, aber auch Polen aus; Letztere hatten jedoch – hauptsächlich wegen man-
gelnder rechtlicher Regelungen – bis 1997 keine Möglichkeit, als Repatrianten nach
Polen zurückzukehren. Die Angst vor ethnischer Diskriminierung in Kasachstan
wird, neben der schlechteren ökonomischen Situation, als einer der Hauptfaktoren
für die Rückwanderung angegeben.

Die Frage der Repatriierung

Wie bereits erwähnt, gab es bis 1997 in Polen keine rechtlichen Rahmenbedingungen für die Repatriierung von Polen, die deshalb wie Ausländer behandelt
wurden. Diese Situation änderte sich erst mit Inkrafttreten des Ausländergesetzes
1997[38] sowie des Gesetzes über die Repatriierung im Jahr 2000.[39] Das Gesetz über
die Repatriierung – wenngleich ein wichtiger Schritt in Richtung einer Wiederherstellung des Repatrianten-Status – engte die Definition einer Person, die eine
Repatriierung beantragen konnte, beträchtlich ein. Während sie vorher alle in den
ehemaligen Sowjetrepubliken zurückgebliebenen Polen betraf, umfasste sie im Jahr
2000 nur noch Personen, die in den Republiken Zentralasiens und des Kaukasus
lebten[40], und schloss somit Bewohner der Ukraine und Weißrusslands sowie anderer Länder mit einer nennenswerten polnischen Minderheit aus. Der Ausschluss
einer so großen Gruppe von Polen von einer möglichen Rückkehr in die Heimat im
Rahmen einer Repatriierung löste entschiedene Proteste auslandspolnischer Kreise
aus, denen es letztlich jedoch nicht gelang, die Veränderung der rechtlichen Grundlagen zu verhindern.

In den Jahren 1997 bis 2000 kamen aufgrund des Ausländergesetzes 1.972 Menschen nach Polen; das Innenministerium besitzt jedoch keine Daten über die
einzelnen Herkunftsländer (einschließlich Kasachstan), denn es veröffentlicht nur
die Gesamtzahlen für alle Repatrianten.[41] Nach dem Inkrafttreten des Gesetzes über
die Repatriierung ging paradoxerweise die Anzahl der Repatrianten stark zurück,
teilweise weil Bürger der Ukraine und Weißrusslands vom Repatriierungsrecht ausgeschlossen wurden, teilweise auch wegen der schwer zu erfüllenden Bedingungen,

---

38 Ausländergesetz vom 25. Juni 1997 (Dziennik Ustaw von 1997, Nr. 114, Pos. 739).
39 Gesetz über die Repatriierung vom 9. November 2000 (Dziennik Ustaw von 2000, Nr. 106,
    Pos. 1118).
40 Das Gesetz zog eine klare Grenze zwischen Personen, die als Repatrianten anerkannt sind,
    und denen, die nicht anerkannt sind. Die Polen in den ehemaligen Ostgebieten (in der Ukraine
    und Weißrussland) betrachten sich selbst jedoch als Repatrianten, daher rief das Inkrafttreten
    des Repatriierungsgesetzes, in dem sie nicht berücksichtigt wurden, bei den Organisationen der
    Polonia in der Ukraine und Weißrussland heftige Proteste hervor.
41 Daten des Innenministeriums, vgl. http://ww2.senat.pl/k7/dok/sten/oswiad/skurkiewicz/
    7805°.pdf (01.08.2015).

die das neue Gesetz an die polnischen Kommunen und die Repatrianten selbst stellte. In den ersten zehn Jahren nach Einführung des Repatriierungsgesetzes zwischen
2000 und 2010 kamen nur 4.245 Personen im Rahmen der Repatriierung nach
Polen. Zudem ging die Anzahl der Repatrianten Jahr um Jahr zurück; im Jahr 2007
kamen zum Beispiel 243 Personen nach Polen, 2012 halbierte sich diese Zahl noch
einmal auf nurmehr 123 Personen. Wie der Bericht der Obersten Kontrollkammer
zeigt, steigt die Anzahl der Personen, die eine Zusage für ein Visum erhalten haben,
aber diese können sich nicht in Polen niederlassen, da die Bedingungen dafür nicht
gegeben sind – es fehlt an Wohnungen und Unterhalt. Bis 2007 wurden 1.476 solcher Zusagen für ein Visum erteilt, 2012 stieg diese Zahl auf fast 2.000. Trotz der
ungünstigen Bedingungen sind immer noch mehr als 2.500 Ausländer polnischer
Abstammung an einer Repatriierung nach Polen interessiert, jedoch ist anzunehmen, dass auch diese Zahl systematisch abnehmen wird. Nach Berechnungen der
Obersten Kontrollkammer würde eine im bisherigen Tempo durchgeführte Repatriierung noch länger als 16 Jahre dauern, was für viele Polen in Kasachstan und
anderen Ländern die Idee der Repatriierung *ad absurdum* führen würde.[42]

Vor allem wegen der geringen Zahl von Repatriierten wurde das betreffende Gesetz
von vielen Fachleuten als missraten bewertet. Die Repatrianten aus Zentralasien,
hauptsächlich aus Kasachstan, wo die größte Gruppe der Polen lebt, sind – zumindest in der Theorie – die vom polnischen Staat privilegierteste Migrantengruppe,
und die Notwendigkeit, die Repatrianten aufzunehmen, wurde und wird weiterhin
im politischen Diskurs als moralische Verpflichtung dargestellt, so zum Beispiel in
dem Dokument *Polityka Migracyjna Polski – stan obecny i postulowane działania*[43]
(Die Migrationspolitik Polens – aktueller Stand und geforderte Maßnahmen). Das
Repatriierungsgesetz ist jedoch keine erfolgreiche Lösung, die die Repatriierung aus
Kasachstan beschleunigen könnte, stattdessen hat es deren Umfang sogar begrenzt.
Auch eine öffentliche Debatte über das Vorgehen des polnischen Staates gegenüber den in den ehemaligen Sowjetrepubliken lebenden Polen findet gegenwärtig
nur ganz am Rande statt. Dieses Thema findet man weder in den Programmen
der politischen Parteien noch in den Medien. Die polnische Repatriierungspolitik
und die Resultate der bisherigen Repatriierungsaktionen sind mit Sicherheit weit
entfernt von den Erwartungen der polnischen Minderheiten, daher ist es nicht
verwunderlich, dass das Interesse an einer Repatriierung aus Kasachstan Jahr um
Jahr sinkt. Ein Teil der Repatrianten ist bereits nach Polen gekommen oder wartet
seit Jahren – aufgrund der Zusage für ein Repatriierungsvisum – vergeblich auf die
Einladung einer polnischen Kommune. Häufiger jedoch wählen potenzielle Repatrianten andere Lebens- und Migrationsstrategien, bleiben im Land ihres Wohnortes
oder emigrieren in andere Staaten. In dem bereits erwähnten Bericht der Obersten
Kontrollkammer von 2014 heißt es: „Die Ergebnisse der Kontrolle zeigen, dass die

---

42 Vgl. https://www.nik.gov.pl/aktualnosci/nik-o-repatriacji-i-osiedlaniu-sie-w-polsce-cudzoziem
cow-polskiego-pochodzenia.html (10.09.2015).
43 Polityka Migracyjna Polski – stan obecny i postulowane działania [Die Migrationspolitik
Polens – aktueller Stand und geforderte Maßnahmen], Dokument, angenommen vom Minister-
rat am 31. Juli 2012.

niedrigen Repatriierungszahlen sowohl auf fehlende rechtliche Lösungen als auch
die ineffektiven Maßnahmen der staatlichen Verwaltungsorgane zurückgehen."[44]
Die Autoren des Berichts bemerken außerdem, dass die Anzahl der Rücksiedler
systematisch sinkt und sich zudem die Wartezeit auf eine Ansiedlung in Polen
verlängert (gegenwärtig sogar auf bis zu zehn Jahre). Die größte Schwäche des Repatriierungsgesetzes ist, dass die gesamte Verantwortung für die Repatriierung den
Kommunen überlassen wird, anstatt diese auf zentraler Ebene dem Innenministerium zu übertragen. Denn es sind gerade die Kommunen, die zur Ausstellung von
Einladungen verpflichtet sind, welche dann in der landesweiten Datenbank RODAK
gesammelt werden, wo ein Repatriant mit der einladenden Kommune zusammen-
gebracht wird. In der Praxis kommen die Einladungen von den Kommunen gar
nicht in dieser Datenbank an. Grund dafür ist jedoch nicht ein Mangel an Finanz-
mitteln, die, wie der Bericht der Obersten Kontrollkammer bemerkt, in keinem Jahr
voll ausgeschöpft werden. „Das Hindernis für eine vollständige Nutzung der Mittel
ist eine ungünstige Interpretation des Gesetzes über die öffentlichen Finanzen
durch das Finanzministerium. Diese erlaubt es nicht, die Finanzmittel aus Sonderrücklagen mit Zweckbindung für andere Aufgaben der Kommunen auszuschöpfen.
Dies bedeutet, dass die Kommunen, die sich für die Repatriierung engagieren,
zusätzliche Kosten tragen, die Gelder aus den Sonderrücklagen jedoch nicht ausgeschöpft werden. Das Innenministerium erklärte dazu, es habe sich mehrmals mit
der Bitte an den Finanzminister gewandt, seinen Standpunkt in dieser Angelegenheit zu ändern, doch vergeblich."[45] Infolgedessen stellen die Kommunen, die sich
zusätzliche Kosten im Zusammenhang mit der Aufnahme von Repatrianten nicht
leisten können, keine Einladungen aus, und die Repatrianten warten endlos darauf,
dass für sie Aufenthaltsorte in Polen gefunden werden.

Die sehr schwierige Situation der polnischen Minderheiten, die von ihrem Recht
auf Repatriierung nicht Gebrauch machen können, obwohl sie dies wollen, ist
vor allem innerhalb der Polonia bekannt. 2010 brachte das Bürgerkomitee für die
Gesetzesinitiative „Heimkehr ins Vaterland", initiiert durch den Verein Wspólnota
Polska (Polnische Gemeinschaft), im Sejm den Bürgerentwurf einer Novellierung
des Repatriierungsgesetzes ein. Dem Entwurf zufolge sollte das polnische Innenministerium die Verantwortung für die Repatriierung von den Kommunalverwaltungen
übernehmen, was eine Änderung der Grundlagen des geltenden Gesetzes bedeutet
hätte. Das Innenministerium hätte auch dafür verantwortlich gezeichnet, für die Repatrianten Wohnungen für einen Zeitraum von mindestens zwei Jahren ab Erhalt der
Zusage für ein Repatriierungsvisum sowie finanzielle Hilfen für die ersten drei Jahre
des Aufenthalts in Polen zu gewährleisten. Der Entwurf wurde jedoch 2011 von der
polnischen Regierung vor allem wegen der zu hohen Kosten für die Umsetzung der
Vorschläge negativ bewertet und 2013 endgültig abgelehnt. Dies war das letzte Mal,
dass das Thema Repatriierung kurzzeitig auf der politischen Agenda stand.

---

44 Vgl. https://www.nik.gov.pl/aktualnosci/nik-o-repatriacji-i-osiedlaniu-sie-w-polsce-cudzoziem
    cow-polskiego-pochodzenia.html (10.09.2015).
45 Ebd.

Polen-Karte

Die Polen-Karte (Karta Polaka) wurde 2008 eingeführt und bestätigt dem Inhaber seine Zugehörigkeit zur polnischen Nation. Der Antragsteller muss in einem der Nachfolgestaaten der Sowjetunion (außer der Ukraine und Weißrussland) wohnen und einen polnischen Hintergrund besitzen. Mit der Karte sollen diejenigen Menschen erfasst werden, die einst polnische Staatsbürger waren, jedoch durch Verschleppung, Migrationsbewegungen und die Grenzverschiebungen des Zweiten Weltkrieges ihre polnische Staatsbürgerschaft verloren haben. Voraussetzung sind grundlegende Kenntnisse der polnischen Sprache und Kultur. Zudem muss mindestens ein Eltern- oder Großelternteil polnischer Abstammung sein. Die Polen-Karte ist nicht mit der Annahme der polnischen Staatsbürgerschaft zu verwechseln. Sie ermöglicht es jedoch, diverse Vergünstigungen bei Aufenthalten in Polen in Anspruch zu nehmen.

Ukraine

Der letzten Volkszählung zufolge leben in der Ukraine ca. 150.000 Polen, allerdings könnte ihre tatsächliche Anzahl viel höher liegen – der Verein Wspólnota Polska schätzt diese sogar auf 900.000. Die polnische Gemeinschaft lebt überwiegend im westlichen Teil der Ukraine, vor allem in den Bereichen um Lemberg, Schytomyr und Chmilnyk, also in Gebieten, die vor 1945 zur Zweiten Polnischen Republik gehörten. Wie bereits erwähnt, verloren nach Inkrafttreten des Repatriierungsgesetzes im Jahr 2000 die Polen in den ehemaligen östlichen Landesteilen die rechtliche Möglichkeit, ihre Repatriierung nach Polen zu beantragen. Eine Alternative für die polnischen Minderheiten in Armenien, Aserbaidschan, Weißrussland, Estland, Georgien, Kasachstan, Kirgisien, Litauen, Lettland, der Republik Moldau, der Russischen Föderation, Usbekistan, Tadschikistan, Turkmenistan und eben der Ukraine war das 2007 ins Leben gerufene Gesetz über die sogenannte Polen-Karte (Karta Polaka).[46] Das Angebot der Polen-Karte richtete sich – obwohl sie alle Polen umfasst, die in den ehemaligen Sowjetrepubliken leben – vor allem an Bürger der Ukraine und Weißrussland, da in diesen Staaten die meisten Polen leben. Die Annahme des Gesetzes über die Polen-Karte sollte gewissermaßen diejenigen, die in den ehemaligen polnischen Ostgebieten leben, für ihren Ausschluss von der Möglichkeit einer Repatriierung nach Polen entschädigen (zumal diese Entscheidung auf starke Proteste vonseiten auslandspolnischer Organisationen stieß); vor allem schuf sie jedoch eine rechtliche Form, die den Kontakt mit dem Mutterland ohne Annahme der polnischen Staatsangehörigkeit erleichtern sollte (was für Menschen, die in den ehemaligen Sowjetrepubliken leben – da sie nur eine einzige Staatsbürgerschaft besitzen dürfen – häufig unmöglich war). Die Polen-Karte wurde besonders attraktiv, nachdem 2014 in Polen das neue Ausländergesetz in Kraft trat, das für Personen mit der Polen-Karte die Möglichkeit vorsieht, eine dauerhafte Aufenthaltsgenehmigung zu beantragen. Diese Möglichkeit wurde aus verschiedenen Gründen von vielen Menschen genutzt, zuletzt besonders wegen des andauernden bewaffneten Konfliktes in der Ostukraine.

46 Die Polen-Karte bestätigt die Zugehörigkeit zum polnischen Volk und bietet ihrem Besitzer konkrete Privilegien, darunter gebührenfreie Aufenthaltsvisa, die Befreiung von der Verpflichtung, eine Arbeitserlaubnis in Polen zu beantragen, die Möglichkeit, ohne Beschränkungen in Polen ein selbstständiges Gewerbe zu betreiben (nach denselben Grundsätzen, die für polnische Staatsbürger gelten), die Nutzung des Bildungssystems in Polen sowie kleinere Vergünstigungen wie z. B. Ermäßigungen bei der Nutzung öffentlicher Verkehrsmittel oder beim Besuch von Kulturveranstaltungen.

Die polnische Minderheit in der Ukraine ist relativ zahlreich und gut organisiert. Sie ist stärker zersplittert als die polnische Minderheit in Litauen, was die Anzahl und Vielfalt der aktiven Organisationen angeht, hat jedoch Schwierigkeiten mit einer homogenen politischen Vertretung, die sich für die Interessen der Polen in der Ukraine starkmachen könnte. Die führenden Organisationen der Polonia sind der Bund der Polen in der Ukraine, der eine dauerhafte finanzielle Unterstützung durch den Senat der Republik Polen erhält, und die Föderation polnischer Organisationen in der Ukraine, die andere Organisationen der Polen in der Ukraine unter ihrem Dach versammelt (darunter den Bund der Polen in der Ukraine). Eine der wichtigsten Errungenschaften der Föderation ist die Gründung einer Polnischen Lehrervereinigung in der Ukraine im Jahr 1996, die die Aktivitäten aller polnischen Bildungseinrichtungen in der Ukraine bündelt. Neben der Förderung ausgewählter Organisationen durch den Senat der Republik Polen ist das grundlegende Unterstützungsmodell für die polnische Gemeinschaft in der Ukraine ein relativ dichtes Netz Polnischer Häuser, die vom Verein Wspólnota Polska geführt werden und vor allem der Organisation des gesellschaftlichen und kulturellen Lebens der Polen dienen.

Weißrussland

Nach den Russen stellen die Polen die zahlenmäßig größte nationale Minderheit in Weißrussland. Schätzungen der Konsularabteilung der polnischen Botschaft zufolge leben im Minsker Konsularbezirk, der die Kreise Minsk, Wizebsk, Mahiljou und Homel umfasst, ca. 200.000 Menschen polnischer Abstammung.[47] Komplexere Auflistungen statistischer Daten zeigen, dass die polnische Minderheit in Weißrussland möglicherweise sogar 300.000 Personen umfasst.[48]

Die Probleme mit dem Schutz der polnischen Minderheit in Weißrussland reichen zurück bis in die Nachkriegszeit, als in den 1950er- Jahren die weißrussischen kommunistischen Behörden Intellektuelle, Priester und patriotisch eingestellte Polen zur Ausreise nach Polen zwangen. In den Schulen mangelte es an polnischen Lehrern und Polonisten, die immer häufiger das Land wegen der herrschenden Repressionen verließen. Die Situation änderte sich teilweise, nachdem Weißrussland unabhängig geworden war, hauptsächlich aufgrund der Bemühungen der Polonia um die Eröffnung neuer Schulen oder die Herausgabe polnischsprachiger Publikationen.[49] Die zunehmenden Aktivitäten der polnischen Minderheit wurden vor große Herausforderungen gestellt, nachdem der prorussisch eingestellte Präsident Alexander Lukaschenko an die Macht gekommen war, dessen Politik auf eine Russifizie-

---

47   Nach Informationen der Konsularabteilung der polnischen Botschaft leben die meisten Polnischstämmigen in den Bezirken Minsk (einschließlich der weißrussischen Hauptstadt) und Wizebsk, vor allem in der Region um Braslau. Größere Gruppen von Polen wohnen auch im östlichen Weißrussland – in Baryssau, Wizebsk und Mahiljou. Kleinere Anteile Polnischstämmiger finden sich im Bezirk Homel, bei Leltschyzy und Masyr. Diese Angaben stammen aus einer vergleichenden Untersuchung über die historischen, demografischen und soziologischen Gegebenheiten der Region sowie aus kirchlichen Quellen, vgl. http://www.minsk.msz.gov.pl/pl/wspolpraca_dwustronna/polonia_na_bialorusi/?printMode=true (01.08.2015).

48   Atlas polskiej obecności za granicą, a. a. O.; http://wpolityce.pl/polityka/166319-msz-bialorus-ogranicza-nauke-jezyka-polskiego-a-niemcy-nie-uznaja-polakow-za-mniejszosc-narodowa-o-roda kach-za-granica (01.08.2015).

49   Vgl. http://polskieszkoly.org/artykuly/3/Polskosc-na-Bialorusi.html (01.08.2015).

Czesław Niemen

Czesław Niemen, geboren am 16. Februar 1939 als Czesław Juliusz Wydrzycki in dem Dorf Stare Wasiliszki bei Nowogródek im heutigen Weißrussland, gilt als einer der bekanntesten polnischen Musiker des 20. Jahrhunderts. 1959 wurde er mit seiner Familie aus Weißrussland nach Danzig umgesiedelt. Seine Karriere begann Anfang der 1960er-Jahre als Mitglied der Band Niebiesko-Czarni, deren Musik den damals populären Beatles ähnelte. 1967 veröffentlichte Niemen sein erstes Soloalbum mit der Protesthymne *Dziwny jest ten świat* (Seltsam ist die Welt), die ihm zum internationalen Durchbruch verhalf. Sein Hauptwerk, das Album *Enigmatic* aus dem Jahre 1970, war eine bis dato nicht da gewesene Synthese aus elektronischer, traditioneller und avantgardistischer Rockmusik und ließ ihn endgültig zur Legende werden. Da Niemens Texte sich an Werken von Dichtern aus der Zeit der Romantik orientierten (Juliusz Słowacki), wurde er von der polnischen Jugend und Studentenschaft der 1960er- und 1970er-Jahre zum Nationalsymbol stilisiert. 2004 erlag Czesław Niemen in Warschau einem Krebsleiden.

rung der Gesellschaft abzielt. Sichtbarstes Symptom des Drucks auf die polnische Minderheit war bisher der Versuch, die größte Organisation der Polonia, den Bund der Polen in Weißrussland, zu verbieten.

Die Situation der Polnischstämmigen in Weißrussland regeln das weißrussische Gesetz über nationale Minderheiten von 1992 (geändert 2004 und 2007) sowie der Vertrag von 1992 zwischen der Republik Polen und der Republik Weißrussland über gute Nachbarschaft und freundschaftliche Zusammenarbeit. Außerdem sichert die weißrussische Verfassung allen nationalen Minderheiten die gleichen Rechte zu, darunter das Recht, ihr historisches und kulturelles Erbe zu erhalten. Wegen der undemokratischen Machtausübung in Weißrussland sind die Rechte der polnischen Minderheit jedoch nicht garantiert. Schätzungen zufolge stellen die Polen 3,1% der weißrussischen Bevölkerung (ein Rückgang um 1% im Vergleich zu 1999).[50] Berücksichtigt man die undemokratischen Praktiken in diesem Land, sind die offiziellen Statistiken mit Vorsicht zu betrachten, dienen sie doch hauptsächlich der Betonung von Einheit und Homogenität des weißrussischen Volkes.

Der Bund der Polen in Weißrussland (vor 1990 Polnischer Adam-Mickiewicz-Kultur- und Bildungsverein) ist die größte Organisation der Polonia in Weißrussland; er zählt gegenwärtig fast 30.000 Mitglieder. Der Bund betreibt kulturelle (darunter die Renovierung von Denkmälern, Kirchen und Friedhöfen), sportliche und Bildungsaktivitäten. Seine zahlenmäßige Stärke und sein repräsentativer Charakter sind für die weißrussischen Behörden kein Hindernis, permanent Druck auf ihn auszuüben; so gibt es immer wieder Versuche, den Bund zu verbieten und aufzulösen. Als Gründe dafür wurden rechtlich-administrative Unregelmäßigkeiten (ein Teil der Dokumente seien nicht in die Amtssprache übersetzt worden) und Aktivitäten im Rahmen nichtregistrierter Strukturen genannt.[51]

50 Nach der Volkszählung von 2009 ging die Bevölkerung Weißrusslands im Laufe des vergangenen Jahrzehnts um eine halbe Million Menschen zurück (auf 9,5 Millionen Einwohner). Zugleich nahm jedoch die Anzahl der ethnischen Weißrussen um 3% zu (gegenwärtig beträgt sie 84%). Vgl. P. Hińcza: Polska mniejszość narodowa na Białorusi [Die polnische Minderheit in Weißrussland], Portal Spraw Zagranicznych, 2011.
51 Atlas polskiej obecności za granicą, a. a. O.

Die interne Situation des Bundes der Polen in Weißrussland stellt eine große Herausforderung für die dortige Polonia dar, denn seit 2005 ist die Leitung der Organisation gespalten[52], was von den weißrussischen Behörden großenteils erfolgreich genutzt wird, um antipolnische Stimmungen zu schüren. Gegenwärtig kann man von zwei Fraktionen derselben Organisation reden – dem regierungsfreundlichen Bund der Polen in Weißrussland, der von den weißrussischen Behörden unterstützt wird, und dem Bund der Polen in Weißrussland, der vom polnischen Staat anerkannt wird. Beide Fraktionen geben Publikationen heraus – die regierungsfreundliche Gruppe die Zeitschrift *Głos znad Niemna* (Stimme von der Memel), die Oppositionsgruppe die Blätter *Głos znad Niemna na Uchodźstwie* (Stimme von der Memel im Exil) und *Magazyn Polski na Uchodźstwie* (Polnisches Magazin im Exil). Die publizistische Tätigkeit der oppositionellen Fraktion ist möglich dank der finanziellen Unterstützung des Senates der Polnischen Republik sowie der Stiftung „Wolność i Demokracja" (Freiheit und Demokratie). Die Spaltung des Bundes wirkt sich jedoch negativ auf die Situation der Polen in Weißrussland aus, denn die weißrussische Regierung unterstützt nur die von ihr anerkannte Fraktion, während sie die Aktivitäten der oppositionellen Gruppe weitgehenden Einschränkungen unterwirft.

Aktivitäten im Bereich der Bildung betreibt landesweit die „Polska Macierz Szkolna" (Polnische Schulheimat), die Vertretungen in Minsk, Braslau, Wilejka, Wizebsk und Waloschyn unterhält. Lokal sind auch – hauptsächlich in Minsk und Umgebung – viele kleinere Organisationen aktiv, unter anderem der Verein „Polonia Medyczna" (Medizinische Polonia), der Kultur- und Bildungsverein „Poloniczka" (Kleine Polonia) sowie die Kulturorganisation und der Chor „Cantus Cordis"[53], die Polnischstämmigen diverse Formen von Unterstützung anbieten.

Als größte Herausforderungen für die polnische Minderheit in Weißrussland gelten die Überwindung der Schwierigkeiten in Verbindung mit dem Polnischunterricht[54] und die Pflege der polnischen Identität. Entsprechende Rechtsvorschriften (darunter der weißrussische Bildungskodex[55]) garantieren den nationalen Minderheiten in Weißrussland die Möglichkeit des Unterrichts in der Muttersprache auch an öffentlichen Schulen und Kindergärten. Die Behörden versichern, dass alle Bildungsprogramme für die polnischen Schulen und Klassen in Weißrussland nach polnischen Traditionen geführt würden. So lernten etwa im Schuljahr 2010/11 4.312 Schüler Polnisch, im Zeitraum 2011 bis 2013 waren es 4.327. An 134 Schulen besteht die Möglichkeit des Polnischunterrichts in fakultativen Fächern (im Schuljahr 2012/13 nutzten 4.756 Schüler diese Möglichkeit). Den Polnischunterricht kann man an

---

52 Nach Meinung des polnischen Außenministeriums wurde die von den weißrussischen Behörden angeordnete Nachwahl des Vorsitzenden 2005 unter Missachtung demokratischer Prinzipien durchgeführt.

53 Atlas polskiej obecności za granicą, a. a. O.

54 Nur 5% der Weißrussen polnischer Abstammung geben Polnisch als ihre Muttersprache an – für die meisten (ca. 60%) ist die Alltagssprache Russisch oder Weißrussisch. Vgl.: P. Hińcza: Polska mniejszość narodowa na Białorusi, a. a. O.; Atlas polskiej obecności za granicą, a. a. O.

55 Vgl. http://www.bntu.by/images/stories/UpravleniYa-Otdeli/Ok/SecRaspr/Kodex-MORB-2011.doc (01.08.2015).

den öffentlichen Hochschulen fortsetzen (die polnische Sprache wird auch an ausgewählten Universitäten gelehrt).

Nach Meinung polnischer Entscheidungsträger kann man jedoch gleichzeitig von Aktivitäten der weißrussischen Regierung sprechen, die auf eine Einschränkung des polnischen Unterrichts und eine Russifizierung der Polen abzielen. Im Gegensatz zu dem offiziellen Standpunkt der weißrussischen Behörden kann in der Praxis die polnische Sprache nur im Rahmen fakultativer Fächer gewählt werden, und der Polnischunterricht wird immer öfter auf Kosten der Teilnahme am Weißrussisch- und Russischunterricht gegeben, was die Schüler polnischer Abstammung benachteiligt. An den Schulen fehlen zudem polnische Lehrbücher, und die Behörden überweisen nur ungern Geld, um die entsprechenden Lehrmaterialien für die notwendigen Unterrichtsstunden bereitzustellen. Diese Situation führt dazu, dass die Verantwortung für den Polnischunterricht von den Organisationen der Polonia übernommen werden muss.[56]

Eine andere wichtige Frage, die in Weißrussland kontrovers diskutiert wird, ist die Möglichkeit, die polnische Volkszugehörigkeit mithilfe der Polen-Karte[57] zu bestätigen. Die weißrussischen Behörden zweifelten die Rechtmäßigkeit der Ausgabe von Polen-Karten an und gingen vor das weißrussische Verfassungsgericht, um die Vereinbarkeit des polnischen Gesetzes über die Polen-Karte mit dem internationalen Recht überprüfen zu lassen. In dieser Situation spielte Stanisław Siemaszko, der ehemalige Vorsitzende des regierungsfreundlichen Bundes der Polen in Weißrussland, eine zwiespältige Rolle, denn er behauptete, die Polen-Karte würde die eine Fraktion der polnischen Minderheit diskriminieren.[58] Gegenwärtig ist nur der oppositionelle Bund der Polen in Weißrussland, der offiziell von den polnischen Behörden anerkannt ist, dazu berechtigt, Bescheinigungen auszustellen, die ein aktives Engagement für die polnische Sprache und Kultur oder die polnische Minderheit bestätigen, sowie Anträge auf eine Ausstellung der Polen-Karte entgegenzunehmen und an den zuständigen Konsul weiterzuleiten.

Ganz allgemein kann die Situation der Polonia in Weißrussland nicht als positiv beurteilt werden. Obwohl sie eine der zahlenmäßig stärksten Minderheiten in dem Land darstellt und trotz der Gesetzgebung, die den Schutz ihrer Rechte garantiert, ist die Tätigkeit der Organisationen der Polonia in der Praxis einem ständigen Druck und Einschränkungen unterworfen, was sich sehr deutlich zeigt in der Spaltung des Bundes der Polen in Weißrussland, dem Fehlen entsprechender Aktivitä-

56 Der regierungsfreundliche Bund der Polen in Weißrussland gibt an, Polnischunterricht werde gegenwärtig an zwei polnischsprachigen Schulen in Waukawysk und Hrodna, in den Polnischen Häusern sowie verschiedenen Kursen und Kirchengemeinden erteilt. Schätzungen zufolge können etwa 8.000 Menschen polnischen Sprachunterricht wählen. Hrodna wurde zu einem Zentrum des Polnischunterrichts, als hier am 21. September 1996 die erste polnische Schule in Weißrussland eröffnet wurde. Außerdem betreibt die „Polska Macierz Szkolna" in Grodno ein Gymnasium, das Plätze für ca. 1.000 Schüler bietet. Erwähnenswert ist auch der Fachbereich Polnische Philologie an der Staatlichen Janka-Kupala-Universität.
57 S. Astrautsou: Dlaczego Białorusini marzą o Karcie Polaka [Warum die Weißrussen von der Polen-Karte träumen], 2014, http://eastbook.eu/2014/03/country/belarus/dlaczego-bialorusini-marza-o-karcie-polaka (01.08.2015).
58 P. Hińcza: Polska mniejszość narodowa na Białorusi, a. a. O.

ten für den Polnischunterricht und der negativen Einstellung der weißrussischen Regierung gegenüber einer möglichen Bestätigung der Zugehörigkeit weißrussischer Bürger zum polnischen Volk (Kontroversen um die Polen-Karte).

Russische Föderation

Die polnische Diaspora in Russland entstand infolge eines teils freiwilligen, teils erzwungenen Transfers der Bevölkerung ab dem 17. Jahrhundert. In der zweiten Hälfte des 19. Jahrhunderts verstärkte sich auch die Arbeitsmigration, unter anderem in den Kaukasus, den Fernen Osten und nach Mittelasien. Infolge des Ersten Weltkrieges konzentrierte sich die polnische Bevölkerung hauptsächlich in den großstädtischen Ballungsräumen von Moskau und Petrograd (heute Sankt Petersburg); ein beträchtlicher Anteil davon kehrte in den Folgejahren nach Polen zurück. Polnischstämmige, die auf dem Gebiet der Russischen Sowjetrepublik blieben, wurden in den 1930er-Jahren Opfer massenhafter Repressionen. Weitere Gruppen von Polen gerieten in mehreren Deportationswellen aus Gebieten, die nach dem 17. September 1939 von der Sowjetunion besetzt wurden, auf das Staatsgebiet des heutigen Russland. Vielen Polen gelang es jedoch, die Sowjetunion mit der Armee von General Władysław Anders 1942 oder der von General Zygmunt Berling in den Jahren 1943 bis 1945 zu verlassen. In der Zeit unmittelbar nach dem Zweiten Weltkrieg kam es zu weiteren Repatriierungswellen nach Polen, zuletzt im Zeitraum 1956 bis 1961.[59]

Bis 1988 wurden die Polen in Russland diskriminiert und besaßen keine Minderheitenrechte wie etwa das Recht, Vereine und soziokulturelle Organisationen zu gründen, Schulen zu eröffnen oder eigene Presseerzeugnisse herauszugeben. Veränderungen brachte erst die Perestroika – die Polen begannen, sich in Gruppen zu organisieren, polnischer Sprachunterricht wurde ins Leben gerufen, der Vertrieb eigener Druckerzeugnisse initiiert. 1992 wurde der Vertrag zwischen der Republik Polen und der Russischen Föderation über freundschaftliche und gutnachbarschaftliche Zusammenarbeit unterzeichnet, was auch die Kontakte der polnischen Gemeinschaft mit dem Mutterland zu intensivieren half.

Die polnische Gemeinschaft in Russland, die nach Daten der allgemeinen Volkszählung von 2010 etwa 47.000 Menschen umfasst, ist stark zerstreut und heterogen. Nach Angaben von Vertretern der Polonia ist ihre zahlenmäßige Stärke jedoch möglicherweise um ein Vielfaches größer (der Verein Wspólnota Polska schätzt ihre Anzahl auf bis zu 300.000 Personen[60]). Am meisten Polnischstämmige wohnen in Moskau, Sankt Petersburg und Tomsk, in den Gebieten Irkutsk, Tjumen, Omsk, Nowosibirsk, Amur sowie in Chabarowsk und Stawropol. In der Russischen Föderation sind 81 polnische Organisationen aktiv. Der Kongress der Polen in Russland umfasst 48 Organisationen. Im Moskauer Konsularbezirk sind 36 Organisationen tätig, im Bezirk Kaliningrad sechs. In Sankt Petersburg, wo das einzige Polnische

59 Raport o sytuacji Polonii i Polaków za granicą 2012, a. a. O.
60 Trudna sytuacja z Kartą Polaka w Rosji [Schwierigkeiten mit der Polen-Karte in Russland], Wspólnota Polska, 21. Oktober 2014, http://wspolnota-polska.org.pl/wiadomosci/Trudna-sytuacja-z-Karta-Polaka-w-Rosji,4129.html (11.09.2015).

Haus in Russland betrieben wird, gibt es einige polnische Organisationen, die um 1991 entstanden sind, und auch eine staatliche russische Schule mit erweitertem Polnischunterricht sowie einen Fachbereich Polonistik.[61]

Die meisten polnischen Einrichtungen in Russland organisieren vor allem Bildungsangebote und pflegen nationale Traditionen. Die starke geografische Zersplitterung erschwert eine Zusammenarbeit zwischen den Vereinen und Organisationen der Polonia. Die Unterstützung der Polen in Russland durch polnische Behörden umfasst vor allem die Bereiche Bildung, Kultur und die Initiierung polnischer Gruppen, wobei das größte Gewicht auf den polnischen Sprachunterricht gelegt wird.[62]

Die größten Herausforderungen für die polnischen Organisationen in Russland sind – neben der erwähnten Zersplitterung – das schwache Engagement der jüngeren Generation und die schlechten polnischen Sprachkenntnisse sowohl unter den Mitgliedern der Organisationen als auch unter den Polnischstämmigen allgemein. Die fehlenden Sprachkenntnisse (die vor allem aus der komplizierten Situation der polnischen Diaspora in der Vergangenheit resultieren) erschweren beträchtlich eine Bewerbung um die Polen-Karte und eine mögliche Repatriierung. Eine zusätzliche Hürde bei den Bemühungen um die Polen-Karte ist auch die beträchtliche Entfernung der Wohnorte von den Konsulaten (ein Problem, das nicht nur in Russland, sondern auch in Kasachstan und Zentralasien auftritt[63]). Eine Herausforderung ist auch die Erfordernis, Dokumente vorzulegen, die polnische Wurzeln belegen, denn in der Vergangenheit wurde wegen angedrohter Repressionen die polnische Nationalität sehr oft verschwiegen, ja sogar „behördlich" geändert. Obwohl die Anzahl der gestellten Anträge unvergleichlich geringer ist als in der Ukraine oder in Weißrussland, ist in letzter Zeit ein steigendes Interesse an der Polen-Karte zu beobachten, was unter anderem mit dem geänderten Gesetz über die polnische Staatsangehörigkeit zu tun haben könnte.[64]

An dieser Stelle sind auch die 2012 in Russland verabschiedeten Vorschriften über sogenannte ausländische Agenten zu erwähnen, die auch in Kreisen der Polonia große Beunruhigung hervorriefen. Ein Sondergesetz verlangte die Registrierung nichtkommerzieller Organisationen und ihre Etikettierung als „ausländische Agenten", falls sie finanzielle Mittel aus dem Ausland erhalten.[65] Nach einem Bericht von Amnesty International schränkt dieses Gesetz die Handlungsfreiheit unabhängiger Nichtregierungsorganisationen in Russland stark ein. Bereits im ersten Jahr der Geltung des neuen Gesetzes wurden über 1.000 Inspektionen durchgeführt, Dutzende von Organisationen erhielten Mahnschreiben, einige wurden mit Geldstrafen belegt oder dazu gezwungen, ihre Tätigkeit zu beenden.[66] Kontroversen rief auch der

---

61 Raport o sytuacji Polonii i Polaków za granicą 2012, a. a. O.
62 Ebd.
63 M. Wołlejko: Realizacja ustawy o Karcie Polaka w latach 2008–2011 – sukces czy porażka? [Umsetzung des Gesetzes über die Polen-Karte in den Jahren 2008–2011 – Erfolg oder Schlappe?], in: Bezpieczeństwo Narodowe 2011, Nr. 20.
64 W Rosji rośnie zainteresowanie Kartą Polaka [In Russland steigt das Interesse an der Polen-Karte], März 2015, http://rdc.pl/informacje/w-rosji-rosnie-zainteresowanie-karta-polaka (11.09.2015).
65 Trudna sytuacja z Kartą Polaka w Rosji, a. a. O.
66 Vgl. http://amnesty.org.pl/no_cache/aktualnosci/strona/article/8050.html (11.09.2015).

Begriff „ausländischer Agent" an sich hervor, der negativ konnotiert ist, ist er doch ein Synonym zu „Spion" oder „Verräter". Der stellvertretende polnische Außenminister Tomasz Orłowski erklärte dazu 2014 bei einer Sitzung des Sejm-Ausschusses für Verbindungen mit Auslandspolen: „Ein großer Teil der polnischen Organisationen wurde in diesem Zusammenhang Prüfungsverfahren hauptsächlich finanzieller Art unterworfen. Die verstärkten Kontrollen der Finanz- und Ordnungsbehörden riefen Beunruhigung innerhalb der polnischen Organisationen hervor und führten infolgedessen auch zu einer Reduzierung von Aktivitäten der Polonia."[67]

Zusammenfassung

Dem Entwurf des Regierungsprogramms zur Zusammenarbeit mit der polnischen Diaspora in den Jahren 2015 bis 2020[68] zufolge bestehen die strategischen Hauptziele des polnischen Staates gegenüber den im Ausland ansässigen polnischen Minderheiten in der Förderung des Polnischunterrichts, der Sicherstellung von Möglichkeiten der Teilhabe an der nationalen Kultur, der Unterstützung von Gruppen der polnischen Diaspora und der Förderung ihrer Aktivitäten am politischen Leben des Landes, in dem sie leben, einerseits und in der Unterstützung von Polen bei einer Rückkehr und der Erleichterung ihrer Wohnsitznahme in Polen andererseits. Diese Ziele wurden in den Nachbarländern Polens sowie in Kasachstan in unterschiedlichem Maße erreicht, was vor allem davon abhängt, ob die politischen

---

67   MSZ: atmosfera w Rosji niekorzystna dla działalności obywatelskiej, także polonijnej [Außenministerium: Die Atmosphäre in Russland ist ungünstig für bürgerschafliches Engagement und Aktivitäten der Polonia], PAP, 22. Oktober 2014, http://wiadomosci.onet.pl/kraj/msz-atmosfe ra-w-rosji-niekorzystna-dla-dzialalnosci-obywatelskiej-takze-polonijnej/w3vz5 (11.09.2015).

68   Vgl. http://www.msz.gov.pl/pl/polityka_zagraniczna/polonia/rzadowy_program_wspolpra cy_z_polonia (01.08.2015).

Bedingungen in dem jeweiligen Land günstig sind (etwa in der Ukraine) oder ungünstig (wie in Weißrussland oder Litauen), sowie von der jeweiligen Organisation der Minderheit. Was die Unterstützung von Polen bei ihrer Rückkehr nach Polen angeht, machen das Repatriierungsgesetz und dessen praktische Umsetzung, insbesondere aber der Ausschluss von Bewohnern der ehemaligen polnischen Ostgebiete (Ukraine und Weißrussland) von der Möglichkeit einer Repatriierung deutlich, dass dieses Ziel gegenwärtig noch nicht erreicht ist und dass es – falls das Repatriierungsgesetz nicht novelliert wird – auch in den Jahren 2015 bis 2020 nicht erreicht werden kann.

Aus dem Polnischen von Ulrich Heiße

Joanna Erbel

Auf dem Weg zur heterogenen Metropole. Öffentliche Kunst und Minderheitenkunst in Warschau

Künstlerische Projekte sind im öffentlichen Raum polnischer Städte zwar immer häufiger zu finden, nach wie vor aber gehorchen sie den Regeln des Skandals: Sie stellen die bestehende Ordnung infrage, sie führen neue Bedeutungen ein, sie nehmen den Fußgängern Platz weg. Selbst wenn sie auf einer Freifläche entstehen, die nur darauf wartet, mit etwas gefüllt zu werden, geraten sie mit alternativen Vorstellungen für diesen Ort in Konflikt. Anstelle der Parkbank, die man sich dort hätte vorstellen können, taucht also eine Skulptur auf, ein Teich anstelle eines Parkplatzes, eine Palme statt eines Christbaums. Man erwartete Ernst und eine Gedenkstätte für gefallene Freiheitskämpfer – und auf einmal ist da ein Strand. Oder umgekehrt. Künstlerische Projekte stellen unsere Toleranz gegenüber dem auf die Probe, was anders oder neu ist, was sich nicht in das vorherrschende logische System einfügt. Sie hinterfragen alte Bräuche und stellen kulturelle Codes infrage. Sie zeigen das, woran man sich als Gemeinschaft nicht erinnern will. Sie weisen auf das hin, was man lieber nicht sehen möchte. Sie werden bisweilen als übertrieben, unnötig oder unpassend betrachtet, am Anfang stören sie durch ihre Anwesenheit und werden dann zu einem unentbehrlichen Teil der Stadtlandschaft. Die BewohnerInnen müssen sich an sie gewöhnen, manchmal müssen sie sich erst für das Neue und Unerwartete öffnen, das die gängige Vorstellung davon überschreitet, was zu einer Stadt dazugehört. Vor allem dann, wenn sich diese Stadt in einem dynamischen Transformationsprozess befindet.

Die Transformation der Stadt

Warschau durchläuft einen dynamischen Transformationsprozess. Innerhalb der letzten zwanzig Jahre hat sich der Charakter des öffentlichen Raumes mehrfach verändert, aber erst seit Kurzem findet sich auch Platz für das, was anders ist und sich auf andere Kulturen und Deutungssysteme bezieht. Nach der Systemtransformation Anfang der 1990er-Jahre überschwemmten Feldbetten, Klapptische und Blechbuden, in denen kleine Händler alle möglichen Waren verkauften, die Warschauer Straßen und Plätze. Es entstand eine neue, aggressive Werbeästhetik, die mit grellen Slogans zum Kauf immer neuerer und immer besserer Produkte aufforderte. Als Handelszentren und Markthallen auftauchten, wurden die vielen einzelnen Verkäufer geschluckt oder verdrängt und verschwanden allmählich von den Straßen. Gleichzeitig konnte man einen Privatisierungsprozess beobachten und in der Folge die Abgrenzung von Räumen, die früher einmal öffentlich oder zumindest öffentlich zugänglich waren. Um die Jahrtausendwende wurden diese saniert und hergerichtet, es wurden saubere Freiflächen geschaffen, die je nach Wertigkeit des Ortes entweder mit Verbundpflaster, Pflastersteinen oder mit Granitplatten gestaltet wurden, so etwa die Wiech-Passage oder die Krakowskie-Przedmieście-Straße. Als Bewohne-

rInnen Warschaus erlebten wir eine schrittweise Vereinheitlichung unseres Lebens-
raumes. Die Fragmentierung der Stadt verstärkte zusätzlich das Gefühl, dass wir
von einer homogenen Masse umgeben sind, die durch das Zusammentreffen zweier
ästhetischer Programme entsteht: einer Ästhetik des von jedem Zufall gereinigten
gemeinschaftlichen Raumes (auch öffentlicher Raum genannt) – und den sich davon
unterscheidenden Ästhetiken privater Ghettos.

Im Gegensatz zu diesen Ordnungen entstanden zu Beginn des 21. Jahrhunderts im
öffentlichen Raum künstlerische Projekte. Anfangs waren es nur kleine Eingriffe
wie z. B. „Pozdrowienia z Alej Jerozolimskich" (Grüße von den Jerusalemer Alleen,
2001) von Joanna Rajkowska oder die rosa leuchtenden Hirsche hinter den Gebäu-
den der Warschauer Universitätsbibliothek (ein Projekt von Hanna Kokczyńska und
Luiza Marklowska, 2004). Mit der Zeit stieg die Zahl der Projekte und sie entwickelten sich zu einer Interventionsstrategie im urbanen Netzwerk, einem beliebten
Bezugspunkt für urbane AktivistInnen. Zufälliges wurde bewusst eingesetzt, und es
wurde mehrfach getestet, wie die BewohnerInnen auf die Begegnung mit Fremdem
reagierten. In einigen Fällen hatten die Projekte die Form einer ethnografischen
Studie, Joanna Warszas Projekt „Stadion X" lud dazu ein, den sozialen und ethnischen Raum des Stadion Dziesięciolecia (Stadion des 10. Jahrestages, benannt
nach dem 10. Jahrestag des kommunistischen Juli-Manifests) kennenzulernen.
Projekte wie Paweł Althamers „Guma" (Gummi, 2009), ein Denkmal im Stadtteil
Praga für einen gleichnamigen Alkoholiker, gemahnten an Menschen am Rande der
Gesellschaft. Künstlerische Initiativen drangen in den homogenen Raum Warschaus
ein und wurden nicht immer positiv aufgenommen. Sie sorgten für Verärgerung
und provozierten durch ihre Anwesenheit. Sie fielen aus dem Rahmen der vorherrschenden urbanen Ästhetik.

Die immer eindeutigere Präsenz von Kunst im öffentlichen Raum der polnischen
Städte wirft eine Reihe von Fragen auf, welchen Einfluss künstlerische Projekte auf
die Stadt und ihre Bewohner haben. Beeinflusst die Kunst im öffentlichen Raum die

Stadt als Ganze? Können künstlerische Projekte, die die Thematik der sozialen Ausgrenzung aufgreifen, das Verhältnis der Bewohner zu Fremdem verändern? Können Mikrointerventionen im Netzwerk der Stadt sich zu sichtbaren Veränderungen von größerem Ausmaß entwickeln? Wie ist das möglich? Gibt es einen Zusammenhang zwischen Objekten im öffentlichen Raum und der Anwesenheit verschiedener Personentypen in ihm?

Ein Kleinstadtmädchen im Zentrum Warschaus

Die Begegnung mit einem neuen künstlerischen Projekt erinnert an das Kennenlernen eines neuen Nachbarn oder einer neuen Nachbarin, die man in den kommenden Monaten oder Jahren regelmäßig treffen wird. Wenn er oder sie sich von mir unterscheidet, wird er mir das vor Augen führen, was ich aus meinem Leben nicht kenne, denn mir geht es besser oder schlechter als ihm. Wenn er aus einer anderen Kultur oder sozialen Schicht stammt, kann er mich durch seine Lebensweise verblüffen oder ärgern. Jede weitere Begegnung trägt die Hoffnung auf eine Erweiterung meines Erkenntnishorizonts in sich, aber zugleich birgt sie auch potenzielle Konflikte. Die künstliche Palme, die Joanna Rajkowska am De-Gaulle-Kreisverkehr mitten im Zentrum Warschaus aufgestellt hat, war ein solches Projekt.

Rajkowska verglich die Palme mit einem Mädchen aus der Kleinstadt, das sich in Warschau fremd fühlt. Sie unterscheidet sich von den anderen Menschen. Sie ist anders, ein bisschen unmodisch, aber äußerst sexy. Sie möchte gern hübsch aussehen, gut ankommen, in der Menge untertauchen, die Unterschiede verwischen. Manchmal gelingt ihr das, aber es gibt auch Momente, in denen sie das Gefühl der Ähnlichkeit nicht aufrechterhalten kann, weil sie sich den Friseur nicht leisten oder den Haaransatz nicht nachfärben kann. Dann schlagen das wohlwollende Interesse und das Verständnis der anderen in Gleichgültigkeit um, manchmal auch in Abneigung, wenn sie nicht den ästhetischen Normen entspricht.[1]

Die Palme, die 2001 im Warschauer Stadtbild auftauchte, war eine Exotin, eine Zugereiste; von den Stadtbehörden und den BewohnerInnen wurde sie behandelt wie ein unangemeldeter Gast, für den kein Platz vorgesehen ist. Ihr Status war zu Beginn unklar. Als künstlerisches Projekt im öffentlichen Raum passte sie nicht in die offiziellen Beschreibungskategorien für urbane Objekte. Anfangs von der Verwaltung unbemerkt, erhielt sie, nachdem die Künstlerin und Kuratorin des Projekts Kaja Pawełek viele Stunden in städtischen Behörden verbracht hatte, den offiziellen Status eines „nicht zur Straßenverkehrsführung gehörigen Objekts".[2] Sie erregte Anstoß mit ihrer exotischen Form, viele hielten sie für zu karnevalistisch und unpassend für den großstädtischen Raum. Sie wurde zum Ärgernis durch ihre Bezüge auf die jüdische Kultur und schürte so einen lokalen Antisemitismus, vor allem im Winter, wenn sie den Platz besetzte, der bis dato üblicherweise dem Christbaum vorbehalten war.

---

1   Joanna Rajkowska: Rajkowska. Przewodnik Krytyki Politycznej [Rajkowska. Führer der Krytyka Polityczna], hg. v. der KRYTYKA POLITYCZNA, Warszawa 2010.
2   Ebd., S. 32.

Die Palme repräsentierte das Fremde, Exotische und ein wenig Kitschige – von daher entsprach sie nicht der Warschauer Ästhetik. Sie stand für eine andere Vorstellung von der Metropole als die, die man aus dem Wandel im öffentlichen Raum herauslesen konnte. Sie überschritt die in der Stadt vorherrschende Logik. Anfangs war sie grün und streitlustig, aber durch Materialermüdung verlor sie ihre Blätter, und bevor sie endlich neue bekam, verärgerte sie die Passanten mit ihrem kahlen Stamm. Nur schwerlich konnte man in ihr eine Zierde sehen. Um wieder an einen exotischen Baum zu erinnern, brauchte sie die finanzielle Unterstützung der Stadt, der BewohnerInnen oder die eines privaten Investors oder einer Investorin. Nach einigen Kämpfen gelang es Rajkowska, die für die Beschaffung neuer Blätter erforderliche Summe aufzubringen. Trotz anfänglicher verbaler Attacken und einer deutlichen Ablehnung fügte sich die Palme mit der Zeit dauerhaft ins Stadtbild ein und wurde zu einem Markenzeichen von Warschau. Sie gab den Hintergrund für Hochzeitsfotos ab, und 2004 spielte sie in einem Werbespot der Grünen mit. Am 25. Juni 2007 bekam sie eine Hebammenhaube umgehängt als Zeichen der Solidarität der Warschauer mit den streikenden Krankenschwestern und Hebammen. Initiiert hatte diese Aktion Ewa Majewska.

Dass die WarschauerInnen sich an die Palme gewöhnten und sie als ein rechtmäßiges und sogar repräsentatives Objekt in der Stadt ansahen, hatte entscheidenden Einfluss auf die Erweiterung des Erkenntnishorizonts, den Jacques Rancière als „Aufteilung des Sinnlichen" bezeichnet. Die „Aufteilung des Sinnlichen" definiert, was die gegebene Gemeinschaft als rechtmäßig und gegenwärtig im öffentlichen Raum anerkennt. Sie beeinflusst wesentlich die gesellschaftlichen Beziehungen und führt zu politischen Auseinandersetzungen. Für Rancière ist Politik nicht bloß die Ausübung von Macht oder der Kampf um die Macht, sondern die Konfiguration eines spezifischen Raums, die festlegt, wer ein politisches Subjekt ist und in welchen Konstellationen und Bündnissen Entscheidungen gefällt werden können, die die Gemeinschaft betreffen. „Die Politik besteht darin, die Aufteilung des Sinnlichen neu zu gestalten, die das Gemeinsame einer Gemeinschaft definiert, neue Subjekte und Objekte in sie einzuführen, sichtbar zu machen, was nicht sichtbar war."[3] Rancière verweist auf die politische Bedeutung, die die Kunst durch die „Einrichtung einer bestimmten Raumzeit, einer Suspendierung der gewöhnlichen Formen sinnlicher Erfahrung"[4] erlangen kann. Sie trennt dadurch den materiellen vom symbolischen

3   Jacques Rancière: Die Ästhetik als Politik, in: Das Unbehagen in der Ästhetik, Wien 2007, S. 29–56, S. 35.
4   Ebd., S. 33.

Raum. Die Aufstellung der Palme im Zentrum Warschaus bedeutet die Einführung eines kitschigen und exotischen Objekts in den öffentlichen Raum, der repräsentative Aufgaben erfüllt. Rajkowskas Projekt war ein Affront gegen die Offensichtlichkeit der Trennung in das, was rein und ebenmäßig ist (also das, was eine Existenzberechtigung im öffentlichen Raum hat), und in das, was rau, rissig, struppig, organisch ist (verdrängt in den privaten Raum oder den jenseits der Stadtgrenze). Die Präsenz der Palme stand für eine Ästhetik, die entweder mit Verspieltheit und Stadtferne assoziiert wurde oder mit dem Erbe der jüdischen Kultur. Sie war etwas Unbedeutendes und befand sich an einem der Haupt-Verkehrsknotenpunkte der Hauptstadt, den, wie Roch Sulima betont, das Partisanendenkmal und die Inschrift „Die ganze Nation baut ihre Hauptstadt" an der Fassade eines Mietshauses zu einem Ort des Martyriums machten bzw. „mit dem die Warschauer die Polizei (oder die Miliz) und Streifenwagen assoziierten, in der Weihnachtszeit jedoch den Christbaum, den heute viele Passanten intuitiv suchen".[5]

Die Aufstellung eines Baumes aus einem anderen Kulturkreis durchbrach diese Logik. Sie erschütterte die Dominanz der Macht, die, wie Rancière betont, „immer auf der Offensichtlichkeit einer sinnlichen Trennung zwischen unterschiedlichen Menschheiten beruht"[6] und auf der Überzeugung, die gemeinen Leute hätten nicht

5 Rajkowska: Przewodnik, a. a. O., S. 186.
6 Rancière: Ästhetik, a. a. O., S. 42.

dieselben Sinne wie die feinen Leute. Das führte zum Ausschluss einer Ästhetik, die der Macht fremd war. Im Falle von Warschau hieß das, dass die Stadtverwaltung eine ihr fremde Ästhetik an repräsentativen Orten nicht zuließ. Die Ablehnung des Unordentlichen und des Kitsches war Anzeichen einer Politik, die untere Gesellschaftsschichten und Immigranten ausschloss und deren Spuren aus dem Zentrum von Warschau entfernte. „Die Macht der Eliten war also die Macht der gebildeten Sinne über die groben Sinne, der Aktivität über die Passivität, der Intelligenz über die Empfindung. Die Formen selbst der sinnlichen Erfahrung hatten die Aufgabe, den Unterschied der Funktionen und der Plätze mit einem Unterschied der Wesen zu identifizieren."[7]

Die Palme, die in Opposition zur vorherrschenden Ästhetik steht, setzt die Offensichtlichkeit der Aufteilung in eine Ästhetik der Macht, die auf dem Primat der Reinheit beruht, und in eine Ästhetik des Volkes, die mit Geschmacklosigkeit und mit Blamage gleichgesetzt wird, außer Kraft. Sie widerlegt ebenfalls die Überzeugung, dass eine Präsenz im öffentlichen Raum nur durch eine ästhetische Transformation, die Glättung der rauen Form oder die Unterwerfung unter die Prinzipien der herrschenden Logik ermöglicht werde, wovon die oben erwähnten Projekte in der Krakowskie-Przedmieście-Straße und der Wiech-Passage zeugen.

„Guma" aus der Stalowa-Straße

Inwieweit es ein Recht auf symbolische Anwesenheit im öffentlichen Raum gibt, ist ständig Gegenstand von Aushandlungsprozessen, die von verschiedenen gesellschaftlichen Akteuren, darunter auch Künstlern, geführt werden. Künstlerische Projekte, die von diesen Prozessen betroffen sind, entstehen aus den Visionen ihrer Schöpfer oder – wie bei Paweł Althamers Projekt „Guma" – aus Gesprächen mit anderen Menschen. Die Idee zu „Guma", dem Denkmal eines Alkoholikers aus Praga, der – wie die Bewohner dieses Stadtteils sagen – „am Wodka zugrunde ging", kam Althamer bei einem Workshop mit Jugendlichen aus Praga. Auf die Frage, wem sie ein Denkmal setzen würden, nannte eine Gruppe von Jungs Herrn Guma, dem sie tagtäglich auf der Straße begegneten. „Guma" war ein untypisches Denkmal: Es wich von der gängigen Vorstellung von einem Denkmal ab, so, wie sein reales Vorbild von der gesellschaftlichen Norm abwich. Es wurde aus einem Gummi-Werkstoff gefertigt und auf eine Sprungfeder montiert, damit es wie sein Vorbild schwankte. Allein mit seiner Form durchbrach es die Tradition des klassischen Denkmals. Schon bei der Enthüllung löste es starke Kontroversen aus, vor allem unter den Stadtteilbewohnern, die dagegen protestierten, dass die Bewohner von Praga mit dem

Problem des Alkoholismus gleichgesetzt würden. So wie Rajkowskas Palme wurde es anfangs als übertriebene, unpassende und schändliche Erscheinung im öffentlichen Raum betrachtet. Danach wurde es (ähnlich wie die Palme) angenommen. Davon zeugt zum Beispiel, dass einer der Stadtteilbewohner dem im Schnee stehenden „Guma" eine Daunen-Kapuze auf den Kopf setzte. „Guma" ist auch insofern ein untypisches Denkmal, als es zeigt, dass diese Form der Präsentation, im Gegensatz zu dem, was Henri Lefebvre schreibt, nicht äquivalent mit einer Machtdemonstration ist. Lefebvre behauptet: „Das Monument ist seinem Wesen nach repressiv. Es ist Sitz einer Institution (Kirche, Staat, Universität). Wenn es um sich herum einen Raum organisiert, dann um ihn zu kolonisieren, zu unterdrücken. Alle großen Monumente wurden zum Ruhme von Eroberern, zu Ehren der Mächtigen errichtet."[8]

Der Autor macht darauf aufmerksam, dass die meisten Denkmäler nicht persönlich in Besitz genommen werden können, und das verurteilt das Individuum gegenüber dem Denkmal zu Passivität. So verstärkt sich das Gefühl, dass die im öffentlichen Raum nicht präsenten Gruppen das ihnen zustehende Anwesenheitsrecht verlieren, denn gemäß Lefebvres Denkweise wird das Sein gewöhnlich durch das Privileg der Macht repräsentiert. Althamers Projekt stellt eine völlig andere Art des Denkens über offizielle Anwesenheit im öffentlichen Raum dar. „Guma" ist nicht nur das Denkmal eines Alkoholikers, also einer Person, die ihr Anwesenheitsrecht im öffentlichen Raum der Stadt verloren hat, sondern es ist die Negierung des Monumentalen. Es steht auf Höhe der Straße, ist so groß wie ein durchschnittlicher Mensch, ist also leicht zugänglich, und durch die Sprungfeder schwingt es hin und her und reagiert auf die Berührungen der Passanten. Es bleibt aber trotzdem ein Denkmal und markiert etwas, was rechtskräftig und allgemeiner Anerkennung wert ist. Von Praga-Besuchern wird es bisweilen wie eine Touristenattraktion behandelt. Es kommt vor, dass Leute „Guma" schüchtern umarmen und ein Selfie mit ihm machen oder dass jemand auf seinen Rücken klettert, um die Stabilität der Skulptur

8 Henri Lefebvre: Die Revolution der Städte, Frankfurt/M. 1990, S. 27.

zu testen. Das Denkmal hat die Form eines Anti-Denkmals und verweist auf die Möglichkeit einer anderen Art von Erzählung, nicht über große Taten oder Siege, sondern über lokale Geschichten, verschiedene, nicht zwingend positive Erfahrungen der Bewohner. Es spielt mit der Ambivalenz, ob es ein Denkmal ist oder nicht, mit dem Trend, ein Material zu exponieren und gleichzeitig gesellschaftliche Probleme aufzuzeigen. Es lenkt die Aufmerksamkeit auf an den Rand gedrängte Geschichten und ermutigt dazu, urbane Legenden zu thematisieren und auch zu schaffen, die das zum Ausgangspunkt nehmen, was gar nicht erst in offiziellen Anträgen erscheint.

Stadion X

Eine weitere Initiative, die das Thema der Unsichtbarkeit von Minderheitengruppen in Warschau aufgriff und das Bewusstsein für das schärfte, was ein bedeutender Bestandteil der Hauptstadt ist, waren die Projekte der Serie „Stadion X", die von Joanna Warsza im Stadion Dziesięciolecia durchgeführt wurden. Das Stadion Dziesięciolecia, das nicht mehr gemäß seiner ursprünglichen Bestimmung genutzt wurde, verwandelte sich zu Beginn der 1990er-Jahre in einen Basar, auf dem vorwiegend vietnamesische und russische Verkäufer Handel trieben. Auch als „Jahrmarkt Europa" bekannt, wurde es zum vielfältigsten Kulturraum von Warschau.[9] Obwohl es sich im Zentrum der Hauptstadt befand, wurde es lange Zeit von den Stadtbehörden und Aktivisten ignoriert. 2008 wurde das Stadion geschlossen, weil an selbiger Stelle das neue Nationalstadion für die Fußball-Europameisterschaft 2012 errichtet werden sollte. Unmittelbar vor dem Abriss bat Warsza Künstler, Musiker, Architekten, städtische Aktivisten, Soziologen und Sozialwissenschaftler, mithilfe der ihnen zur Verfügung stehenden Mittel den Versuch zu unternehmen, das Stadion zu erforschen und zu interpretieren. Auf diese Einladung hin entstanden sieben Kulturereignisse. Das erste, „Reise nach Asien – akustischer Spaziergang durch den vietnamesischen Sektor des Stadion Dziesięciolecia", fand 2006 statt. Die übrigen sechs – „Boniek!", „Lokale Vision", „Der Abriss des Jahrmarkts Europa", „Radio

9   Joanna Warsza (Hg.): Stadion X. Miejsce, którego nie było [Stadion X. Ein Ort, den es nicht gab], Warschau, Krakau 2008, S. 7.

Stadion auf Sendung", „Die Pfählung" sowie „Schengen" – folgten in der Saison 2007/2008.

Alle Projekte bereicherten das Leben im Stadion um eine multisensorische Erfahrung, indem sie die Teilnehmer nicht nur mit dem Leben und der Arbeit auf dem „Jahrmarkt Europa", sondern auch mit seiner Geschichte vertraut machten. Sie waren eine Art Ausflug in ein unbekanntes Territorium von Warschau und gleichzeitig eine Art ethnografische Studie, die an einem Ort durchgeführt wurde, der wenig später vom Stadtplan würde verschwinden müssen. Der lange Projektzeitraum gestattete es, viele Male ins Stadion zurückzukehren und es jeweils aus einer neuen Perspektive kennenzulernen. Viele Projekte luden dazu ein, am Leben der Basarbewohner teilzunehmen. Das Projekt „Reise nach Asien" erinnerte auf der einen Seite an einen Streifzug durch die Stadt, auf der anderen Seite aber an den Besuch eines Museums mit einem Audioguide. Der Spaziergang startete am Bahnhof Warszawa-Powiśle, wo die Teilnehmer sich anmeldeten, einen MP3-Player, eine Karte und die Information erhielten, wo sie den Audioguide einschalten sollten, außerdem eine Bahnfahrkarte, 5.000 vietnamesische Dông und eine karierte Tragetasche mit Waren, die sie über den Basar tragen mussten. Sie waren in Paaren unterwegs, in halbstündigen Abständen. Die Projektteilnehmer besuchten die älteste vietnamesische Bar im Stadion, den Platz unter dem Viadukt (Treffpunkt der sogenannten Taxifahrer, die Waren auf Karren transportierten), einen Filmverleih sowie einen Laden, wo sie einkauften (und mit dem vorher erhaltenen Geld bezahlten), und sie führten ein Gespräch mit den Stadt-Aktivisten. Am Ende begaben sie sich zum vietnamesischen Kulturzentrum und zur illegal errichteten immergrünen Pagode, einer Kopie der Pagode von Hanoi.[10] Ein wichtiger Teil des Projekts war die karierte Tragetasche, durch die die Besucher den übrigen Basarbesuchern so ähnlich wurden, dass sie in der Menge der Käufer und Verkäufer weniger auffielen. Sie war nicht nur eine Tarnkappe, sondern auch ein Requisit, mit dem man sich mit der Ästhetik des Stadions vertraut machen sollte, bevor man sich dorthin begab.

„Reise nach Asien" und die anderen Projekte halfen, die Logik des Basarlebens besser zu verstehen und andere Regeln des urbanen Lebens kennenzulernen. Durch

10 Warsza: Stadion X, a. a. O., S. 12–15.

die Serie künstlerischer Projekte rund um das Stadion Dziesięciolecia konnte dieses in das Netzwerk der Stadt als ein Raum eingebunden werden, der nicht ausschließlich als ein Ort illegalen Handels wahrgenommen, sondern auch mit Erholung, Kontakt mit einer anderen Kultur bzw. mit einem breiten gastronomischen Angebot assoziiert wurde. „Stadion X" rückte den Basar ins Bewusstsein der Warschauer Mittelschicht, die ihn erst unter dem Vorwand einer kulturellen Besichtigung als einen sicheren, freundlichen und interessanten Raum entdeckte. Für die Popularität des Stadions spricht die Zahl der Menschen, die diesen Ort besuchten. Vor allem an den Wochenenden wurde der „Weg der Restaurants" ebenso von Partygängern der letzten Nacht wie von Familien mit Kindern bevölkert, die auf dem Rückweg vom nahegelegenen Skaryszewski-Park auf ein leckeres und preisgünstiges Mittagessen vorbeikamen. Eine immer größer werdende Gruppe von Vertretern der Mittelschicht machte sich im Stadion mit den Metallbuden vertraut, die man nicht mehr nur mit Chaos und Raubkopien bekannter Marken zu assoziieren begann, sondern vor allem mit gutem Essen und einer kulturellen Vielfalt, die ein wesentlicher Teil der Warschauer Lebenswelt ist.

Nichtmenschliche Verbündete

Sowohl „Stadion X" von Joanna Warsza als auch „Pozdrowienia z Alej Jerozolimskich" von Joanna Rajkowska und „Guma" von Paweł Althamer repräsentierten das Abwesende, das aus dem gesellschaftlichen Bewusstsein getilgt und sorgfältig aus dem urbanen Raum entfernt wurde. Allein durch ihre Anwesenheit erinnerten die künstlerischen Projekte an diejenigen, die die Warschauer im Alltag nicht sehen oder nicht sehen wollen.

Die Projekte wurden so einerseits zu Fürsprechern ausgegrenzter Gruppen, andererseits aber auch zu Mediatoren zwischen den verschiedenen gesellschaftlichen Gruppen. Offen für eine Vielzahl von Interpretationen, konnten sie sowohl als Projekte bekannter Künstler gesehen werden (deshalb waren sie attraktiv für die Mittelschicht und die Medien) als auch als Objekte, die mit unterschiedlichen gesellschaftlichen Praktiken zu tun haben. So kann die Palme sowohl mit der jüdischen Kultur als auch mit Feriensituationen assoziiert werden, einer Entschleunigung des urbanen Lebens. „Guma" hingegen erhebt einen ganz gewöhnlichen Menschen, der unser Nachbar sein könnte, zum Denkmal. Im Falle des Stadion Dziesięciolecia werden künstlerische Projekte als Vorwand dafür genutzt, sich an einen Ort zu begeben, der früher als gefährlich oder uninteressant galt.

Bündnisse zwischen menschlichen und nichtmenschlichen Akteuren sind nicht ein für alle Mal festgelegt. Da sie nicht den immanenten Eigenschaften einer gegebenen Struktur entspringen, aber zwischen einzelnen Elementen dieser Struktur untergehen, können sie einer Rekonfiguration unterliegen. Die Struktur mag zerfallen, aber die Teile, aus denen sie bestand, können eine völlig neue Konfiguration entstehen lassen, die andere Bedeutungen in sich trägt. Latour weist auf nichtmenschliche Akteure als einen wesentlichen Aspekt sozialer Beziehungen sowie auf die wechselseitigen Beziehungen zwischen diesen und den Menschen hin.[11] Gegenstände und Aspekte der Natur, mit denen die menschlichen Akteure in Interaktion treten, sind nicht bloß passive Umgebung oder der Kontext für die Beziehung zwischen den Menschen, sondern aktive Akteure. Sie können Beziehungen eingehen oder sich dagegen wehren. Ein entscheidender Test bei Althamers Projekt war die Stabilität der Skulptur – würden potenzielle Angriffe „Guma" nicht beschädigen? Würde er dem Original so ähnlich sein, dass er letztendlich für dieses gehalten würde? Im Falle der Palme spielte neben der Haltbarkeit (vor allem der empfindlich auf Witterungsbedingungen reagierenden Blätter) auch die Tatsache eine wichtige Rolle, dass sie positive Assoziationen auslöst, wodurch sich die Warschauerinnen und Warschauer letztlich an sie gewöhnten. Die vietnamesischen Bars werden so lang Kundschaft anlocken, wie sie an verkehrsgünstigen Standorten leckeres, gesundes Essen anbieten. Ihre Beliebtheit wird davon abhängen, ob die immer größer werdende Vegetarier-Community dort ein immer vielfältigeres Speiseangebot erhält. Sowohl die menschlichen als auch die nichtmenschlichen Akteure können mit der Zeit neue Eigenschaften offenbaren, die dafür sorgen, dass Verbündete zu Gegnern werden, und anstatt Stereotype zu überwinden beginnen sie, diese zu verstärken. Gumas Alkoholsucht kann ein potenzielles Hindernis für die weitere Arbeit von Künstlern mit den Problemen der Bewohner von Praga sein und ein Argument dafür, dass die Menschen künstlerischen Interventionen häufig ablehnend begegnen. Eine Verschlechterung der Essensqualität im Stadion (die im extremsten Fall eine Vergiftung nach sich ziehen könnte) kann einen Boykott temporärer Gastronomiebetriebe auslösen – ähnlich wie andere Projekte als unnötig betrachtet werden können und als etwas, was Unordnung und Chaos in den urbanen Raum hineinträgt.

Aus dem Polnischen von Jutta Conrad.

Der Beitrag ist eine gekürzte und durchgesehene Version des gleichnamigen Artikels im Sammelband: Bohdan Jałowiecki, Elzbieta Anna Sekuła: Metropolie mniejszości. Mniejszości w metropoliach [Metropolen der Minderheit, Minderheiten in den Metropolen], Warszawa 2011, S. 75–92.

---

11 Bruno Latour: The Pasteurization of France, Cambridge (Mass.) 1988.

Maciej Gdula

Freiheitliche Bewegungen in der jüngsten Geschichte Polens

Soziale Bewegungen sind in der dominierenden polnischen Geschichtsnarration für die Zeit nach dem Ende des Zweiten Weltkrieges von großer Bedeutung. Auffällig ist dabei, dass ihnen für die Zeit vor 1989 eine Schlüsselrolle zugeschrieben wird, sie aus der Geschichte der Dritten Polnischen Republik ab 1989 jedoch vollkommen verschwunden sind. Mit den Arbeiterstreiks von 1956, 1970, 1980 sowie den Studentenprotesten 1968 lässt sich die Geschichte eines kontinuierlichen gesellschaftlichen Dissenses gegenüber dem autoritären Regime erzählen. Das Jahr 1989 wird dabei als Kulminationspunkt dieser Proteste und als Moment dargestellt, in dem die Freiheit wiedererlangt wurde. Ab dieser Zäsur beschränkt sich die Geschichtsdarstellung auf die Erwähnung einzelner Stationen auf Polens Weg zur sogenannten Normalisierung: der Einführung der freien Marktwirtschaft und freier Wahlen, dem Beitritt zur NATO und zur Europäischen Union.

Bereits auf den ersten Blick erscheint diese Asymmetrie fragwürdig. Was führte dazu, dass die sozialen Bewegungen aus der Zeit vor 1989 in den Kanon der Geschichtsdarstellung aufgenommen wurden? Gab es in der Zeit nach den Verhandlungen am runden Tisch tatsächlich keine bedeutenden gesellschaftlichen Initiativen und bildet das neue politische System wirklich alle gesellschaftlichen Forderungen und Interessen ab? Ist schließlich das Jahr 1989 unangefochten das bedeutendste Ereignis und damit das Schlüsselmoment für das gegenwärtige Polen schlechthin?

Die Geschichte der freiheitlichen Bewegungen gibt Antworten auf diese Fragen und erzählt die Geschichte Polens aus einer leicht veränderten Perspektive. Dabei soll weder eine Minderheitengeschichte geschrieben noch das Schicksal einzelner Initiativen nachgezeichnet werden, die sich bestimmten sozialen Themen verschrieben haben. Ein Fokus auf die verschiedenen sozialen Bewegungen ermöglicht es stattdessen, über die wechselseitige Beziehung zwischen unterdrückten Forderungen und dem dominierenden politischen Diskurs zu schreiben und die sich über die Jahre wandelnden Bedingungen zu rekonstruieren, unter denen in Polen Politik betrieben wurde.

Das Umbruchsjahr 1970

Jacek Kuroń und Karol Modzelewskis offener Brief an die Vereinigte Polnische Arbeiterpartei von 1964 ist eine der wichtigsten radikalen Äußerungen einer politischen Meinung in Europa nach dem Zweiten Weltkrieg. Die Autoren, die für das Verfassen des Briefes zu mehreren Jahren Gefängnis verurteilt wurden, kritisierten in ihm die vorherrschende Parteibürokratie und wiesen auf die negativen gesellschaftlichen Folgen einer Modernisierung hin, die auf einer zentral

„Die allgemeine Gesellschaftskrise beruht darauf, daß die Produktionsverhältnisse, auf die sich die Herrschaft der Monopolbürokratie gründet, zum Hemmschuh der wirtschaftlichen Entwicklung und zur Quelle der ökonomischen Krise geworden ist. Damit hängt zusammen, daß die ganze Gesellschaft keine Zukunftsperspektiven besitzt und daß sie keine Möglichkeit hat, im Rahmen des Systems die verschiedenen Klasseninteressen auch nur minimal zu befriedigen. Genauso wie die ökonomische Krise nicht auf Grundlage der gegenwärtigen Produktionsverhältnisse überwunden werden kann, so auch nicht die allgemeine Gesellschaftskrise im Rahmen der bestehenden gesellschaftlichen Verhältnisse. Jeder Tag, den sie fortdauern, vertieft die Krise. Eine Lösung ist nur durch den Umsturz der herrschenden Produktionsverhältnisse und die Beseitigung der bestehenden Gesellschaftsordnung möglich. Die Revolution wird zu einer Notwendigkeit der historischen Entwicklung. Unter den Bedingungen der allgemeinen Systemkrise ist die Monopolbürokratie in der Gesellschaft isoliert. Auf ihrer Seite steht keine einzige gesellschaftliche Klasse. Allenfalls von der reichen Bauernschaft und dem Kleinbürgertum kann gesagt werden, daß sie sich neutral verhalten. [...] Häufig ist das Argument zu vernehmen, daß der mächtige Herrschaftsapparat, der über alle Mittel des modernen Staates verfügt, ausreicht, um die herrschende Klasse an der Macht zu halten; daß diese gar keiner gesellschaftlichen Basis bedarf, sondern auch als bereits abgesetzter Hegemon weiterbestehen kann. Diese Argumentation beruht trotz ihrer scheinbaren Modernität auf einem Mißverständnis, das so alt ist wie die Klassengesellschaft und wie der Staat. [...] Die Existenz dieser psychischen Mauern erlaubt es den Inhabern der Macht, sich hinter den Mauern aus Ziegeln sicher zu fühlen. Die gesellschaftliche Krise beraubt sie ihrer Hegemonie, ihrer Autorität; ihnen stellt sich die ungeheure Mehrheit der Gesellschaft entgegen; die Verhältnisse selbst zwingen endlich die Arbeiterklasse, gegen die herrschende Monopolbürokratie aufzustehen. Die mit innerer Notwendigkeit sich verstärkende Krise untergräbt die psychischen Mauern, die der eigentliche Schutz der Machthaber sind. Eine revolutionäre Situation läßt sie zusammenbrechen: dann sind auch die Mauern aus Ziegel kein Hindernis mehr. Angesichts der Unmöglichkeit, die ökonomische und gesellschaftliche Krise im Rahmen des monopolbürokratischen Herrschaftssystems zu überwinden, erweist sich die Revolution als unvermeidlich."
Jacek Kuroń/Karol Modzelewski: Monopolsozialismus. Offener Brief an die Polnische Vereinigte Arbeiterpartei, Hamburg 1969, S. 89 ff.

gesteuerten Industrialisierung basierte. Sie erwarteten, dass die wachsenden Spannungen innerhalb der Gesellschaft in einen weiteren Arbeiterstreik münden würden, und hofften, dass dieser die Macht der Partei endgültig brechen und zur Errichtung einer auf Fabrikräten beruhenden Arbeiterdemokratie führen würde. Der Brief bleibt ein wichtiges Zeitdokument, da er uns vor Augen führt, in welchen Grenzen sich die radikale politische Meinungsfindung bewegte: Als wichtigsten Akteur des Wandels betrachtete man die Arbeiterschaft, als Motor der Geschichte den Konflikt zwischen zwei antagonistischen Gesellschaftsklassen; das politische Ziel war die Schaffung einer Gesellschaft, die das Ideal der Gleichheit verwirklichen würde.

Zehn Jahre später sollte einer der Autoren des Briefes, Jacek Kuroń, zu den Gründern des Komitees zur Verteidigung der Arbeiter (Komitet Obrony Robotników, KOR) gehören. Das KOR war aus Solidarität mit den Arbeitern entstanden, die nach den Protesten im Jahr 1976 von der Staatsführung verfolgt wurden. Die Hilfsbereitschaft der Oppositionellen, die überwiegend den intellektuellen Eliten angehörten, kann in der Tradition der 1960er-Jahre verstanden werden, wurde allerdings bereits von neuen politischen Vorstellungen inspiriert. Kuroń hatte mittlerweile die Idee des Klassenkonfliktes aufgegeben und wurde neben Adam Michnik und Leszek Kołakowski zu einem der geistigen Väter der „Antipolitik". Diese beruhte auf einer Gegenüberstellung des autoritären Regimes und der Gesellschaft und war gleich-

sam ein Rückzug ins Soziale; sie war nicht an materiellen Interessen ausgerichtet, sondern an persönlichen Moralvorstellungen und Authentizität.

Unabhängig davon, ob die „Antipolitik" als Überwindung der verführerischen Kraft des Marxismus oder als Rückkehr der Linken zu nationalen Traditionen verstanden wird, bleibt meistens der Zusammenhang unerwähnt, der zwischen der „Antipolitik" und dem tief greifenden politischen und kulturellen Wandel bestand, der sich seit 1970 in Polen vollzog. Im Dezember 1970 wuchsen sich die Arbeiterstreiks an der polnischen Ostseeküste zu Unruhen aus, die vom Militär und der Polizei blutig niedergeschlagen wurden. Infolge dieser Ereignisse trat Władysław Gomułka als Erster Sekretär der Polnischen Vereinigten Arbeiterpartei (PVAP) zurück und Edward Gierek folgte ihm in dieses Amt. Die Veränderungen gingen jedoch über die üblichen Personalwechsel an der Parteispitze weit hinaus.

Die Regierungszeit Giereks (1970–1980) wird oftmals mit einer Systemliberalisierung gleichgesetzt, die zu einer Aufweichung der dem sozialistischen Staat zugrunde liegenden Prinzipien führte. Eine derartige Auffassung ist irreführend, da oftmals keine Modifizierung, sondern eine vollständige Abwendung von den bisher bestimmenden Prinzipien eintrat und sich so neue kulturelle Tendenzen durchsetzten. Beispielsweise wurde es ab 1974 privaten Unternehmern ermöglicht, Arbeitnehmer einzustellen, was einer Absage an die Doktrin der Vergesellschaftung der Produktionsmittel gleichkam. Schließlich bedeutete die Modernisierung der Gierek-Dekade auch eine stärkere Öffnung Polens für westliche Kredite und den internationalen Handelsverkehr. Am bedeutendsten ist rückblickend jedoch der Wandel in der Vorstellung vom Aufbau der Gesellschaft und dem Verhältnis zwischen Staatsmacht und Bürgern. Der Begriff der Klasse und die mit ihm verbundenen Gleichheitskonzepte verschwanden aus dem offiziellen Sprachgebrauch der Partei, aus der Populärkultur und aus den wissenschaftlichen Diskursen. An ihre Stelle traten die Ideen einer aktiven Gesellschaft, unterschiedlicher Lebensstile und einer individuellen Persönlichkeitsentwicklung. Die Machthaber sprachen von sich

Das Komitee zur Verteidigung der Arbeiter (Komitet Obrony Robotników, KOR) entstand nach der Protestwelle vom Juni 1976, als die Regierung die Lebensmittelpreise anhob und viele protestierende Arbeiter einsperren ließ. Die wichtigsten Aufgaben des Komitees bestanden darin, den verfolgten Streikenden und ihren Familien finanziellen und rechtlichen Beistand zu leisten sowie die breite Öffentlichkeit über Schikanen und Repressalien des kommunistischen Regimes zu informieren. Zu seinen Gründern gehörten u. a. der Oppositionelle Jacek Kuroń, der Schriftsteller Jerzy Andrzejewski, die Anwältin Aniela Steinsbergowa und Pater Jan Zieja. Für die wenige Jahre später gegründete Gewerkschaft „Solidarność" war das KOR eine der wichtigsten Keimzellen.

nicht länger als von einer Avantgarde, die weiß, wie das gesamte soziale Miteinander zu organisieren sei, sondern griffen stattdessen auf die Rhetorik des modernen Managements zurück. An die Stelle des Fortschritts trat der Begriff der Modernisierung, und das Regieren wurde nunmehr als ein Steuern von Prozessen verstanden, darunter auch solcher, die von der Basis ausgingen und auf die Initiative Einzelner zurückzuführen waren.

Vor diesem Hintergrund ist die Formulierung der „Antipolitik" zu verstehen. Sie griff diesen neuen Diskurs auf und setzte ihn bewusst gegen das Einparteienregime ein. Während die Partei versicherte, ihre Aufgabe bestehe in der Steuerung aller gesellschaftlichen Aktivitäten, forderten die Dissidenten größtmögliche Spielräume für spontane Handlungen. Das Schlagwort Persönlichkeitsentwicklung wiederum wurde von ihnen als ein Gebot zu individuellem Widerstand gegen das totalitäre System ausgelegt. Vergleicht man die polnische Dissidentenbewegung mit den sozialen Bewegungen, die sich in den 1970er-Jahren im Westen formierten – vor allem mit der feministischen, der ökologischen und der pazifistischen Bewegung – so wird ihre grundlegende Systemkritik deutlich. Weder rekurriert die „Antipolitik" ausschließlich auf eine einzelne Interessensgruppe noch werden Forderungen formuliert, die sich auf konkrete gesellschaftliche Interessen beziehen würden. Dies lässt sich vor allem darauf zurückführen, dass im Polen der 1970er-Jahre alle gesellschaftlichen Schichten an einem raschen Anstieg des Lebensstandards teilhatten und dadurch kaum soziale Konflikte zu verzeichnen waren. In einer derartigen gesellschaftlichen Situation zeigte sich der Widerstand gegen die Parteimacht im radikalen Gestus der Intellektuellen, die im Realsozialismus eine Art politische Opposition innerhalb des undemokratischen Systems waren.

Mit der 1979 einsetzenden Wirtschaftskrise änderte sich diese Situation grundlegend. Der Zugang zu Konsumgütern wurde spürbar eingeschränkt, was eine tiefe Unzufriedenheit innerhalb der Gesellschaft hervorrief, die sich schnell zu einer Legitimitätskrise des gesamten Systems auswuchs. Die Dissidenten wurden zu einer bedeutenden Kraft innerhalb der breiten „Solidarność"-Bewegung, deren Ziel es war, mittels freier Gewerkschaften und der Entbürokratisierung der Wirtschaft eine Erneuerung der Gesellschaft zu erreichen. Die „antipolitische" Narration vom kontinuierlichen Widerstand der Gesellschaft gegen die Staatsgewalt traf Anfang der 1980er-Jahre auf breiten Zuspruch und sollte sich zu der auch heute noch vorherrschenden Darstellung der polnischen Nachkriegsgeschichte entwickeln. Alle folgenden sozialen Bewegungen wurden als Ausdruck des Widerstandes gegen die Repressionen des politischen Systems verstanden, der umso effektiver war, je universellere Formen er annahm. Die „Solidarność" wiederum sollte als Ausdruck eines allgemeinen Erwachens und als Bündnis verschiedenster sozialer Gruppen – von Intellektuellen, Arbeitern, Gewerkschaftern, Nationalisten und Kirchenvertretern – zum Inbegriff des antitotalitären Widerstandes avancieren. Ihre Niederschlagung durch General Jaruzelski im Jahr 1981 zerstörte zwar ihre organisatorischen Strukturen, trug jedoch sicherlich zur Festigung ihres Einheits-Mythos bei. Ab diesem Moment sollte die „Solidarność" für viele Jahre nicht nur *das* Symbol des „Kampfes gegen den Kommunismus" sein, sondern auch als Maßstab für alle weiteren sozialen Bewegungen dienen. Und da alle älteren Bewegungen als Vorboten der „Solidarność" aufgefasst wurden, wurde jede spätere Bewegung als etwas Geringeres, von partikularen Interessen geleitetes und dadurch weniger Bedeutsames erachtet.

Das Jahrzehnt der Krise und des Protests

Innerhalb dieser Geschichtsnarration nehmen die 1980er-Jahre eine unbedeutende Rolle ein. Die Jahre zwischen der Verhängung des Kriegsrechts 1981 und den Gesprächen am runden Tisch im Juni 1989 sind ein scheinbar ereignisloses Jahrzehnt, das als Zeit des hartnäckigen Ausharrens beschrieben wird, die schließlich mit dem Triumph der „Solidarność" ein Ende fand. In Wirklichkeit aber zeichnen sich diese Jahre durch sehr dynamische Veränderungen aus. Eine Fokussierung auf den „Solidarność"-Mythos marginalisierte diese, ermöglicht es jedoch, die Dritte Polnische Republik in eine direkte Kontinuitätslinie mit den Zielen der „Solidarność" zu stellen.

Für die Eliten der im Untergrund agierenden „Solidarność", die sich sowohl aus Gewerkschafts- als auch aus Dissidentenkreisen rekrutierten, war es in den 1980er-Jahren von zentraler Bedeutung, weiterhin als Alleinvertreter der Gesellschaft gegenüber dem Machtregime auftreten zu können. Aufgrund des strategischen Vorgehens des Regimes gegen die Opposition und interner Streitigkeiten erwies sich dies jedoch als zunehmend schwierig.

Nach anfänglicher Gewaltanwendung setzte Jaruzelski darauf, mit Institutionen wie dem Staatsgerichtshof Instanzen zu schaffen, die das Regime kontrollieren sollten; zudem suchte er Kontakt zu Gruppierungen, die zu einer begrenzten Zusammenarbeit mit dem Regime bereit waren. Zwar konnte er dabei keine großen Erfolge verzeichnen, es gelang ihm aber Mitte der 1980er-Jahre beispielsweise, den bedeutenden liberal-konservativen Kreis um die Zeitschrift *Res Publica* dazu zu bewegen, die Zeitschrift nicht mehr im Untergrund, sondern im offiziellen „ersten Umlauf" zu publizieren. Immer öfter auch sprachen die an Einfluss gewinnenden liberalen Intellektuellenmilieus von der Möglichkeit, das sozialistische System unter Wahrung des politischen Monopols der Partei in eine Marktwirtschaft umzugestalten. Die „Solidarność"-Eliten verurteilten diese Tendenzen scharf als Flirt mit dem autoritären Regime.

Die Anziehungskraft des Jaruzelski-Lagers blieb jedoch von begrenzter Wirkung; als ein viel größeres Problem sollte sich für die „Solidarność"-Eliten das Auftreten neuer, mit dem Regime in Konflikt tretender Initiativen erweisen. Einerseits gingen diese auf Aktivisten zurück, die die Strukturen der „Solidarność" verließen und radikalere Organisationen wie die antikommunistische „Kämpfende Solidarność"

(Solidarność Walcząca) gründeten, die eine Entmachtung der Polnischen Vereinigten Arbeiterpartei und die volle Souveränität Polens forderte. Andererseits wurden vor allem von Jüngeren vollkommen neue Organisationen gegründet wie beispielsweise „Freiheit und Frieden" (Wolność i Pokój) oder die Bewegung „Lieber bin ich" (Wolę być). Mit diesen neuen Organisationen traten auch neue Forderungen und Formen politischen Handelns in Erscheinung. Sie agierten außerhalb des Konflikts zwischen Regime und „Solidarność" und definierten für lange Zeit den Modus Vivendi jener sozialen Bewegungen, deren Forderungen außerhalb der vorherrschenden politischen Diskurse blieben.

Die neuen sozialen Bewegungen unterschieden sich dadurch von den Dissidentenbewegungen der 1970er-Jahre, dass sie von konkreten Postulaten ausgingen und auf dieser Grundlage eine allgemeinere Vision der gesellschaftlichen Veränderung entwarfen. Dabei traten Fragen der Wehrpflicht und der Umweltverschmutzung in den Vordergrund. Seit Mitte der 1980er-Jahre begannen Einzelne, den Wehrdienst aus Gewissensgründen zu verweigern. Die Staatsmacht reagierte darauf mit der Verhängung von Gefängnisstrafen; den Anstoß für die Gründung von „Freiheit und Frieden" gab das Engagement für jene Verurteilten. Die Zahl der Kriegsdienstverweigerer wuchs in den folgenden Jahren und es formierte sich zunehmend eine soziale Bewegung, die sich für diese Frage einsetzte. Einerseits stand die Armee für das Regime, nicht zuletzt, da mit Verhängung des Kriegsrechts 1981 die politische Macht vom Militär ausgeübt wurde. In diesem Sinne fanden die neuen Bewegungen die Zustimmung der „Solidarność", da der Akt der Wehrdienstverweigerung als Gehorsamsverweigerung gegenüber dem repressiven Regime gesehen wurde. Andererseits aber berief sich „Freiheit und Frieden" auf Ideen und Handlungsoptionen, denen die „Solidarność"-Eliten bereits kritisch gegenüberstanden. Die Bewegung vertrat etwa einen konsequenten Pazifismus und kritisierte die Armee als autoritäre Institution, unabhängig davon, ob sie die Staatsgewalt innehatte. Sie befürwortete Desertion als rechtmäßige Antwort auf eine Militärdienst-Pflicht. Schließlich war sie der Meinung, dass es auch jenseits des Eisernen Vorhangs staatliche Repressionen gab; die oppositionellen Eliten dagegen betrachteten die liberalen Demokratien und den Kapitalismus des Westens ab Mitte der 1980er-Jahre zunehmend als Alternative zum Realsozialismus im eigenen Land.

Neben der Kriegsdienstverweigerung spielten ökologische Postulate eine wichtige Rolle. In den 1980er-Jahren wuchs die industrielle Belastung der Umwelt zu einem spürbaren Problem an. Die Flüsse waren zunehmend verschmutzt, die Luftqualität verschlechterte sich und einige Regionen wie das Isergebirge hatten mit den katastrophalen Folgen sauren Regens zu kämpfen, der zu großflächigem Waldsterben führte. Oft schlossen sich die neuen Bewegungen den Protesten der lokalen Bevölkerung gegen besonders umweltschädliche Industriebetriebe an und sensibilisierten diese für eine breitere Systemkritik. Einen besonderen Erfolg feierte die ökologische Bewegung, als der Bau des Atomkraftwerks in Czorsztyn verhindert wurde, was durch die große öffentliche Aufmerksamkeit nach der Reaktorkatastrophe von Tschernobyl ermöglicht worden war. Die neuen sozialen Bewegungen führten die ökologischen Probleme auf die expansive Wachstumspolitik der Regierung zurück, die keine Rücksicht auf gesellschaftliche Folgen nahm. Sie forderten sowohl einen restriktiveren Na-

Die Frauen der Solidarność. Ein Film von Marta Dzido und Piotr Śliwowski, Polen 2014

Sie hatten die besten Jahre ihres Lebens vor sich. Frauen von Mitte zwanzig bis Mitte dreißig, die statt der sogenannten kleinen Stabilisierung und verhältnismäßiger Ruhe den Aufstand wählten. Es gab Versuche, ihre Ehen zu zerstören. Man drohte ihnen, ihre Kinder kämen ins Waisenhaus oder würden in einen Unfall verwickelt, wenn sie nicht mit der Staatssicherheit zusammenarbeiteten. Ihnen wurde die Ausreise angeboten, wenn sie dafür ihre staatsfeindliche Tätigkeit aufgäben. Aber sie machten weiter.

An einem Samstag im August 1980, als die mit den Lohnerhöhungen zufriedenen Arbeiter ihren Streik beendeten und die Danziger Werft verlassen wollten, schlossen Frauen die Werkstore und begannen einen Solidaritätsstreik. Ohne die Initiative dieser Handvoll entschlossener Frauen hätte es den „August 1980" womöglich nicht gegeben. Während des Kriegszustands, als die Männer verhaftet oder interniert waren, übernahmen die Frauen deren Aufgaben. Sie gaben unabhängige Zeitungen heraus und bauten einen konspirativen Radiosender auf. Ihnen ging es nicht um führende Funktionen in den Gewerkschaftsgremien. Es ging ihnen um die Sache und um Veränderungen. Als „Radio Solidarność" eine illegale Sendung brachte, wurden in ganz Warschau die Lichter in den Wohnungen ein- und ausgeschaltet zum Zeichen, dass die Menschen den Sender empfingen. Die Untergrundzeitschrift *Tygodnik Mazowsze* erschien in einer Auflage von über 10.000 Exemplaren. Einige nannten sie die „Damen-Spezialeinheit".

Kraft gaben diesen Frauen der Glaube an den Sinn der Revolution, die Hoffnung auf Veränderung, ihr Zusammengehörigkeitsgefühl. Sie sahen die Möglichkeit, Polen von der Vorherrschaft der Sowjetunion zu befreien. Ihr Ziel waren Freiheit und Demokratie.

Beim runden Tisch waren sie nicht dabei. Sie ließen zu, dass sie in Vergessenheit gerieten, während ihre männlichen Kollegen im freien Polen hohe Regierungsämter übernahmen. Politik, das ist nichts für mich, dachten sie. Sie kämpfen bis heute – aber anders als damals. Henryka hilft Familien in ehemaligen staatlichen Landwirtschaftsbetrieben. Joanna schreibt kritische Feuilletons über den Kapitalismus und die Mechanismen der modernen Wirtschaft. Barbara vermittelt jungen Frauen Führungskompetenzen. Ewa ist bis heute in der Gewerkschaft „Solidarność" aktiv. Barbara meint: „In dem freien Polen, für das ich gekämpft habe, sind die Frauen immer noch unfrei." Jadwiga fragt: „Welches freie Polen?" Auf die Frage: Wo ist die „Solidarność" heute, antwortet Henryka: „Bei mir zu Hause!" Joanna sagt: „Die Solidarność lässt sich nicht wiederholen. Aber das Wissen, dass eine andere Welt möglich ist, macht Hoffnung."

www.solidarnoscwedlugkobiet.com

turschutz als auch ein grundlegendes
Umdenken in Bezug auf das Verhältnis zwischen Mensch und Umwelt
sowie den Verzicht auf eine reine
Besitz- und Konsumorientierung.
Diese Haltung ging einher mit einer
Kritik der Regierung Jaruzelski, überstieg jedoch bei Weitem die Kritik,
die aus den Reihen der „Solidarność"
vorgebracht wurde.

Obwohl die neuen Bewegungen der
1980er-Jahre, ähnlich wie die Dissidentenbewegungen zehn Jahre zuvor, auf den
Vorstellungen einer aktiven Gesellschaft und einer individuellen Selbstbestimmung
gründeten, stellten sie doch einen neuen Zusammenhang zwischen konkreten Forderungen und der Vision eines gesellschaftlichen Wandels her. Begünstigt wurde dies
durch die neue Situation einer starken politischen Polarisierung. Einerseits führte diese
zu einer Politisierung der Bevölkerung, andererseits wurde ein Teil der Forderungen,
die der Polarisierung in Staat und „Solidarność" nicht entsprach, aus der Öffentlichkeit
verdrängt. Indem sie den marginalisierten Themen Gehör verschafften, kämpften die
sozialen Bewegungen gleichsam an zwei Fronten: gegen das Regime und gegen die Haltung der Oppositionsführer, die sich auf einen strikt politischen Kampf konzentrierten.
Die neuen Bewegungen warfen damit nicht nur neue Fragen auf, sondern formulierten
sie zudem so, dass Trennlinien zwischen den politischen Lagern überschritten wurden
und ihre Kritik sich zu einer Kritik an der gesamten modernen Zivilisation entwickelte.

Die unbestrittenen Erfolge der Bewegungen gaben den Hintergrund ab, vor dem sich
Ende der 1980er-Jahre die Gespräche zwischen dem Regierungslager und den führenden Köpfen der „Solidarność" abspielten. Selbstverständlich war es das aus Moskau
gegebene grüne Licht, das die Gespräche ermöglichte, aber die beiderseits gemachte
Erfahrung des Machtverlustes bewirkte, dass man sich einander annäherte.

Die Partei war weder zu einer effektiven Staatsführung imstande noch dazu, die
andauernde Wirtschaftskrise zu überwinden. Die Oppositionsführer wiederum
merkten, dass ihre Position als Alleinvertreter der Gesellschaft nicht unanfechtbar
war. Der Eindruck eines fortschreitenden Kontrollverlusts über die spontanen
gesellschaftlichen Aktivitäten genauso wie die Wahl der katholischen Kirche zum
Garanten einer erfolgreichen Verständigung sollten nicht nur die Systemtransformation bestimmen, sondern prägten auch die Konzeptionen der politischen Eliten über
die folgenden Jahre hinaus. In erster Linie bedeutete dies eine Politik der Machtausübung, der notwendigen Reformen, aber keine Vision einer sich selbst organisieren-
den Gesellschaft, wie sie dem Geist der „Solidarność" entsprochen hätte.

Liberale Demokratie und soziale Bewegungen nach dem politischen Umbruch

Die pazifistische und ökologische Bewegung bestanden auch in den 1990er-Jahren
weiter fort, wobei ihr Engagement bei Anti-Kriegs- und Umweltdemonstrationen

zum Teil gewaltsame Formen annahm. Bei den Protesten gegen den Bau einer Autobahn durch den Naturpark St. Annaberg etwa war es zu Schlägereien mit der Polizei gekommen. Nach 1989 verloren die Bewegungen allerdings deutlich an Schwung und damit an Bedeutung.

Dafür lassen sich drei Gründe anführen. Zunächst war ein Teil der Forderungen, um die sich die Bewegungen in den 1980er-Jahren organisiert hatten, erfüllt worden oder hatte an Bedeutung verloren. In den 1990er-Jahren war die Einberufung zur Armee begrenzt worden. Zusammen mit der dynamischen Entwicklung des Hochschulwesens bewirkte dies, dass nur noch ein Bruchteil der jungen Männer eingezogen wurde. 2008 schließlich wurde mit der Einführung einer Berufsarmee der allgemeine Wehrdienst endgültig abgeschafft. Die nach 1989 durchgeführte radikale Deindustrialisierung führte zu einer deutlichen Abnahme der Umweltbelastung. Die Gewässer- und die Luftqualität stiegen wieder an – nicht zuletzt dank der im Vorfeld des polnischen EU-Beitritts getätigten Investitionen. Des Weiteren trat ein Teil der Aktivisten neuen Parteien bei, die im Rahmen des demokratischen Systems miteinander rivalisierten, was die neuen sozialen Bewegungen der 1980er-Jahre merklich schwächte. Bezeichnenderweise war es einer der Gründer von „Freiheit und Frieden", Bogdan Klich, der das Ende der Wehrpflicht verkündete. Schließlich schwächten die demokratisch ausgetragenen politischen Kämpfe und die mit ihnen verbundenen politischen Positionen deutlich das „von unten" kommende Engagement der Bürger, obwohl längst nicht alle Spannungen und Probleme von den politischen Führungsriegen thematisiert wurden.

Zu den vernachlässigten Themen gehörte die Frage nach einem Abtreibungsrecht und im weiteren Sinne nach der Rolle der Frau in der Gesellschaft. Im Anschluss an die polnischen Kulturkämpfe, die kurz nach 1989 ausgebrochen waren, herrschte in der zweiten Hälfte der 1990er-Jahre diesbezüglich ein weitestgehender Konsens. Insbesondere weil die führenden Parteien im Vorfeld des Referendums zum polnischen EU-Beitritt um das Wohlwollen der katholischen Kirche bemüht waren.

Kritisiert wurde dies von der Frauenbewegung, die eine Verbesserung der Situation der Frauen einforderte und die sich um die Jahrhundertwende zu einer der aktivsten Bewegungen entwickelte. Zudem hinterfragte sie, ob sich Polen nach 1989 wirklich zu einem Land der Freiheit gewandelt hatte.

Als sich die Frauenbewegung in der zweiten Hälfte der 1990er-Jahre formierte, schlossen sich ihr Organisationen verschiedener politischer Ausrichtungen an, sodass die damals vorherrschende Spaltung zwischen dem Postkommunistischen- und dem Post-„Solidarność"-Lager überwunden wurde. Es traten ihr sowohl Frauen bei, die den vor 1989 bestehenden Frauenorganisationen angehört hatten, als auch ehemalige Aktivistinnen der Opposition. Nicht unbedeutend ist in diesem Zusammenhang, dass der Ton innerhalb der Bewegung von einer jungen Generation angegeben wurde, für die diese Spaltungen eine geringere Bedeutung besaßen.

Anfänglich konzentrierte man sich auf die Abtreibungsthematik und kritisierte den Einfluss der katholischen Kirche auf das öffentliche Leben. Sehr bald aber verknüpfte man die Frage nach der Entscheidungsgewalt über den eigenen Körper mit Themen der Einkommensungleichheit, der Diskriminierung von Frauen am Arbeitsplatz und der Kinderbetreuung. Parallel zu dieser thematisch breiteren Aufstellung wurden Kontakte zu Organisationen der Arbeiterbewegung aufgenommen, zu denen man zuvor keine Verbindung gesehen hatte, beispielsweise zur kampfeslustigen Gewerkschaft der Hebammen und Krankenschwestern. Dies unterscheidet die neuen sozialen Bewegungen der Jahrhundertwende von denen der 1980er-Jahre. Die Frauenbewegung und zu einem gewissen Grade auch die LGBT-Bewegung, die vor allem in den Jahren 2005 bis 2007 aktiv waren, als die Partei Recht und Gerechtigkeit (Prawo i Sprawiedliwość, PiS) an der Macht war, verstanden Politik nicht länger als ein Instrument umfassender Zivilisationskritik und als Entwurfsfeld neuer Gesellschaftsordnungen, sondern als ein konkretes Suchen nach Bündnispartnern und ein Bündeln von Forderungen.

Dabei kann der Frauenkongress von 2009, auf dem unter anderem über Bildung, Gesundheit, Gewalt an Frauen und Arbeitslosigkeit diskutiert wurde, als Beleg für den wachsenden Einfluss der Frauenbewegung gewertet werden. Die Teilnehmerinnen verabschiedeten eine politische Resolution und forderten eine paritätische Verteilung der Listenplätze bei Parlamentswahlen. Unter einem entsprechenden Gesetzesentwurf sammelte die Bewegung 150.000 Unterschriften. Der Sejm verabschiedete das Gesetz, änderte jedoch die Parität zu einer 30-Prozent-Quote. Das positive Abstimmungsergebnis ist dennoch als großer Erfolg zu werten, wenn man bedenkt, dass noch einige Jahre zuvor Quotenregelungen als eine künstliche Lösung und als Ausdruck eines unnatürlichen Social Engineering betrachtet wurden. Obwohl meist unter Bezugnahme auf das Allgemeinwohl der Frauen argumentiert wurde, ist die Annahme des Gesetzes wohl vor allem auf eine neue politische Praxis zurückzuführen, dank der die Frauenbewegung zu einem einflussreichen politischen Faktor geworden ist.

Der Wandel der Öffentlichkeit und veränderte Voraussetzungen für soziale Bewegungen

Die Suche der Bewegungen nach Verbündeten, um die eigenen, von den führenden Parteien und Medien übergangenen Forderungen durchzusetzen, hat mit der Verfasstheit des politischen Systems und der Öffentlichkeit jener Jahre zu tun. Besonders deutlich wird das aus heutiger Perspektive, da sich die Struktur der Öffentlichkeit grundlegend gewandelt hat. Für soziale Bewegungen hat sich eine neue Situation ergeben. Einerseits haben sie bessere Möglichkeiten, auf öffentliche Debatten und politische Prozesse Einfluss zu nehmen, andererseits ist es schwieriger geworden, sich die Aufmerksamkeit der Gesellschaft dauerhaft zu sichern und langfristig Einfluss auszuüben.

Die Veränderungen des öffentlichen Lebens fallen mit der Ablösung der Presse durch das Internet als dem dominierenden Informationsmedium zusammen. In Polen fand diese Verschiebung vor einigen Jahren statt. Es lässt sich kein präzises Datum bestimmen, es kann jedoch das Jahr 2009 angenommen werden, in dem der Axel Springer Verlag entschied, seine mit der *Gazeta Wyborcza* konkurrierende Tageszeitung *Dziennik* einzustellen. Bis dahin waren die Zeitungen das wichtigste Medium der öffentlichen Kommunikation gewesen, sie hatten sogar die Arbeit der Radio- und Fernsehsender beeinflusst. Die Zeitungsredaktionen verfügten über hohe Budgets, mithilfe derer sie Informationen lieferten, meinungsbildende Feuilletons unterhielten und als Kontrollinstanz gegenüber der Regierung fungierten. Gleichzeitig waren sie eine Art Wasserscheide, an der sich entschied, welche Inhalte Eingang in öffentliche Debatten erhielten und welche ausgeschlossen blieben. Die miteinander rivalisierenden Parteien bemühten sich um Positionen, die sich von denen ihrer Gegner deutlich unterschieden und sich gleichzeitig in konkrete Politik umsetzen ließen. Verteidigt wurden diese in den Zeitungen und auf Sendern, die große publizistische Formate besaßen. Diese Situation begünstigte klare politische Lagerbildungen. Bis 2005 war dies die Polarisierung zwischen den Postkommunisten und dem Post-„Solidarność"-Lager; anschließend verlief die Spaltung zwischen den Parteien Recht und Gerechtigkeit und Bürgerplattform (Platforma Obywatelska, PO).

Das Internet veränderte diese Form der öffentlichen Kommunikation; Presse und Fernsehen verloren einen großen Teil ihrer Rezipienten. Belief sich die Auflage der *Gazeta Wyborcza* 2005 noch auf rund 450.000 Exemplare, so war sie im Februar 2015 bereits auf 190.000 gefallen. Die Abnahme der Leser machte sich dabei auf verschiedenen Ebenen bemerkbar. Budgets, Seitenanzahlen und Mitarbeiterstellen wurden radikal zusammengestrichen. Die Konkurrenz um Leser und Zuschauer nahm auch zwischen den verschiedenen Medienformaten zu. Dies führte nicht zuletzt dazu, dass Inhalte immer schneller produziert wurden und der Fokus der Berichterstattung auf Konflikte, Skandale und Unterhaltung verengt wurde. Die Medien verloren dadurch zunehmend ihre Funktion einer gesellschaftlichen Kontrollinstanz und ordneten sich dem Zwang von Marketingstrategien unter.

Ebenso grundlegend veränderte sich die Politik. Die Parteien, deren breite hierarchische Strukturen vor allem im Wahlkampf und für den Einfluss auf öffentliche Debatten unentbehrlich waren, richteten sich zunehmend auf ihre Parteispitzen aus. Beispielhaft hierfür ist die Entwicklung der PO. Als diese 2007 an die Macht kam, trat sie der PiS-Narration einer von Korruption und Seilschaften befreiten „Vierten Polnischen Republik" mit einer Rhetorik des gegenseitigen Vertrauens und der Zusammenarbeit entgegen. Nach einigen Jahren aber hatte sie sich zur Partei Donald Tusks verwandelt, der den Wählern keine Visionen und Narrative mehr anbot. Stattdessen konzentrierte er sich auf Krisenereignisse, die heutzutage einen entscheidenden Einfluss auf die Bewertung von Politikern und Parteien haben. Die Rolle dieses neuen Typus von Parteiführer besteht darin, seltene und außergewöhnliche Ereignisse gemeinsam mit der Gesellschaft zu durchleben und diese zugleich mithilfe symbolischer wie institutioneller Mittel vor den negativen Folgen dieser Ereignisse zu bewahren.

Innerhalb dieser neuen Kommunikationssituation haben die sozialen Bewegungen eine größere Bedeutung erlangt. Einerseits haben sie einen leichteren Zugang zur Öffentlichkeit und werden heute nicht mehr wie einst durch die Presse kontrolliert. Andererseits generieren die Bewegungen selbst (Medien-)Ereignisse, auf die die Politiker oft zu reagieren gezwungen sind. Gute Beispiele für diesen Bedeutungsanstieg sind die Proteste gegen ACTA und die Erfolge verschiedener städtischer Bewegungen.

Die Proteste gegen ACTA brachen Anfang 2012 völlig unerwartet aus und erreichten schnell beispiellose Ausmaße. ACTA war ein geplantes internationales Handelsabkommen, das es ermöglichen sollte, Kontrolle über die im Internet verfügbaren Inhalte auszuüben, Seiten gegebenenfalls zu sperren und Nutzer, die Urheberrechte verletzen würden, unter Umgehung nationaler Rechtsprechung strafrechtlich zu verfolgen. Die polnische Regierung entschied sich nicht nur dafür, das Abkommen zu unterzeichnen, sondern ermunterte während ihrer EU-Ratspräsidentschaft auch andere Staaten dazu, dies ebenfalls zu tun. Die Regierungsentscheidung rief massive Proteste vor allem junger Menschen hervor, die die Ratifizierung des Vertrages zu

verhindern suchten. Das Ausmaß der Proteste war für polnische Verhältnisse gewaltig. Innerhalb nur weniger Tage versammelten sich Zehntausende auf den Straßen, nicht nur in großen Städten wie Warschau und Krakau, sondern auch in kleineren Ortschaften, die die letzten Proteste wohl zu Zeiten der ersten „Solidarność" erlebt hatten. Donald Tusk wurde durch die Proteste gezwungen, dem Projekt seine Unterstützung zu entziehen und mit den Demonstranten in Verhandlung zu treten.

Auch die städtischen Bewegungen haben bedeutende Erfolge zu verzeichnen. Es schließen sich ihnen vor allem junge Menschen an, die sich seit 2010 ins öffentliche Leben eingebracht haben. Ihr Handeln zielt meistens auf lokale Probleme ab. Sie engagieren sich gegen die Privatisierung von Park- und Grünflächen zugunsten von exklusivem Wohnungsbau und setzen sich für den Ausbau von Radwegen oder die Einführung von Bürgerhaushalten ein. Alle diese Initiativen verbindet der Wunsch nach einer Stadtentwicklungspolitik, die sich stärker an den Bedürfnissen der Bürger ausrichtet als am weltweiten Konkurrenzkampf der Metropolen mit dem Ziel, internationales Kapital einzuwerben. Neben dem Einfluss auf konkrete Entscheidungen städtischer Kommunalverwaltungen treten diese städtischen Bewegungen auch politisch erfolgreich auf. In Krakau wurde unter Verweis auf die hohen Kosten und den zweifelhaften Nutzen für die Anwohner die Ausrichtung der Olympischen Winterspiele 2022 verhindert. Durch die Organisation lokaler Wahlbündnisse erreichten die Initiativen während der Kommunalwahlen 2014 moderate Erfolge und sind nun mit ihren Kandidaten in einer Reihe von Stadtparlamenten vertreten.

Beschränkt bleibt der Einfluss der heutigen freiheitlichen Sozialbewegungen durch ihre begrenzte Fähigkeit, sich die Aufmerksamkeit der Gesellschaft dauerhaft zu sichern und Strukturen zu schaffen, die eine lang anhaltende Einflussnahme auf die politische Realität ermöglichen würden. Sichtbar wird dies ebenfalls an den Demonstrationen gegen das ACTA-Abkommen, im Rahmen derer es zwar gelungen war, Tausende Menschen zu mobilisieren, jedoch keine festen Organisationen

geschaffen wurden, mithilfe derer der Kampf um die Privatsphäre im und den freien Zugang zum Internet hätte institutionalisiert werden können. Die städtischen Bewegungen befinden sich in einer etwas anderen Situation; dort jedoch, wo ihren Vertretern der Einzug ins Stadtparlament nicht gelungen ist, schwindet das breite Engagement schnell oder beschränkt sich auf die Aktivität einzelner Experten.

Soziale Bewegungen – Wandel und Kontinuität

Betrachtet man die Geschichte Polens aus der Perspektive solcher sozialer Bewegungen wird deutlich, dass sich seit den 1970er-Jahren die grundlegenden Vorstellungen davon, was die Ziele politischen Engagements sein sollten und in welchem Verhältnis Staatsmacht und Bürger zueinander stehen sollten, bis heute nicht verändert haben. Der Systemwandel vom autoritären zum demokratischen Regierungssystem stellt in dieser Hinsicht keine Zäsur dar. Das Denken in Kategorien einer Avantgarde und des Aufbaus einer egalitären und gerechten Gesellschaft wurde abgelöst durch die Vision einer aktiv engagierten Gesellschaft, die die Selbstverwirklichung des einzelnen Menschen fördert. Das bedeutet natürlich nicht, dass die gegenwärtigen Strukturen und Institutionen diese bereits verkörpern. Oft ist genau das Gegenteil der Fall, aber sowohl die Verteidiger als auch die Kritiker einer individuellen Selbstverwirklichung des Menschen berufen sich auf die Freiheit und auf die kontinuierliche Verbesserung der Voraussetzungen.

Spätestens seit den 1980er-Jahren verleihen die sozialen Bewegungen jenen Angelegenheiten Gehör, die von den führenden politischen Kräften vernachlässigt werden. Sie sind der Kern der Demokratie, da sie immer wieder Unzulänglichkeiten in den wichtigsten Debatten aufzeigen.

Heute, da sich die Öffentlichkeit wandelt und, wie es scheint, eine Politik, die als Konfrontation verschiedener Narrationen ausgetragen wird, bald der Vergangenheit angehört, werden die Bewegungen wahrscheinlich weiter an Bedeutung gewinnen. Sicherlich werden sich dabei ihre Strukturen wandeln. Die grundlegende Herausforderung wird nicht mehr darin bestehen, die Öffentlichkeit zu erreichen und eine Alternative zu den dominierenden Narrationen anzubieten, sondern darin, dauerhaftes Interesse für bestimmte Forderungen zu generieren und den neuen Formen gesellschaftlicher Kommunikation gerecht zu werden. Die größte Herausforderung wird dabei der Mangel an gesellschaftlicher Aufmerksamkeit sein.

Aus dem Polnischen von Maria Albers

Matthias Kneip

Reise in Ostpolen

In diesem Jahr besuchte ich Czertyżne, den Geburtsort meines Vaters. Ich stand hier lange und betrachtete den Ort, wo bis 1947 Menschen lebten. Ich schloss die Augen und in meiner Phantasie sah ich das Dorf, das ich nur aus Erzählungen kenne. Bis heute trage ich in meinem Herzen eine eigenartige Sehnsucht nach diesem Ort.
(Eintrag eines Nachkommen aus Czertyżne in einem Internet-Blog)

Czertyżne

Wo einst Lemken lebten. Ein Ort, der keiner mehr ist

Wie findet man einen Ort, den es nicht mehr gibt? Der auf keiner Karte und schon gar nicht in irgendwelchen Touristenführern verzeichnet ist? Man sucht ihn. Marek, mein Reisebegleiter für die schwierigen Fälle, fährt nach dem kleinen Örtchen Banica rechts ab und biegt nach wenigen Metern in einen kleinen Feldweg ein. Dieser wird schließlich von einem kleinen Flüsschen mit Namen Czertyżanka abrupt abgeschnitten. Wer den Ort Czertyżne sucht, muss hier anfangen. Also ziehen wir Schuhe und Socken aus, überqueren den Fluss und wandern auf Verdacht in den Wald hinein.

Irgendwo in dieser Gegend, dem Flusstal der Czertyżanka, stand einst das von Lemken bewohnte Dorf Czertyżne. Die Lemken galten nach dem Zweiten Weltkrieg als Teil der ukrainischen Minderheit, die unmittelbar nach Kriegsende von polnischer Seite ebenso brutal wie konsequent bekämpft wurde. Polen sollte ein homogener Staat werden, in dem Minderheiten als Konfliktpotenzial angesehen wurden und deshalb verschwinden mussten. Die Kämpfe zwischen polnischen Einheiten und der Ukrainischen Aufstandsarmee hatten mehrere zehntausend Tote zur Folge. Von April bis Juli 1947 wurden schließlich im Rahmen der sogenannten Aktion Weichsel über 150.000 Ukrainer aus dem Südosten Polens in nördliche und westliche Landesteile deportiert und Personen, die im Verdacht standen, mit der ukrainischen Untergrundarmee zu kooperieren, in die ehemaligen Konzentrationslager nach Auschwitz und Jaworzno gebracht. Ganze Dörfer wurden umstellt, in einer Blitzaktion in Zugwaggons verladen und abtransportiert, um auf diese Weise die ukrainische Widerstandsbewegung zu schwächen. Dann folgte die Konfiszierung der Besitztümer, um jede Rückkehr der Einwohner zu verhindern. Nicht nur die griechisch-katholischen Kirchen gingen damals in staatlichen Besitz über, sondern auch die Friedhöfe, Wohnhäuser sowie Grund und Boden.

Das Dorf Czertyżne teilte dieses Schicksal, obwohl
hier, fernab jeder Straße und Infrastruktur, in der
Zwischenkriegszeit nur 170 Menschen lebten und
es außer ein paar Privathäusern nur eine Schule und
eine Holzkapelle gab. Im Zweiten Weltkrieg fanden
selbst deutsche Soldaten nur selten den Weg hierher,
wobei man dann die Einwohner zur Aushebung von
Schützengräben in Banica zwang oder Pferdebesitzer
zu Transportarbeiten heranzog. Wer nach dem Krieg
nicht floh oder in die Ukraine ausreiste, wurde in
einer gezielten Aktion Anfang Juni 1947 ausgesiedelt. Das ganze Dorf. Die Häuser wurden abgetragen,
die Kirche fünf Jahre später abgerissen. Nur der Altar
wurde ins nahe gelegene Banica gebracht, wo er bis
heute zu sehen ist.

Der Weg durch den Wald führt uns durch einen
weiteren Flussarm und ist vom vielen Regen matschig und fast unpassierbar. Was
werden wir hier noch finden? Eine große Wiese? Reste von Häusern? Wird es
noch Hinweise geben auf das Leben im Dorf von einst? Oder hat die Natur jeden
Rest verschlungen und alle Spuren verwischt? Einen Moment lang überlegen wir,
wieder umzukehren, weil immer neue Weggabelungen eine Entscheidung von uns
verlangen. Doch die Neugier treibt uns weiter. Plötzlich teilt sich der Weg an einer
Böschung, hinter der wir ein größeres Holzkreuz erahnen können. Im Eilschritt
steigen wir auf die kleine Anhöhe.

Wir haben den alten Friedhof von Czertyżne gefunden. Im Nirgendwo, umgeben
von Wald, Wegen, Hügeln und Wiesen. Ein kleiner Holzzaun, ein paar Kreuze aus
Holz oder Gusseisen auf Steinsockeln. Wir halten inne. Auf den ersten Blick hat
es den Anschein, als wäre hier seit Jahrzehnten kein Mensch mehr gewesen. Fast
überkommt uns ein schlechtes Gewissen, diese Ruhe nun zu stören. Doch ein fast
neues, eher provisorisch aufgestelltes Holzkreuz auf einem der Gräber, an dem auch
noch abgebrannte Kerzen stehen, macht uns stutzig. Es war also doch noch jemand
da. Später erfahre ich, dass ein ehemaliger Bewohner der Siedlung, der längst im
Ausland lebte, in seinem Testament verfügt hatte, wenn möglich wieder auf dem
alten Dorffriedhof begraben zu werden. Es war möglich. Und so liegt er hier zwischen den Gräbern aus längst vergangenen Zeiten. Die meisten der Inschriften sind
kyrillisch geschrieben, die Witterung hat sie fast unleserlich gemacht. Ein Schild
zeugt davon, dass dieser Friedhof im Bewusstsein der ehemaligen Dorfbewohner
keineswegs vergessen ist: *Griechisch-Katholischer Friedhof des Dorfes Czertyżne.
In den Jahren 1785–1947 fanden hier 521 Einwohner des Dorfes Czertyżne die
ewige Ruhe. Zum Gedenken an die Rückgewinnung des Friedhofs im Jahr 2000.
A. Madzelan.* Den Namen Madzelan finde ich auf einem der alten Grabsteine
wieder.

Das Wort „Rückgewinnung" spielt auf die Tatsache an, dass die ehemaligen Grund-
stücke der Lemkendörfer später in Polen zum Kauf angeboten wurden. Auf den

Grabplatten der Toten errichteten die neuen Eigentümer nicht selten die Fundamente für ihre Sommerhäuser. In Czertyżne ist es den Nachfahren der ursprünglichen Bewohner sowie Lemkenverbänden offenbar gelungen, durch Proteste wenigstens den Friedhof zu retten. Er ist zum Denkmal geworden, das an das tragische Schicksal vieler Lemken und Bojken dieser Region unmittelbar nach dem Krieg erinnert. Zu einem Denkmal, das für sich selbst steht, fernab von jeder Zivilisation.

Ich spaziere mit Marek über die den Friedhof umgebenden Wiesen, auf denen bis heute Obstbäume wachsen. Schweigend, immer noch in Gedanken versunken, in denen wir uns die Geschehnisse von damals vorstellen. Schnell wird deutlich, dass das Gras zu einem natürlichen Deckmantel geworden ist für die bei gezieltem Blick immer noch sichtbaren Grundmauern der Häuser des ehemaligen Dorfes. Höhen und Tiefen, gleichmäßige rechteckige Strukturen im Wiesenboden bezeugen das Vergangene. Irgendwo zwischen den Bäumen lehnt ein altes, mehrere Meter hohes Holzkreuz an einem Baum. Ein Schild mit unkenntlich gewordener Schrift sowie eine kleine bronzene Jesusfigur hängen noch daran. Sie hat durchgehalten über die Jahrzehnte. Wenn der Baum fällt, versinkt auch das Kreuz im Gewirr aus Sträuchern und Gestrüpp.

Wir machen uns auf den Rückweg, immer noch bewegt von der Aura dieses Ortes, der so vergessen in der Natur schlummert und den zu finden uns nur mit Glück und Entdeckergeist gelungen ist. Zweimal müssen wir noch Schuhe und Socken ausziehen und durchs Wasser waten, dann stehen wir wieder vor unserem Auto. Wir sind zurückgekehrt in die Gegenwart.

Kwiatoń

Im Land der Holzkirchen

Als ich in den Niederen Beskiden zum ersten Mal eine jener berühmten griechisch-katholischen Holzkirchen erblickte, geriet mein Chip im Fotoapparat schnell an seine Leistungsgrenze. Obwohl ich keine Ahnung hatte, wie der Ort hieß, in dem die Kirche stand, nicht wusste, wem sie geweiht oder wie alt dieses architektonische Holzkunstwerk war, schlich ich bemüht andächtig um das faszinierende Gebäude herum, um jeden auch noch so kleinen Winkel auf einem Foto festzuhalten. Hätte ich jede dieser wundervollen Kirchen, an denen ich noch vorbeikommen sollte, so intensiv fotografiert wie die erste, dann hätte sich wohl auch meine Festplatte später einmal taufen lassen.

Es ist nur folgerichtig, dass der Südosten Polens auch als „Land der Holzkirchen" bezeichnet wird. Ungewöhnlich häufig begegnen dem Besucher diese Kirchen in den hiesigen Dörfern. Meist stehen sie wie selbstverständlich irgendwo zwischen den Häusern, unweit von Wäscheleinen, Spielplätzen oder Kuhställen, immer ausgerichtet nach Osten. Auf den ersten Blick sehen sie mit ihren dreifachen Zwiebelkuppeln aus wie katholisch verkleidete orthodoxe Kirchen aus Russland. Doch im Gegensatz zu den russischen Kuppeln sind diese hier in einer Reihe angeordnet, wobei sich der eigentliche Kirchturm direkt über dem Eingang erhebt. Die dreigeteilten Kirchen sind vollständig aus Holz gebaut, meist mit Schindeln gedeckt und von einem kleinen Zaun mit mehreren Eingangstoren umgeben.

Die in dieser Region vor allem unter Lemken und Bojken verbreitete griechisch-katholische Kirchenzugehörigkeit geht auf die im 16. Jahrhundert geschlossene Kirchenunion von Brest zurück. Damals schlossen sich orthodoxe Bischöfe des polnisch-litauischen Staates und Bischöfe der römisch-katholischen Kirche zusammen, um die Orthodoxie im Osten der Adelsrepublik vor Moskauer Ansprüchen zu schüt-

zen. Die orthodoxen Bischöfe durften nach der Kirchenunion ihren traditionellen byzantinischen Ritus behalten, ebenso eine eigenständige kirchliche Hierarchie und den Julianischen Kalender. Nur den Papst mussten sie anerkennen. Auf diese Weise entstand die Unierte Kirche in Polen, die bis heute existiert, obwohl sie im 19. und 20. Jahrhundert sowohl von den zaristischen Behörden als auch von den kommunistischen Machthabern verfolgt und vor allem nach dem Zweiten Weltkrieg bekämpft wurde.

Mein Bemühen, eine dieser Kirchen einmal von innen besichtigen zu können, wird erst nach mehreren Anläufen von Erfolg gekrönt. Fast immer sind die Türen – wenn nicht gerade Gottesdienst ist – verschlossen. Manchmal treffe ich nur auf einen meist handgeschriebenen Zettel, der eine Telefonnummer angibt, wo der Schlüssel zu besorgen ist. Entweder geht aber keiner ans Telefon oder der Schlüsselbesitzer ist gerade irgendwo auswärts. In Kwiatoń, wo eine der schönsten und ältesten Lemkenkirchen aus dem späten 17. Jahrhundert zu finden ist, habe ich Glück. Eine Frau meldet sich und kommt nach wenigen Minuten strahlend und mit einem riesigen Eisenschlüssel zur Kirche. Sie freut sich anscheinend über jeden Besucher, selbst wenn er sie am Freitagnachmittag vom Grillfest wegklingelt. Nicht so schlimm, sagt sie. Jeder soll schließlich so ein Wunder sehen können! So betreten wir die Kirche durch den ersten der traditionellen drei Teile, den Vorraum, der schon den Blick freigibt in das Hauptschiff, direkt auf eine aus kunstvollen Bildern zusammengefügte Ikonostase. Bin ich noch in Polen? Oder schon jenseits der polnischen Grenze? Die Wandmalereien in der Kirche sind eindrucksvoll, ebenso die Ikonen und das hölzerne Chorgestühl über mir. Nirgends in Polen habe ich bislang ein solches Kunstwerk wie dieses gesehen.

Allein die Ikonostase hätte schon gereicht, um sich wie im östlichsten Europa zu fühlen. Aber auch der sonstige Kirchenschmuck ist unverwechselbar orthodox. Neben einer Ikone des heiligen Nikolaus, der als Regionalheiliger in fast allen Kirchen hier verehrt wird, befindet sich in Kwiatoń auch eine Ikone der heilige Paraskeva,

der die Kirche geweiht ist. Sie gilt in Russland als Beschützerin der Frauen und Mädchen, außerdem als Patronin des Handels. „Sie haben einen guten Tag ausgewählt", erzählt mir die Frau, „denn der Name Paraskeva leitet sich vom griechischen Wort für Freitag ab. Und heute ist doch Freitag!" Einen Moment überlege ich, ob ich ihr antworten soll, dass ich genau aus diesem Grund heute die Kirche besuchen wollte, bin mir aber nicht sicher, ob der Scherz ankommt, und lächle nur vielsagend.

Aus meiner Begeisterung holt mich dann ein ziemlich einfacher Altartisch vor der Ikonostase schnell in die Gegenwart zurück. So ein Altar? Hier? Die Erklärung meiner Führerin ist ebenso einfach wie traurig. Durch die Verfolgung und Aussiedlung der Lemken und Bojken nach dem Zweiten Weltkrieg wurde die Zahl der unierten Gläubigen in dieser Region stark reduziert. Die Kirchen blieben meist ungenutzt oder wurden wie auch diese hier von den Katholiken übernommen. In manchen Gemeinden wechseln sich noch heute Katholiken und Unierte bei der Nutzung der Kirche ab, in Kwiatoń selbst gibt es aber nur noch zwei griechisch-katholische Familien. Ursprünglich, so erzählt mir die Frau mit dem Schlüssel, durften durch die zentrale Mitteltür der Ikonostase traditionell nur die Priester gehen. Durch die katholische Nutzung der Kirche würde das aber nicht mehr so streng gehandhabt. Wer heiratet, darf auf jeden Fall einmal in seinem Leben durch die Tür schreiten. Sogar mit einer Krone auf dem Haupt! Auch die ursprüngliche Aufteilung der Sitzreihen nach Frauen und Männern sei nun nicht mehr wichtig. Der Geist, der hier heutzutage herrsche, sei katholisch, auch wenn das Haus orthodox ist.

Mit großer Begeisterung führt mich die Frau durch die Kirche, erklärt mir die Motive der Ikonen, die Wandmalereien und wie aufwendig und kostenintensiv die Renovierungsarbeiten waren. Dann kommt auch für mich der große Moment, als ich durch die sogenannte Zarentür in den Altarraum schreiten darf. Obwohl ich weder der Zar noch Priester bin noch gerade heirate. Trotzdem fühle ich mich gleich ein wenig wertvoller.

Irgendwann ist der Chip in meiner Kamera dann wirklich voll und ich bin froh, dass auch die Frau mit dem Schlüssel mit der Führung zu Ende kommt. Als ich nach draußen trete, spazieren zwei Störche über die Wiese vor der Kirche. Fast instinktiv greife ich zur Kamera, breche das Vorhaben aber ab, da die Störche wohl nicht warten werden, bis ich eine neue Speicherkarte eingelegt habe. So ist es auch. Während ich mich von der Frau verabschiede, nehmen sie kurz Anlauf und erheben sich mit ihren großen Flügeln über die Kuppeln der Kirche. Ein kitschiges Motiv wäre das geworden. Aber ein schönes. Nur die Frau würdigt die Störche keines Blickes. Sie kennt das ja.

Sanok

Wenn Kulturen Geschichte werden. Ein Freilichtmuseum für Bojken und Lemken

Auf meiner Reise durch den Südosten des Landes begegne ich immer wieder
Spuren von Bojken und Lemken. Während die Lemken vor allem in den Niederen
Beskiden ihre Dörfer hatten, siedelten die Bojken eher in den östlicher gelegenen
Bieszczady. Beide Bevölkerungsgruppen wurden 1947 im Rahmen der „Aktion
Weichsel" fast vollständig aus ihren heimischen Regionen in ehemals deutsche
Gebiete umgesiedelt. Und obwohl einige wenige von ihnen den Weg wieder zurück
in ihre Heimat gefunden haben, sind es dennoch meist nur noch Relikte, die an das
einstige Leben dieser Volksgruppen in der Region erinnern. Die berühmten Holzkirchen zum Beispiel. Oder Überreste von Friedhöfen, die an verborgenen Orten über-
dauert haben. Eine Rekonstruktion des Alltags von damals ist nahezu unmöglich.

Um einen Eindruck zu bekommen, wie Lemken und Bojken in den vergangenen
Jahrhunderten bis zum Zweiten Weltkrieg hier gelebt haben, suche ich das bekannte Freilichtmuseum für Volksbauwesen in Sanok auf, das zu den größten und
schönsten seiner Art in Polen gehört. An dessen Eingang erwartet mich Grzegorz,
ein älterer Herr, der schon seit vielen Jahren Touristen durch das Museum führt
und auch mich auf meinem Rundgang begleitet.

Ursprünglich bezeichneten sich Bojken und Lemken selbst als Ruthenen, erklärt
mir Grzegorz. Erst Mitte des 19. Jahrhunderts sei der Begriff Lemken entstanden,
wohl deshalb, weil diese so häufig das Wort „łem" benutzten, das so viel wie „nun
denn" bedeute. Dabei lacht Grzegorz und sagt, dass man das ungefähr vergleichen
könne mit dem süddeutschen „gelt" oder dem norddeutschen „wa". Auch da wüsste man ja sofort, woher aus Deutschland jemand kommt.

Die Bojken galten als reizbarer, aber auch primitiver, weshalb sich ihr Name möglicherweise von dem Wort „bojkij" ableitet, das so viel bedeutet wie „kampfeslustig".
Für die Polen jedenfalls zählten beide Volksgruppen bis zum Zweiten Weltkrieg zu
den Ukrainern, und um die ukrainische Nationalbewegung zu schwächen, siedelte
man sie 1947 in großem Stil in andere Gebiete Polens um. Was blieb, ist fast nur
die Erinnerung an diese Kulturen, die heutzutage nur noch vereinzelt existieren.

Bereits 1958 wurde in Sanok das Freilichtmuseum eröffnet, das auf 38 Hektar
fast 30.000 Kulturexponate versammelt hat und vor allem das Volksbauwesen von
Bojken und Lemken, aber auch anderen Gruppen dokumentieren soll. Die Besichtigung der alten Häuser, Ställe und Kirchen führt mir eine ländliche Lebenskultur
vor Augen, die unendlich weit zurückzuliegen scheint, obwohl die Gebäude zum
Teil erst aus den Anfängen des 20. Jahrhunderts stammen. Sie vermitteln mir
einen konkreten Eindruck vom Alltag der Bojken und Lemken, die als Nachfahren
nomadischer Schafhirten vor allem als Landwirte und Viehzüchter tätig waren. Die
typisch rotbraune Farbe der Häuser, so erklärt mir Grzegorz, entstand durch die Verwendung von verbrannter Tonerde, die mit Roggenmehl und Öl gemischt und auf
diese Weise haltbar und sonnenlichtbeständig gemacht wurde. Vor allem die Lemken verzierten ihre Häuser meist kunstvoll und mit viel Aufwand. Überhaupt, so
sagt Grzegorz, lebten die Lemken zivilisierter als die Bojken, bei denen schon mal
sexuelle Anarchie herrschte, die allerdings auch auf die geringe Bevölkerungsdichte
vieler östlicher Landstriche zurückgeführt werden konnte. Ansonsten unterscheiden
sich beide Volksgruppen von den Polen durch den slowakisch beeinflussten ukrainischen Dialekt, die Konfession, die Bekleidung und durch den Baustil.

Ein sonderbares Gerät vor einem der bojkischen Bauernhöfe erinnert mich an
die hölzernen Ratschen, die wir in Bayern als Ministranten am Karfreitag ein-
setzten, wenn die Glocken nicht läuten durften. Aber dieses Gerät hier diente
einem völlig anderen Zweck, wie mir Grzegorz demonstriert. Als er daran dreht,
setzt ein ohrenbetäubender Lärm ein. Damit wurden Wölfe vertrieben und vom
Vieh ferngehalten. Eine Wolfabschreckungsmaschine sozusagen. Besonders stolz
zeigt mir Grzegorz eine alte lemkische Wohnstube, die, typisch für die damalige
Lebensform, als Schlafzimmer, Esszimmer, Küche und manchmal auch als Stall für
kleine Tiere diente. Der Rauch des Ofens, der keinen Kamin hat, zog erst durch die
Stube, dann über eine Öffnung im Dach nach draußen. Neben dem Ofen stehen ein
Bett, eine Kinderwiege, ein Regal, eine Sitzbank und ein sonderbarer Kastentisch.
Als Grzegorz meinen neugierigen Blick bemerkt, klappt er plötzlich die Tischplatte
triumphierend nach oben, und eine Art Geheimfach wird sichtbar. Ein sogenann-
ter Heiliger Tisch, sagt Grzegorz, der an das Abendmahl erinnern soll und in dem
Lebensmittel aufbewahrt wurden. Gegessen wurde an ihm nur an Festtagen.

Die Vorstellung, in einem Haus dieser Art zu leben, fällt schwer. Aber wahrscheinlich war das Leben in einem alten Bauernhof in Deutschland auch nicht besser.
Traurig macht mich nur die Tatsache, dass hier eine Kultur keine Chance bekam,
sich weiterzuentwickeln, sondern durch den Krieg und seine Folgen abgebrochen
wurde. Die Häuser von damals wurden entweder zerstört oder fanden den Weg in
Museen. Draußen vor dem alten Hof steht ein großer, ausgehöhlter Baumstamm, in

den eine Tür eingearbeitet und in dem eine einfache Toilette installiert wurde. Für Schulklassen die größte Attraktion hier, sagt Grzegorz und bietet wohl aus Gewohnheit an, ein Foto von mir vor der Toilette zu machen.

Fast drei Stunden dauert meine Zeitreise durch den Alltag von Bojken und Lemken. Und je mehr Häuser und Kirchen des Museums ich besuche, umso plastischer kann ich mir das Leben dieser Volksgruppen in den vergangenen Jahrhunderten vorstellen. Doch es bleibt bei der Vorstellung. Sie mit echten Lemken und Bojken zu füllen, scheint mir unmöglich. Dann sollte ich mal im Sommer kommen, sagt Grzegorz, wenn sich alljährlich im Juli fast 20.000 Lemken aus aller Welt in dem Dorf Zdynia träfen. Auf diesem größten „Vertriebenentreffen" Polens wird nächtelang gesungen, getanzt, Sportwettkämpfe werden ausgetragen und, natürlich, Gottesdienst gefeiert.

Ob ich wüsste, wer der bekannteste Lemke auf der Welt sei, fragt mich Grzegorz. Natürlich habe ich keine Antwort. Wie fast jeder, der hierher kommt. Und Grzegorz kostet seinen Triumph mit einer langen Pause aus. Andy Warhol! Der sei zwar schon in Amerika zur Welt gekommen, seine Familie stamme aber aus dem Ort Medzilaborce, nicht mal 50 Kilometer von hier entfernt, gleich hinter der slowakischen Grenze. Dort gebe es ein bekanntes Warhol-Museum, das sich ebenfalls zu besuchen lohne. Doch ich fahre nicht mehr Richtung Süden, lasse Warhol in Ruhe. Die Frage allerdings, wie sich eine Verbindung zwischen seiner Pop-Art und dem Lebensstil seiner Vorfahren herstellen ließe, beschäftigt mich noch einige Zeit. Obwohl mir Grzegorz erzählt hat, wie künstlerisch begabt die Lemken waren, scheint mir Warhols Kunst doch wenig gemeinsam zu haben mit derjenigen von Bojken und Lemken. Nur einzigartig, das sind sie beide.

Grabarka

Der Heilige Berg der Orthodoxen

Wenige Kilometer östlich des Ortes Siemiatycze, unweit des Flusses Bug, der sich hier schon seiner Grenzfunktion entledigt hat und Richtung Westen strömt, stoße ich in einem Waldgebiet auf den Heiligen Berg von Grabarka. Für die orthodoxen Gläubigen in Polen hat dieser Ort eine ähnliche Bedeutung wie der Helle Berg in Tschenstochau für polnische Katholiken. Er ist ihr wichtigster Wallfahrtsort und zugleich geistiges Zentrum, vielleicht auch eines der letzten wichtigen Symbole weißrussischer Identität. Der Ursprung der Bedeutung des Berges geht auf eine Überlieferung zurück, die sich auf ein Ereignis Anfang des 18. Jahrhunderts beruft. Damals war die Region stark von einer Choleraepidemie betroffen und Tausende von Menschen starben. Eine Erscheinung im Jahr 1710 verhieß den Bewohnern von Siemiatycze, dass sie ihr Leben nur dann retten könnten, wenn sie sich zu einer Kultstätte auf dem nahe gelegenen Berg von Grabarka begäben. Dort fanden sich im Sommer desselben Jahres dann auch mehrere tausend Menschen ein, um gemeinsam zu beten. Als sie die Cholera überlebt hatten, errichteten sie zum Dank eine Holzkirche und der Ort wurde zur Pilgerstätte.

Im Gegensatz zu Tschenstochau tritt mir dieser Wallfahrtsort keineswegs majestätisch oder pompös gegenüber. Im Gegenteil, schon die Anreise durch ein Waldgebiet schafft eine Aura des Geheimnisvollen und weckt beim Besucher gespannte Erwartung. Als ich schließlich ein kleines Tor passiere, um die Anhöhe zur Kirche hinaufzulaufen, traue ich meinen Augen kaum. Tausende, um nicht zu sagen, unzählige Kreuze säumen den Weg und bedecken den gesamten Berg. Große, kleine, hölzerne, metallene, bunte, einfarbige, alte, neue, dieser Wald aus Kreuzen entzieht sich jeder Beschreibung. Ich muss aufpassen, wohin ich meine Schritte setze, um keines davon zu beschädigen. Auf vielen der Kreuze stehen in kyrillischer Schrift

die Worte „Spasi i sochrani", was so viel heißt wie „Rette und beschütze uns". Häufig sind noch Zettel oder kleine Schilder an den Kreuzen angebracht, die, mit Namen versehen, das Anliegen des jeweiligen Wallfahrers bezeugen. Eine Gruppe Esperantisten bittet um den Weltfrieden, eine Mutter um Genesung ihrer Tochter, ein Hauptmann der Armee, der gleich seinen Stahlhelm mit ans Kreuz gehängt hat, um das Wohlergehen seiner Garnison. Die Anliegen sind so unterschiedlich wie die Kreuze selbst. Unter Letzteren entdecke ich auch viele katholische, die darauf hinweisen, dass der Wallfahrtsort längst auch von den Katholiken angenommen wurde.

Oben auf dem Berg, inmitten der Kreuze, steht eine eher schmucklose, aber dennoch unverkennbar orthodoxe Kirche, die aus Stein gebaut und mit Holz verkleidet wurde. Die ursprüngliche Holzkir-

che war 1990 bei einem Brand, dessen Ursache bis
heute unklar ist und der tiefes Misstrauen bei der
Bevölkerung auslöste, zerstört worden. Das Innere
der Kirche präsentiert sich in Form eines großen,
fast leeren Raumes, der über und über mit grellen
Farben ausgemalt ist, die in den Augen schmerzen.
Buntgemusterte Teppiche liegen unter einer ebenso
farbigen, aber völlig anders gemusterten Holzdecke,
von der zwei Rundleuchter herabhängen. Die Wände
zieren Wandgemälde mit Motiven aus der Bibel,
vorne steht eine vergoldete Ikonostase, in deren
Zentrum sich eine Kopie der Ikone der Muttergottes
von Georgien befindet.

Schnell zieht es mich wieder nach draußen, um
erneut einzutauchen in die Faszination der Kreuze
und Aufschriften, die authentischer und interessanter
sind als die neu gebaute Kirche. Am 19. August, der Feier der Verklärung Christi,
findet hier alljährlich eine große Wallfahrt statt. Tausende Gläubige, junge wie alte,
reisen an diesem Tag aus ganz Polen an, um das mehrere Tage andauernde Fest zu
begehen und die mitgebrachten Kreuze mit aller Kraft in den Boden zu rammen. Für
die meisten Pilger beginnt das Ritual unten am Berg, wo sie sich in der Quelle reini-
gen, um sich vor Krankheiten zu schützen, oder mit mitgebrachten Taschentüchern
aus Leinen wunde Stellen ihres Körpers betupfen. Nachdem sie die Taschentücher
in den Sträuchern aufgehängt haben, beginnt der mühsame Aufstieg auf Knien die
Treppe hinauf zur Kirche, die dann, ebenfalls auf Knien, dreimal umrundet werden
muss. Viele der Pilger bleiben in Zelten über Nacht, singen und beten, wechseln
sich ab mit Nachtwachen.

Über den Friedhof, auf dem sich Grabsteine sowohl mit kyrillischer als auch
lateinischer Aufschrift befinden, gelange ich zu der Treppe, die hinunter zur Quelle
führt. Allein die Vorstellung, diesen Weg auf Knien zurücklegen zu müssen, verur-
sacht mir schon Schmerzen. Unten an der Quelle, deren Wasser man unter einem
kleinen Kuppelbau auch in Flaschen abfüllen kann, finde ich tatsächlich noch einige
Papiertaschentücher in den Büschen, allerdings habe ich Zweifel, ob sie nicht eher
mangels Mülleimer als aus rituellen Gründen dort hängen. Spielt auch keine Rolle,
der kleine Bach jedenfalls ist erfrischend kühl und verleiht meinen müden Füßen
neue Kräfte.

Die Kirche und den Berg voller Kreuze im Rücken, verlasse ich den Ort wieder
durch den kleinen Wald und bin mir lange nicht sicher, ob ich nicht doch einer
Einbildung erlegen bin. Allein meine nassen Füße zeugen noch davon, weshalb mir
der Berg wohl so in Erinnerung bleiben wird wie den meisten Pilgern: geheimnis-
voll und wunderbar.

Weißrussische Dörfer

Im Land der offenen Fensterläden

An der Landstraße nördlich des Ortes Narew nimmt die Dichte der Storchennester zu. Und auch die Architektur der Dörfer hat sich dieser Idylle angepasst. Würde man mich hier aussetzen und fragen, wo ich mich zu befinden glaube, die Antwort wäre eindeutig: Russland. Auch wenn die weißrussische Grenze noch einige Kilometer weiter östlich liegt, ist der Einfluss russischer Architektur hier im Narew-Tal unübersehbar. So reiht sich im Dorf Trześcianka links und rechts ein kunstvoll bemaltes Holzhaus an das andere. Sowohl die Dachunterkanten als auch die Wände und Fensterläden strahlen in bunten Farben und sind mit filigranen Holzmustern versehen. „Laubsägenstil" wird diese Art der Verzierung genannt, den die hier ansässigen Bewohner aus Russland mitgebracht haben, wohin viele ihrer Vorfahren während des Ersten Weltkriegs zwangsumgesiedelt waren. Einige der Häuser haben kein Fenster zur Straße, weil sich auf dieser Seite traditionell die unbeheizten Lagerräume für Lebensmittel befanden, während die Wohnräume zum Garten hinausgingen.

Doch nicht nur die Architektur der Dörfer macht diese Gegend so einzigartig, sondern auch die damit verbundene Tatsache, dass in dieser Region ein großer Teil der weißrussischen Minderheit von Polen lebt. Schon von ferne kann man die orthodoxen Kreuze auf den silbernen Kuppeln der großen Holzkirche in Trześcianka erkennen, die die Glaubensrichtung der Menschen hier sichtbar machen.

Nachdem ich die Kirche zum dritten Mal umrundet habe, kommt einer der Bauarbeiter von der gegenüberliegenden Straßenseite zu mir herüber. Ob ich hinein-

gehen möchte, fragt er mich, und noch bevor ich antworten kann, stellt er sich mir als der hiesige Pfarrer vor. Ein Pfarrer in Baumontur und Handschuhen. Ich versuche, mir meine Verwunderung nicht anmerken zu lassen, und bedanke mich für das Angebot. Während Pfarrer Jerzy die Kirche aufsperrt, erzählt er mir, dass im Dorf Trześcianka nur noch 100 Menschen leben. Vor 20 Jahren seien es noch 500 gewesen, doch die meisten, vor allem die jungen, suchten ihr Glück entweder in Białystok, wo sich das Zentrum der weißrussischen Minderheit befindet, oder gleich im Ausland. Viele der Häuser stünden deshalb leer, in den anderen lebe meist nur eine einzelne ältere Person. Als ich nachfrage, wie die Zukunft von Trześcianka aussehe, schaut er ratlos. „Einige der Häuser hier, aber auch in den umliegenden Dörfern, wurden von Warschauern als Sommerhaus gekauft. Vielleicht kommt ja jemand auf die Idee, ein Freilichtmuseum aus ihnen zusammenzustellen."

Die Kirche, die Mitte des 19. Jahrhunderts gebaut wurde, ist innen mindestens so bunt wie außen. Vor blauen Wänden steht eine modern anmutende Ikonostase, auf der unschwer der Erzengel Michael zu erkennen ist, dem die Kirche geweiht ist. „Fast alle Einwohner hier sind orthodox und pflegen weißrussische Traditionen", erläutert Pfarrer Jerzy. Aber als Weißrussen würden sie sich nicht bezeichnen, weil sie sich längst als Polen fühlten und auch nur polnisch sprächen. So ist es wenig verwunderlich, dass die Zahl der weißrussischen Minderheit in Polen zwischen 50.000 und 300.000 Mitgliedern schwankt, je nachdem, ob allein der orthodoxe Glaube als Kriterium angesehen wird oder auch das Bekenntnis zur weißrussischen Identität vorhanden sein muss. In Trześcianka jedenfalls gibt es nur noch zehn Kinder, die die weißrussische Schule besuchen. „Leider werden hier fast nur noch Beerdigungen zelebriert, an die letzte Hochzeit kann ich mich kaum noch erinnern", bedauert Pfarrer Jerzy, als wir die Kirche wieder verlassen und ich mich verabschiede.

Dieses Dorf stimmt mich traurig, weil ich das Gefühl habe, ihm beim Sterben zusehen zu müssen. Aber den umliegenden Dörfern geht es nicht anders. Wie Trześcianka zählen auch die Dörfer Puchły, Soce und Ciełuszki zum selbsternannten *Land der offenen Fensterläden*, weil sich die Menschen hier fern vom Trubel der Zivilisation ihre innere und äußere Ruhe bewahrt haben und in ihren architektonischen Kunstwerken leben können, ohne selbige zur Schau stellen zu müssen. Kaum ein Tourist findet den Weg hierher, es gibt nicht einmal eine richtige Straße. Ab und an treffe ich ältere Menschen, die alleine oder in Gruppen auf Bänken vor ihren Häusern sitzen und schweigen. Manche winken mir zu, andere beachten mich gar nicht. Das Glück, eine solche Region im heutigen Europa noch erleben zu dürfen, mischt sich mit der Traurigkeit, die mit der Gewissheit verbunden ist, dass hier wohl nichts eine Zukunft hat. Weder die Menschen, die nicht mehr lange zu leben haben, noch die Häuser, die zunehmend verfallen werden, wenn sie keiner mehr bewohnt.

Etwas weiter nördlich, im Dorf Krynki, direkt an der weißrussischen Grenze, besuche ich den Schriftsteller und Publizisten Sokrat Janowicz. Früher war er ein Kämpfer und Aktionist für den Erhalt und die Pflege des weißrussischen Nationalbewusstseins in der Region. Heute hat er sich zurückgezogen, den Kampf aufgegeben. Er beschäftige sich nur noch mit der weißrussischen Kultur, nicht mehr mit den Menschen, erzählt er mir, denn die wollten keine Kultur, nur Brot. Die wenigsten hier würden sich noch zur weißrussischen Identität bekennen. Entweder seien sie schon zu stark assimiliert oder sie litten unter Ängsten und Minderwertigkeitskomplexen, die noch aus der Zeit des Kommunismus herrührten, als das Weißrussische stark diskriminiert wurde. Deshalb sei es auch nicht verwunderlich, wenn es hier, im Gegensatz zu den Gebieten mit anderen, selbstbewussteren Minderheiten, keine zweisprachigen Ortsschilder gäbe. „Keiner braucht sie, keiner will sie mehr", meint Janowicz. Stolz zeigt er mir einige seiner Publikationen sowie noch bestehende Zeitungen und Zeitschriften in weißrussischer Sprache. Die Redaktionen, aber auch die weißrussischen Gesellschaften bekämen Geld aus Weißrussland, glaubt er. Andere weißrussische Aktivitäten würden auch von der orthodoxen Kirche unterstützt. Diese wolle den Glauben hier stärken, die Menschen an sich binden. Aber zur Rettung der Identität reiche das nicht. Zu stark dränge es die Menschen in die Stadt, zu alt und zu schwach seien diejenigen, die blieben. Und so lebt Janowicz heute zurückgezogen zwischen seinen Büchern, pflegt das weißrussische Erbe der Region auf seine Art. Den Humor aber hat er noch nicht verloren, sein Lachen, seine Freundlichkeit. Während ich schon im Auto sitze, um die Region, ihre Häuser und Menschen hinter mir zu lassen, sehe ich immer wieder seine Augen vor mir. Wie sie Fröhlichkeit vorgeben, in der Tiefe aber eine Traurigkeit ausstrahlen, die derjenigen ähnelt, die auch ich im *Land der offenen Fensterläden* empfunden habe.

Kruszyniany

Auf den Spuren der Tataren

Das Schild am Ortseingang von Kruszyniany kündigt nicht nur einen neuen Ort,
sondern gleichsam eine neue Welt an: *Tatarenpfad. Kruszyniany*. Dabei bin ich nur
eine knappe Stunde von Białystok Richtung Osten gefahren und soeben auf eine
kleine, oft geflickte Teerstraße abgebogen. Bislang konnte ich mir das Leben von
Tataren in Polen kaum vorstellen. Kruszyniany dagegen liegt so weitab, dass meiner
Phantasie für das, was mich erwarten könnte, plötzlich keine Grenzen mehr gesetzt
sind. Menschen mit Schlitzaugen und Pelzmützen, Reiterhorden auf Pferden ohne
Sattel mit Säbeln in den Händen, oder Frauen, die ihre Kinder in Jurten stillen und
ihre Familie mit blutigem Fleisch versorgen ...

Doch die Ernüchterung lässt Gott sei Dank nicht lange auf sich warten. Kruszyniany
entpuppt sich als ein verschlafenes Straßendorf, in dem sich links und rechts ein
Häuschen an das andere reiht und ich mir Sorgen machen muss, wo ich etwas zu
essen und eine Unterkunft finde. Schließlich treffe ich doch auf ein großes Schild,
das auf eine Pension mit tatarischer Küche und Gästezimmern hinweist und dem
ich gerne folge. Sogar eine Jurte ist neben dem Parkplatz aufgebaut, die allerdings
so befremdlich übergangslos neben den Autos steht, dass sich wohl nur völlig verzweifelte Touristen auf sie stürzen.

Die Geschichte der Tataren in Polen reicht bis ins 13. Jahrhundert zurück, als mon-
golische Reiternomaden in Europa einfielen und große Verwüstungen hinterließen.
Einige Stämme siedelten sich auf polnisch-litauischem Gebiet an und kämpften später in der Schlacht bei Tannenberg auf Seiten des litauischen Großfürsten Jagiełło.
Überhaupt dienten die Tataren im Laufe der Geschichte immer wieder als gern
gesehene Söldner im polnisch-litauischen Heer, und als die Staatskasse mal leer war,
vermachte König Jan III. Sobieski ihnen in einer Vereinbarung aus dem Jahr 1679

Land und Privilegien. Das Dorf Kruszyniany, so will es die Legende, erhielt der tatarische Oberst Samuel Krzeczowski zum Dank dafür, dass er dem König während der
Schlacht bei Párkány im Jahr 1683 gegen die Osmanen das Leben gerettet hatte.

Zwischen den Wohnhäusern stehe ich plötzlich der ältesten Holzmoschee Polens
gegenüber. In tief dunkelgrüner Farbe residiert sie mitten im Ort, wobei sie sich
erst auf den zweiten Blick als Moschee zu erkennen gibt. Die örtlichen Baumeister
konnten sich Ende des 18. Jahrhunderts wohl nicht so recht entscheiden, wie so
eine Moschee in Polen auszusehen hat, und verbanden muslimische und barocke
Elemente mit der regionalen Volksbaukunst. Geradezu befremdlich wirken dabei
die zwei christlich anmutenden Kirchtürme, auf deren zwiebelförmigen Kuppeln
muslimische Halbmonde angebracht sind. Noch während ich die Moschee von außen mustere, kommt ein junger Mann mit unverkennbar tatarischen Gesichtszügen
angeradelt und stellt sich mir als Dżemil vor. Eigentlich arbeitet er als Computer-
fachmann, doch die Gemeinde hat ihn zusätzlich mit der Betreuung der Moschee
beauftragt. Dżemil trägt ein T-Shirt mit Comic-Aufdruck und spricht akzentfrei
Polnisch. Als ich ihn darauf anspreche, lacht er. „Die Touristen haben meistens
sehr sonderbare Vorstellungen von den Tataren hier", sagt er, wobei ich ihm etwas
beschämt zustimme. Dann erklärt er, dass sich die meisten der vier- bis fünftau-
send in Polen lebenden Tataren lediglich als „Polen tatarischer Herkunft" fühlten.
Echte Tataren gäbe es vielleicht noch 500, die in der Regel an einem eigenartigen
weißrussischen Dialekt zu erkennen seien. Die Mehrheit jedoch habe sich längst
assimiliert, selbst die arabischen Gebete würden meist nur auswendig gelernt, weil
man sie nicht mehr verstehe.

Obwohl in Kruszyniany und dem etwas nördlich gelegenen Bohoniki jeweils nur
noch eine Handvoll tatarischer Familien lebt, wird das kulturelle Erbe hier intensiv
gepflegt. Von Dżemil erfahre ich, dass an wichtigen Festtagen über 200 Tataren
aus ganz Polen in die Moschee zum Beten kämen. Nur gäbe es allmählich deshalb
Probleme, weil jeder hier muslimische, orthodoxe und katholische Freunde habe

und man dadurch fast jeden Tag zu irgendeinem religiösen Fest eingeladen sei. Zum
Arbeiten bliebe da kaum noch Zeit.

Im Innern wirkt die Moschee modern, weist aber unverkennbar alle islamischen
Elemente auf. Neben der Gebetsnische Richtung Mekka steht eine alte Kanzel,
deren sechs Stufen zu einem Podest führen, von dem aus traditionell die Freitags-
predigten gehalten werden. Der hintere Teil der Moschee, wo Frauen beten dürfen,
ist durch eine Holzwand mit Glasfenstern abgegrenzt, oben auf der Holzempore
hingegen nimmt die Jugend Platz. Die verschieden gemusterten bunten Teppiche
sowie die mit diversen Ornamenten und Gebetsauszügen voll behängten Holz-
wände lassen mich erst mal auf dem Boden Platz nehmen und die eigenartige
Atmosphäre dieses Ortes verinnerlichen. Wie so oft in diesem Teil Polens habe ich
Schwierigkeiten mit der Antwort auf die Frage, in welchem Land ich mich eigentlich befinde. Zu abrupt gehen die verschiedenen Kulturen ineinander über, und zu
selbstverständlich präsentieren sie sich als neues Ganzes. „Eigentlich unterscheiden
wir uns nur durch Herkunft, Glaube und die Küche vom Rest der Polen", reißt mich
Dżemil aus meinen Gedanken. „Ansonsten fallen wir kaum auf. Wenn allerdings
ein Muslim einen Partner mit anderem Glauben heiratet, gilt für die Kinder eine
einfache Regel: Jungen bekommen den Glauben des Vaters, Mädchen den Glauben
der Mutter". Ob er auch nach Mekka pilgern muss, frage ich Dżemil, und er nickt.
„Steht an, irgendwann in den nächsten Jahren. Eilt aber nicht!"

Über einen kleinen, ansteigenden Pfad erreichen wir den nahe gelegenen muslimischen Friedhof. Auf ihm befinden sich noch Gräber aus der Mitte des 17.
Jahrhunderts, und bis heute lassen sich Tataren aus ganz Polen hier beerdigen. „Es
gibt ja auch kaum Alternativen", erklärt mir Dżemil, „weil sich ansonsten nur noch
in Bohoniki und in Warschau muslimische Friedhöfe befinden." Die alten Gräber
erkenne ich daran, dass die Inschriften noch auf der Rückseite des Grabsteins ange-

bracht sind, während sie bei den neueren Steinen schon auf der Grabseite stehen. Typische Namen polonisierter Tataren sind z. B. Ibrahimowicz oder Bohdanowicz, meint Dżemil. Meist sind die Inschriften dann auch auf Polnisch oder in zwei Sprachen geschrieben. Andere Gräber wiederum tragen nur arabische Schriftzüge. Ob ich den Schauspieler Charles Bronson kenne, fragt er mich, und als ich bejahe, erzählt er mir, dass die Vorfahren von Bronson ehemalige Lipka-Tataren waren, die aus Litauen in die USA emigriert seien. „Lipka" bezeichnet dabei das krimtatarische Wort für Litauen, wobei auch die Tataren in Polen so bezeichnet wurden aufgrund des einst bestehenden Bündnisses beider Reiche.

Während Dżemil zu seinem Fahrrad zurückkehrt, verweile ich noch einige Zeit auf dem Friedhof. Das markante Gesicht von Charles Bronson geht mir nicht mehr aus dem Kopf. Ob er mal einen Tataren gespielt hat? Später am Abend bestelle ich im Restaurant des Hotels Schaschlik auf tatarische Art. Das Bett schließlich vor Augen, bin ich dann doch froh, nicht auf dem Boden einer Jurte übernachten zu müssen. In Bohoniki, wohin ich dem „Tatarenpfad" am nächsten Tag folge, wird diese Möglichkeit den Touristen sogar angeboten. Aber im Gegensatz zu Kruszyniany wirkt dieses Dorf samt seiner Moschee viel zu akkurat und aufgeräumt, als dass ich mir hier noch Tataren vorstellen möchte. Mit dem geheimnisvollen Charme von Kruszyniany jedenfalls können Bohoniki und die anderen Stationen dieser Touristenroute nicht mithalten. Denn nur in Kruszyniany habe ich noch Herzen schlagen hören. Meines. Und das der Tatarten, die diesen Ort über Jahrhunderte geprägt haben.

Sejny

*Polnisch-litauisches Grenzland oder: Wo Valdas Vaicekauskas Waldemar
Wojciechowski heißt*

Von der zur Woiwodschaft Podlachien gehörenden Kleinstadt Sejny aus könnte ich
die wenigen Kilometer zur litauischen Grenze zu Fuß zurücklegen. Doch meine
Reise endet hier. Hier im äußersten Nordosten des Landes und in jener Region, wo
sich das Zentrum der litauischen Minderheit in Polen befindet. Selbst die Geschichte hat nicht immer genau gewusst, welchem Land sie dieses Gebiet zukommen
lassen sollte. Während des Aufstands von Sejny im Jahr 1919 wurde allein die Stadt
Sejny elfmal von Polen verloren und zurückerobert, weil sich örtliche Militäreinhei-
ten nicht mit der Abtretung des Ortes an Litauen abfinden wollten. Überhaupt zählt
das polnisch-litauische Verhältnis nicht zu den spannungsfreisten, obwohl mittlerweile viele Konflikte gelöst wurden.

Am Beginn der Hauptstraße stoße ich auf das Denkmal von Antanas Baranauskas,
einem bekannten litauischen Dichter, Mathematiker und späteren Bischof von
Sejny, der Ende des 19. Jahrhunderts als erster Bischof zu seinen Gläubigen auf
Litauisch predigte. Obwohl die Verdienste dieses Mannes unbestritten waren,
musste er dennoch bis zum Jahr 1999 warten, bis ihm zu Ehren das Denkmal
errichtet werden konnte. Zu stark waren die Meinungsverschiedenheiten zwischen
litauischen Befürwortern und polnischen Gegnern, zu verbittert der Streit, als dass
man sich zu einer schnelleren Lösung hätte durchringen können. Insgesamt hat
sich das Zusammenleben zwischen Litauern und Polen in den vergangenen Jahren
stark gebessert. In dem nur wenige Kilometer entfernten Dorf Puńsk, wo sich fast
80 Prozent der Bevölkerung als Litauer bezeichnen, gibt es neben einem reichen
litauischen Kulturleben sogar das einzige litauische Gymnasium in Polen.

Dass sich Polen und Litauer in den vergangenen Jahren angenähert haben, wird auch der Arbeit der im Jahr 1990 gegründeten Stiftung „Pogranicze", was übersetzt Grenzland bedeutet, zugeschrieben, deren Präsidenten Krzysztof Czyżewski ich in seinem Haus in Krasnogruda antreffe. Von allen Orten, die ich auf meiner Reise durch Ostpolen besucht habe, ist Krasnogruda wohl der abgelegenste. Das einzige Haus, das ich hier, mitten in einer Wald- und Seenlandschaft unmittelbar an der polnisch-litauischen Grenze, sehe, gehört Herrn Czyżewski. Ob es nicht unpraktisch sei, so weit von jeder Verkehrsanbindung entfernt zu wohnen, wenn man einer Stiftung vorstehe, die mittlerweile weltweit zahlreiche Projekte betreue, frage ich ihn. Doch er lächelt diese typisch deutsche Frage charmant beiseite. „Es geht nicht immer um Schnelligkeit und Pragmatik", sagt er. Der Ort hier bedeutet ihm viel, weil er sich viel mehr als jede Stadt eignet, um Abstand zu gewinnen von den Widrigkeiten des Alltags. Eine Stiftung wie „Pogranicze" muss die Zukunft im Blick haben und mögliche Konflikte in Grenzgebieten frühzeitig erkennen können. Nur so ließen sich stabile Brücken zwischen verschiedenen Kulturen bauen. Dafür bedürfe es eines klaren Blicks für die Unterschiede zwischen dem, was wirklich wichtig ist und was nicht. Die in der Gemeinde Sejny fehlenden zweisprachigen Ortsschilder, auf die ich ihn anspreche, zählt er zu den unwichtigeren Fragen. Es lohne sich nicht, dafür einen Streit vom Zaun zu brechen, sagt er. Daran hätten auch die hier lebenden Litauer kein Interesse. In der Gegend von Puńsk, wo die Litauer die Mehrheit darstellten, gäbe es diese Schilder ja bereits. Überhaupt habe jeder Litauer hier schon das Recht, seinen Namen in polnischer und litauischer Schreibweise anzugeben, wobei das auch zu Missverständnissen führen könne. Nicht jeder erkenne zum Beispiel in Valdas Vaicekauskas einen Waldemar Wojciechowski wieder.

Beeindruckt von der Begegnung mit dieser charismatischen Persönlichkeit und seiner Versöhnung stiftenden Arbeit, kehre ich nach Sejny zurück. Von den geschätzten 25.000 Litauern in Polen lebt die große Mehrheit in der Region Podlachien. In der Stadt Sejny beträgt ihr Anteil ungefähr acht Prozent. Deshalb höre ich im Gegensatz zu Puńsk die litauische Sprache hier nur selten auf der Straße. „Viele Menschen haben noch Ängste", erklärt mir eine Buchhändlerin. Die Geschichte sei zwar Geschichte, doch sie hat bis heute Spuren hinterlassen. Niemand möchte sich gleich als Litauer zu erkennen geben. Zumindest nicht hier in Sejny. Litauische Bücher suche ich in der Buchhandlung vergeblich, obwohl die Verkäuferin mit Nachnamen Mischukanis heißt. „Es gibt hier einfach keine Nachfrage", sagt sie.

Es ist Abend geworden und ich spaziere die zentrale Straße durch Sejny entlang, vorbei am Sitz der Stiftung „Pogranicze" in Richtung meines Hotels. Doch bevor ich ankomme, kehre ich noch einmal um. Der Ort hier eignet sich, um ein letztes Mal innezuhalten und meinen Weg vom Süden in den Norden entlang der heutigen polnischen Ostgrenze im Geiste vorüberziehen zu lassen. Lemken, Bojken, Ukrainer, Weißrussen, Tataren und Litauer haben meinen Weg gekreuzt. Sie alle verbindet die Aufgabe, ihren Alltag in friedlicher Weise mit den Polen zu teilen und zu bewältigen. Umgekehrt ist es Aufgabe der Polen, die Vielfalt dieses östlichen Landesteiles zu pflegen und sie für die Zukunft zu erhalten. Ob das gelingt, weiß ich nicht. Ich werde zurückkommen müssen eines Tages. Nachsehen, was aus ihnen geworden ist. Den Orten. Und den Menschen in Ostpolen.

Matthias Kneip

Reise in Westpolen

> *Längst entschwunden sind die Zeiten*
> *der Zigeuner, die gewandert.*
> *Ich aber seh sie, hurtig wie Wasser,*
> *stark und durchscheinend.*
>
> (Papusza, ca. 1908–1987)

Gorzów Wielkopolski/Landsberg an der Warthe

Auf den Spuren der Roma-Dichterin Papusza

Als ich eine junge Frau im Rosenpark von Gorzów Wielkopolski nach dem Denkmal der Dichterin Papusza frage, sieht sie mich irritiert an. „Papusza?" Den Namen habe sie noch nie gehört. Dabei finde ich das Denkmal nur wenige Meter weiter am Rand des Parks, unweit der Stadtbibliothek.

Über dreißig Jahre hat die Roma-Dichterin Papusza in Gorzów Wielkopolski gelebt, und die Stadt selbst feiert alljährlich sogar ein Internationales Romakapellen-Festival. Doch Papuszas zeitweiliger literarischer Ruhm Ende der 1950er Jahre hat nur bedingt Spuren im Gedächtnis der jüngeren polnischen Generation hinterlassen. Wie überhaupt die Roma nur eine marginale Rolle im Bewusstsein der Polen spielen. Ähnlich wie Juden dienen sie noch ab und an ein paar Unbelehrbaren als Zielscheibe rassistischer Ausfälle, weil es so einfach ist, den Roma pauschal die

Ursache für alle Unbill der eigenen Lebenssituation zuzuschreiben. Die demonstrativ prunkvollen Villen, die sich einige der Roma in die polnische Landschaft gestellt haben, leisten ihr Übriges, die Neidattacken der Minderbemittelten anzuschüren. Wehren können sich die Roma gegen diese Attacken kaum. Mit geschätzten 20.000 Angehörigen sind sie eine der kleineren Volksgruppen in Polen, und die meisten von ihnen versuchen sich dadurch zu schützen, indem sie sich assimilieren. Im Straßenbild erkennt man sie nur selten, wenn sie nicht gerade bettelnd in Erscheinung treten.

Die Dichterin Papusza, deren Name auf Romani „Puppe" bedeutet, zählte zu den bekanntesten Roma-Persönlichkeiten in Polen, auch wenn ihr Ruhm sie zeitweilig in den Wahnsinn trieb. Als Roma hätte sie sich allerdings nie bezeichnet, nur als Zigeunerin. Die Bezeichnung Roma war ihr und ihrem Clan eher fremd. Sie empfand sich zeit ihres Lebens als eine einfache Frau, die aber von Kindheit an von dem Wunsch getrieben war, Lesen und Schreiben zu lernen. In ihrem Clan war dies ein ziemlich ungewöhnliches Begehren für ein junges Mädchen. In einem Interview sagte Papusza später einmal: „Ich bat die Kinder, die zur Schule gingen, mir zu zeigen, wie man die Buchstaben schreibt. Ich stahl immer irgendetwas und brachte es ihnen, damit sie mir etwas zeigten, und so lernte ich a, b, c, d und so weiter." Eine Dichterin wollte sie nie werden, nur vertraut mit den Geheimnissen von Schrift und Buchstaben.

Das Denkmal im Rosenpark von Gorzów Wielkopolski zeigt Papusza sitzend als älte-re Frau, deren langes Gewand den unsichtbaren Hocker überdeckt und deren Blick ins Leere geht. Auf den Knien hält sie ein aufgeschlagenes Buch, das von irgendei-nem Schmierfink mit dem Namen des städtischen Fußballvereins bekritzelt wurde. *Die Zigeuner-Dichterin Bronisława Wajs-Papusza, 1908–1987*, steht auf einer Tafel geschrieben für jene, die sie nicht mehr kennen. Dabei lässt sich das Geburtsjahr nur vermuten, weil die Quellen widersprüchlich sind.

Während ich vor dem Denkmal stehe und vergeblich versuche, den Blick der Frau einzufangen, läuft in meinem Kopf jener Film noch einmal ab, der im Jahr 2013 das Leben von Papusza einer breiteren Bevölkerung in Polen näherbrachte. Ähnlich wie bei dem naiven Maler Nikifor übernahm wieder einmal das Kino die Aufgabe, die Erinnerung an berühmte Außenseiter der Gesellschaft aufrechtzuerhalten. In eindrucksvollen, schwarz-weiß gehaltenen Bildern zeichnete der Film unter der Re-gie von Joanna Kos-Krauze und Krzysztof Krauze das Leben von Papusza einfühlsam nach. Ihre Kindheit im Zigeunerzug, ihre Bemühungen, Lesen und Schreiben zu lernen, und die Flucht des Clans durch die Wälder während der Verfolgung durch die Nationalsozialisten. Letzterer setzte sie in ihrem längsten Gedicht „Blutige Trä-nen. Was wir unter den Deutschen in Wolhynien im 43. und 44. Jahr erduldet" ein literarisches Denkmal. Nach dem Krieg schloss sich ihrem Clan der vom polnischen Staatssicherheitsdienst ins Visier genommene Wissenschaftler und Schriftsteller Jerzy Ficowski an, der Papuszas poetisches Talent erkannte und sie dazu brachte, ihre gesungenen Verse aufzuschreiben. Er übertrug sie ins Polnische, und mit Hilfe des bekannten Schriftstellers Julian Tuwim gelang es ihm, Papusza mit dem Buch *Pieśni Papuszy* (Papuszas Lieder) im Jahr 1956 zu literarischer Berühmtheit zu verhelfen – was sie selbst am meisten überraschte. Doch der Ruhm führte bei ihr zu schweren Konflikten mit dem eigenen Clan, der ihr vorwarf, Geheimnisse der Zigeunersprache an Ficowski verraten zu haben, und der sie deshalb aus der Gemeinschaft der Roma ausschloss. Papusza verzweifelte an ihrer Situation, musste mehrere Monate in einer psychiatrischen Klinik behandelt werden und lebte schließlich über 30 Jahre zurückgezogen in einem Haus in Gorzów Wielkopolski, bevor sie 1987 in Inowrocław starb.

Noch heute finde ich an ihrem Wohnhaus eine Tafel mit der Inschrift: *„Deine Hände werden meine Lieder finden." In diesem Haus lebte in den Jahren 1953–83 Papusza (Bronisława Wajs), Poetin der polnischen Zigeuner.* Als ich die heutigen Bewohner nach Papusza befragen will, weisen sie mich ab. Vielleicht, weil sie Papusza nicht kennen, vielleicht aber auch, weil man mit Zigeunern nichts zu tun haben möchte. Also treffe ich mich etwas außerhalb von Gorzów Wielkopolski mit dem Musiker und Roma-Künstler Edward Dębicki, der über 40 Jahre mit Papusza und ihrem Clan mitgereist ist und auch mit Jerzy Ficowski bekannt war.

Als ich mit dem Auto auf Dębickis Grundstück fahre und aussteige, eröffnet sich mir eine andere Welt. Die Villa vor meinen Augen ähnelt einem Palast aus 1001 Nacht, der Zigeunerwagen im verwachsenen Garten scheint einsatzbereit. Auch Dębicki selbst scheint dem Zeitgeist erfolgreich Widerstand zu leisten. In einem langen, roten Morgenmantel empfängt er mich überaus freundlich und lässt keinen Zweifel daran, welcher Welt er entstammt. Sollte ich vor dem Besuch ein Bild der Roma im Kopf gehabt haben, so sehe ich dieses hier bestätigt. Im positiven Sinne allerdings. Dębicki ist hochgebildet, herzlich und überaus gastfreundlich. Der Gegenwart ist er nur scheinbar entrückt, in Wahrheit kämpft er bis heute für eine bessere Situation der Roma in Polen. Als Autor von Gedichten und Liedern hat er sich ebenso einen Namen gemacht wie als Musiker und Drehbuchschreiber. An dem Film *Papusza* jedoch lässt er kein gutes Haar. Alles darin sei übertrieben dramatisiert worden, vieles, wie beispielsweise die Zigeunersprache im Film, falsch recherchiert. Er müsse es ja wissen als jemand, der den im Film dargestellten Clan über Jahrzehnte begleitet hat. Dębicki bezeichnet Papusza als seine Tante, wie überhaupt der ganze Clan irgendwie zu einer Familie gehörte. Einen radikalen Ausschluss von Papusza aus der Roma-Gemeinschaft, wie im Film dargestellt, hätte es in Wahrheit nie gegeben. Davon zeugte allein schon ihre Beerdigung, zur der viele Zigeuner – auch Dębicki bevorzugt den Begriff Zigeuner – aus dem ganzen Land angereist waren. Papusza selbst beschreibt er als sehr empfindsam und bescheiden, als eine Frau, die einen Apfel bei vier Gästen in vier Teile teilte, und der das Konkrete immer näher lag als das Abstrakte.

Während ich mit Dębicki spreche, spüre ich die Sentimentalität, die ihn überkommt, als er sich an diese Zeiten der ständigen Wanderschaft erinnert. 1964 verbot der polnische Staat den Zigeunern das Umherziehen, die Clans mussten sich niederlassen, was den Anfang ihrer Assimilation bedeutete. Papusza machte das nichts aus, sie bevorzugte das sesshafte Leben, auch wenn sie später einmal gesagt haben soll: „Ich stammte aus einem Wandertross, jetzt stamme ich von nirgendwo."

Zum Abschied führt mich Dębicki zu dem Wagen im Garten, der als Zeuge vergangener Zeiten zwischen den Obstbäumen steht. Ein schöner, überaus gut erhaltener, braun-weiß gestrichener Wagen mit einem grünen Holzdrachen. Ich versuche mir vorzustellen, wie das Leben damals in so einem Wagen ausgesehen haben mag, wie die Clans Woche für Woche ihre Standorte wechselten und dabei ihren Alltag bewältigten. Ich schwanke dabei zwischen idealisierten idyllischen Bildern im Sommer und tödlichen Visionen im Winter. Am Ende bleibt diese Lebensform für mich doch unvorstellbar. Dębicki weiß das und antwortet dennoch auf meine Fragen mit der Geduld und Weisheit eines über 80 Jahre alten Mannes, der viel erlebt hat. Durch ihn ist mir Papusza ein wenig nähergekommen, ist aus dem bronzenen Denkmal im Rosenpark eine Frau geworden, die in meinem Gedächtnis einen besonderen Platz einnehmen wird.

Dennoch verlasse ich Gorzów Wielkopolski ein wenig traurig. Die Buchstaben wurden Papusza letztlich zum Verhängnis. Am Ende ihres Lebens soll sie einmal gesagt haben: „Hätte ich nicht lesen und schreiben gelernt, wäre ich glücklich geworden."

Textauszug aus Matthias Kneip: Reise in Westpolen, Orte, die Geschichte erzählen, Paderborn 2016.
© Matthias Kneip

Autoren und Übersetzer

Autoren

HANS-JÜRGEN BÖMELBURG, geboren 1961, ist Historiker und Professor für die Geschichte Ostmitteleuropas an der Justus-Liebig-Universität Gießen. Er ist u. a. Co-Vorsitzender der Gemeinsamen Deutsch-Polnischen Schulbuchkommission (seit 2012), Mitglied des Herder-Forschungsrats sowie der Kommission für die Geschichte der Deutschen in Polen.

JOANNA ERBEL, geboren 1984, ist Soziologin, Stadtaktivistin und Feministin. Sie lehrt und promoviert am Institut für Soziologie der Universität Warschau und ist Redaktionsmitglied der Zeitschrift *Krytyka Polityczna*.

JOANNA FURGALIŃSKA studierte Grafik an der Akademie der Bildenden Künste in Kattowitz. Sie spezialisierte sich auf Farblithografie, Buchillustration und Malerei. Neben zahlreichen Ausstellungen, u. a. in Ottawa, Amsterdam, Krakau und Oslo, veröffentlichte sie Kinderbücher. Außerdem ist sie Autorin des illustrierten Oberschlesisch-Wörterbuches *Ślónsko godka – ilustrowany słownik dla Hanysów i Goroli* (Warschau 2010).

MACIEJ GDULA, geboren 1977, ist Soziologe und arbeitet am Lehrstuhl für Soziologie der Universität Warschau. Er veröffentlichte zahlreiche Schriften zu Urbanität und zur Politik im historischen Kontext. Außerdem ist er Vorstandsmitglied des Stanisław-Brzozowski-Vereins und übersetzte Schriften und Bücher von Pierre Bourdieu ins Polnische.

SOKRAT JANOWICZ (1936–2013) war ein polnischer Schriftsteller weißrussischer Herkunft, der in beiden Sprachen schrieb. Er debütierte 1956 in der weißrussischen, in Białystok herausgegebenen Wochenzeitung *Niwa*, machte sich einen Namen mit seinen literarischen Miniaturen und verfasste zahlreiche Romane und Erzählungen. Er war Mitbegründer der Weißrussischen Literarischen Gesellschaft und wurde mit der Gloria-Artis-Medaille für kulturelle Verdienste ausgezeichnet.

ZBIGNIEW KADŁUBEK, geboren 1970, ist Altphilologe, Komparatist und Leiter des Lehrstuhls für Vergleichende Literatur an der Schlesischen Universität in Kattowitz. Er beschäftigt sich mit der Kultur Oberschlesiens, mittelalterlicher Literatur, Theologie und deutschem Expressionismus, ist Mitherausgeber der komparatistischen Reihe „Civitas Mentis", Herausgeber zahlreicher Sammelbände sowie Autor von Büchern und Essays.

ANDRZEJ KALUZA, 1963 in Prudnik geboren, studierte Politikwissenschaft, Germanistik und Pädagogik in Breslau und Frankfurt am Main. Seit Mai 1999 ist er wissenschaftlicher Mitarbeiter am Deutschen Polen-Institut und Redakteur des *Jahrbuch Polen*.

MATTHIAS KNEIP, 1969 in Regensburg geboren, studierte Germanistik, Ostsla-
wistik und Politologie an der Universität Regensburg. Seit 2000 ist er als wissenschaftlicher Mitarbeiter am Deutschen Polen-Institut in Darmstadt tätig; darüber
hinaus arbeitet er auch als Schriftsteller, Publizist und Polenreferent.

ANDRIY KORNIYCHUK studierte European Public Affairs in Maastricht und Society
& Politics in Lancaster. Zurzeit ist er Doktorand am Graduiertenkolleg für Sozial-
wissenschaften der Polnischen Akademie der Wissenschaften und Stipendiat des
Instituts für Öffentliche Angelegenheiten in Warschau, wo er sich mit der Frage
von Demokratiedefiziten in der Europäischen Union beschäftigt.

PETER OLIVER LOEW, 1967 in Frankfurt am Main geboren, studierte Osteuropäi-
sche Geschichte, Slawistik und Volkswirtschaft und promovierte über die Danziger
Geschichtskultur im 19. und 20. Jahrhundert. Derzeit ist er wissenschaftlicher
Mitarbeiter am Deutschen Polen-Institut.

LECH M. NIJAKOWSKI, geboren 1977 in Oppeln, studierte Soziologie und
Philosophie in Warschau. Seit seiner Promotion ist er am Institut für Soziologie
der Universität Warschau tätig. Er ist Berater des Ausschusses für Nationale und
Ethnische Minderheitem beim Sejm. Er verfasste über 20 Bücher und mehrere
Hundert Artikel zu Fragen der nationalen und ethnischen Minderheiten und
symbolischer Ordnungen.

BOHDAN OSADCZUK (1920–2011) war ukrainischer Journalist und Politikwis-
senschaftler. Er studierte an der Humboldt-Universität zu Berlin und promovierte
nach dem Zweiten Weltkrieg an der Ukrainischen Freien Universität München mit
einer Arbeit zur sowjetischen Nationalitätenpolitik. Er hatte eine Professur am
Otto-Suhr-Institut der Freien Universität Berlin inne, war Herausgeber der ukrainischen Exilzeitung *Widnowa* und wurde mit dem höchsten polnischen Orden,
dem Orden des Weißen Adlers, ausgezeichnet.

ANNA PIŁAT ist Soziologin und Ethnografin. Sie studierte Ethnologie, Migrati-
onsstudien und Kulturanthropologie in Warschau, Amsterdam und Istanbul. Ihre
Betätigungsfelder waren die Reaktorkatastrophe in Tschernobyl, die Topografie der
Radioaktivität sowie die Repatriation in Deutschland und Polen. Sie unterrichtet an
der Kardinal-Wyszyński-Universität in Warschau und ist als Projektkoordinatorin am
Institut für Öffentliche Angelegenheiten in Warschau tätig.

JUSTYNA SEGEŠ FRELAK, geboren 1979, studierte Internationale Beziehungen
an der Warsaw School of Economics und Osteuropa-Studien an der Universität
Warschau. Sie ist Leiterin des Programmbereichs Migration am Institut für Öffentliche Angelegenheiten in Warschau und Autorin zahlreicher Veröffentlichungen und
Berichte über Migrations- und Integrationspolitik.

PIOTR SEMKA, geboren 1965 in Danzig, hat an der Katholischen Universität in
Lublin Geschichte studiert. Seine Familie hat sich während des Plebiszits von 1920
aktiv an der Kampagne für den Anschluss von Teilen Ostpreußens an Polen betei-

ligt. Er selbst schreibt für mehrere konservative Medien, u.a. das Internetportal *Do Rzeczy*.

MICHAŁ SMOLORZ (1955–2013) stammte aus einer oberschlesischen Familie, die sich aktiv an den Aufständen in Oberschlesien beteiligte und für den Anschluss der Region an Polen einsetzte. Er studierte Bergbau, promovierte an der Schlesischen Universität in Kattowitz und war als Publizist und Fernsehproduzent tätig.

JAN SOWA, geboren 1976, ist Soziologe und Kulturwissenschaftler. Er studierte Polonistik, Psychologie und Philosophie an der Jagiellonen-Universität in Krakau und an der Université Paris VIII Vincennes – Saint-Denis. Zurzeit arbeitet er am Lehrstuhl für Literaturanthropologie und Kulturstudien der Jagiellonen-Universität in Krakau. Er ist Autor zahlreicher Beiträge in verschiedenen Wissenschafts- und Kulturmagazinen und arbeitete als Journalist für das Polnische Radio in Krakau.

BELLA SZWARCMAN-CZARNOTA, geboren 1945, ist Schriftstellerin, Publizistin, Redakteurin, Übersetzerin und Philosophin. Sie hat in Warschau Philosophie und Übersetzung der französischen und russischen Sprache sowie Jiddisch studiert. Anschließend war sie viele Jahre als Redakteurin für den Wissenschaftsverlag PWN tätig.

MARCIN WIATR studierte Germanistik, deutsche Geschichte und Erziehungswissenschaften an den Universitäten Oppeln und Kiel. Zwischen 1999 und 2008 war er Bildungsreferent und zuletzt Geschäftsführer des Hauses der Deutsch-Polnischen Zusammenarbeit in Gleiwitz. Seit 2011 ist er wissenschaftlicher Mitarbeiter am Historischen Seminar der TU-Braunschweig und Doktorand an der Schlesischen Universität Kattowitz.

IRENA WISZNIEWSKA ist freie Journalistin. In den 1990er-Jahren berichtete sie für die belgische Zeitung *Le Soir* und die französische *La Croix* aus Litauen. Ihre Reportagen wurden in der Sammlung *Paroles dégelées* veröffentlicht. Sie ist Autorin des Buches *My, Żydzi z Polski* (Wir, die Juden aus Polen, Warschau 2014) und betreibt Street-Art in Erzählform in Podlasie, Madagaskar und Odessa.

Übersetzer

KATHRIN ADLER, geboren 1973, studierte Polonistik in Berlin und Warschau; sie übersetzt historische, kunsthistorische und politische Texte, u. a. für das Bundesinstitut für Kultur und Geschichte der Deutschen im östlichen Europa und den Breslauer Verlag Via Nova.

MARIA ALBERS studierte Kultur und Geschichte Mittel- und Osteuropas an der Europa-Universität Viadrina. Derzeit arbeitet sie im Kulturreferat der Deutschen Botschaft Warschau und engagiert sich im internationalen Kultur- und Wissenschaftsaustausch.

RUTH BARBOSA, geboren 1982, studierte Kulturwissenschaft, Polonistik und Erziehungswissenschaft in Bremen und Danzig. Sie übersetzt aus dem Polnischen und dem Portugiesischen.

JAN CONRAD, geboren 1965 in Marburg, studierte Slawistik, Osteuropäische Geschichte und Politik an den Universitäten Bonn und Mainz. Nach Aufenthalten in Warschau und Lublin war er Lehrkraft für besondere Aufgaben am Institut für Slawistik der Universität Rostock; seit 2006 ist er Lehrkraft für besondere Aufgaben (Lektor für Polnisch) am Institut für Slawistik der Humboldt-Universität zu Berlin.

JUTTA CONRAD, geboren 1966 in Hachenburg, studierte Germanistik, Polonistik, Publizistik und Deutsch als Fremdsprache an den Universitäten Mainz und Warschau. Derzeit ist sie als Dozentin für Deutsch als Fremdsprache an der Universität Rostock und als freiberufliche Übersetzerin für Polnisch tätig.

AGNIESZKA GRZYBKOWSKA, 1961 in Posen geboren, studierte Germanistik und Niederlandistik an der Universität Warschau. Sie lebt seit 1983 als freie Übersetzerin und Dolmetscherin in Berlin.

ULRICH HEISSE, geboren 1960, Dipl.-Übersetzer und Sozialpädagoge, lebt in Berlin.

JOANNA MANC, geboren 1959 in Gdingen, studierte Slawistik, Romanistik und Germanistik und arbeitet als Übersetzerin. Sie lebt in Frankfurt am Main.

PAULINA SCHULZ, geboren 1973 in Polen, studierte Prosa, Film, Dramatik und Übersetzen am Deutschen Literaturinstitut in Leipzig. Sie veröffentlichte in deutschsprachigen und polnischen Literaturzeitschriften und Anthologien, übersetzte zahlreiche belletristische, lyrische und kunsttheoretische Werke aus dem Polnischen.

DOROTHEA TRAUPE, geboren 1983 in Lüneburg, studierte Politikwissenschaft, Englische und Polnische Literaturwissenschaft in Passau, Sheffield, Lublin und München. Sie ist Chefredakteurin der wissenschaftlichen Online-Plattform www.pol-int. org – „Polenstudien.Interdisziplinär" am Zentrum für Interdisziplinäre Polenstudien der Europa-Universität Viadrina in Frankfurt (Oder) und wissenschaftliche Hilfskraft bei www.poleninderschule.de. Sie übersetzt aus dem Englischen und dem Polnischen.

Bildnachweis

Umschlag und Galerie: Joanna Furgalińska
Apple Film Production 103
Mariusz Cieszewski / Außenministerium der Republik Polen 9, 10, 12, 14, 23, 26,
41, 42, 51, 54, 56, 87, 91, 97, 99, 104, 108, 113, 116, 121, 127, 131, 135, 174,
204, 205, 206, 208, 216, 217
Czarna Owca 105
Krzysztof Duda 82, 89
edition.fotoTAPETA 119
Emotikonfilm 191
Fabryka Silesia 77, 81
Fiat Auto Poland 187
Fundacja Pogranicza 220
Büro Ryszard Galla 32
Darek Gontarski / Club der polnischen Versager 149
Karol Grygoruk / Greenpeace Polska 192, 193
Haus der Deutsch-Polnischen Zusammenarbeit 64, 76
Kairos Filmverleih 35
Matthias Kneip 53, 62, 63, 70, 202, 203, 211, 212, 213, 214, 218
Maria Kossak 148
Midrasz 98
Opusfilm 101
Adam Pituła 223
PKP Intercity 46
Polska Misja Katolicka 151, 170
Joanna Rajkowska 176, 177
Adrian Stadnicki 198
Bartosz Stawiarski / Museum Sztuki Nowoczesnej 178, 179
Nikodem Szymański / Biuro Prasowe Kongresu Kobiet 195
Joanna Warsza 180, 181
Wikimedia Commons 197

Dieter Bingen, Marek Hałub, Matthias Weber (Hg.)
Mein Polen – meine Polen
Zugänge und Sichtweisen
Veröffentlichungen des Deutschen Polen-Instituts
Darmstadt 34
2016. Ca. 280 Seiten, gb
ISBN 978-3-447-10593-4
⊙ E-Book: ISBN 978-3-447-19502-7
je ca. € 24,50 (D)

In der Anthologie werden Essays von über 40 prominenten Persönlichkeiten aus Deutschland veröffentlicht, die aufgrund ihres privaten und beruflichen Lebenslaufs eine Affinität zu Polen haben. Die Autorinnen und Autoren aus unterschiedlichen gesellschaftlichen Bereichen, insbesondere der Politik, Wissenschaft, Kultur und Religion, schildern ihre individuellen Zugänge zu Polen und ihre Beziehungen zu den polnischen Nachbarn. Dabei stehen allgemeine Reflexionen über Polen, persönliche Beziehungen zu dortigen Partnern oder Freunden oder auch Gedanken zu den deutsch-polnischen Beziehungen im Vordergrund. Es wird spürbar, was Polen und die Polen für die Autorinnen und Autoren subjektiv bedeuten. Der Paradigmenwechsel in der Wahrnehmung Polens wird verdeutlicht und lässt den deutsch-polnischen Gedächtnisrahmen hervortreten. Die Bedeutung Polens für Deutschland und die Deutschen wird unterstrichen. Damit leistet die Anthologie auch einen Beitrag zur Weiterentwicklung einer guten nachbarschaftlichen Zusammenarbeit beider Länder. Ein Geleitwort von Bundesaußenminister Dr. Frank-Walter Steinmeier und ein Beitrag von Prof. Hubert Orłowski, der ein ähnliches, polnische Stimmen über Deutschland und die Deutschen enthaltendes Werk herausgegeben hat, führen in den Band ein.
Parallel zur deutschen Ausgabe der Anthologie erscheint eine polnische Ausgabe im Warschauer Verlag AKCENT. Das Buch ist ein gemeinsames Projekt des Deutschen Polen-Instituts Darmstadt, des Instituts für Germanistik der Universität Wrocław/Breslau und des Bundesinstituts für Kultur und Geschichte der Deutschen im östlichen Europa in Oldenburg.

HARRASSOWITZ VERLAG · WIESBADEN
www.harrassowitz-verlag.de · verlag@harrassowitz.de

20.04.
– 26.04.2016
WIESBADEN

goEast >

16.
FESTIVAL
DES MITTEL–
WWW.FILMFESTIVAL-GOEAST.DE
UND
OSTEUROPÄISCHEN
FILMS

Marcin Wiatr

Literarischer Reiseführer Oberschlesien

Mit zahlr. farb. u. S.-W.-Abb., Kurzbiogr., ausführl. Registern u. zweispr. Karten.
Ca. 400 S., Integralbroschur m. Lesebändchen.
€ [D] 19,80
ISBN 978-3-936168-71-6
Erscheint im Frühjahr 2016.

In Oberschlesien kann man in Polnisch Müllmen/Mionów geboren und im benachbarten Ort Deutsch Müllmen/Wierzch getauft worden sein. In beiden Dörfern stehen heute deutsch-polnische Ortstafeln. Diese zeugen von der wechselvollen Vergangenheit der Region und den vielgestaltigen kulturellen Einflüssen, die sich durchdringen und überlappen. Hier leben Menschen zusammen, die sich als Polen, Deutsche oder Oberschlesier fühlen. Impulse für die regionale Identität gibt die mehrsprachige Literatur. Hier wurden Joseph von Eichendorff, Max Herrmann-Neiße oder Horst Bienek geboren. Auch Janosch hat seiner Heimat ein belletristisches Denkmal gesetzt, Tadeusz Różewicz lebte und schrieb hier eine Zeitlang, Jaromír Nohavica besang die Region und Kazimierz Kutz hielt sie in einer Filmtrilogie fest. Im Hinblick auf die Themen Baukunst, Industrie, Grenze, Landschaft und Mystik werden unter anderem die Städte Neiße/Nysa, Gleiwitz/Gliwice, Myslowitz/Mysłowice, Lubowitz/Łubowice und St. Annaberg/Góra Świętej Anny (kunst-)historisch und literarisch erkundet.

Marcin Wiatr, geboren in Gleiwitz, ist Germanist und Historiker und ein hervorragender Kenner seiner oberschlesischen Heimat.

Deutsches Kulturforum östliches Europa
Berliner Str. 135, Haus K1
D–14467 Potsdam
Tel.: +49-(0)331/20098-0
Fax: +49-(0)331/20098-50
deutsches@kulturforum.info
www.kulturforum.info

Deutsches
KULTURFORUM
östliches Europa

P·B

Die Beauftragte der Bundesregierung für Kultur und Medien

Das Kulturforum wird gefördert von der Beauftragten der Bundesregierung für Kultur und Medien aufgrund eines Beschlusses des Deutschen Bundestages.

Jahrbuch Polen

Herausgegeben vom Deutschen Polen-Institut Darmstadt

Erscheinungsweise / Frequency
Jährlich / Annually
Je ca. 200 Seiten, br
Ca. 200 pages each, pb

ISSN 1863-0278

Bände / Volumes 18–24 (2007–2013)
Einzelpreis: je/each € 11,80 (D)
Fortsetzungspreis: je/each € 9,– (D)

Bände / Volumes 25–26 (2014–2015)
Einzelpreis: je/each € 11,90 (D)
Fortsetzungspreis: je/each € 9,– (D)

Schwerpunktthemen:
Band 17 (2006) · Frauen

🖨 *Print on Demand**

Band 18 (2007) · Stadt
Band 19 (2008) · Jugend
Band 20 (2009) · Religion
Band 21 (2010) · Migration
Band 22 (2011) · Kultur
Band 23 (2012) · Regionen
Band 24 (2013) · Arbeitswelt
Band 25 (2014) · Männer

Seit 2006 erscheint das Jahrbuch des Deutschen Polen-Instituts (früher unter dem Titel *Ansichten*) mit veränderter inhaltlicher Konzeption und einem neuen Layout als *Jahrbuch Polen*. Ein jährlich wechselnder Themenschwerpunkt wird durch Essays und literarische Beiträge polnischer Schriftsteller – vor allem Leseproben aus noch nicht ins Deutsche übersetzten Werken – vorgestellt. Neue politische und gesellschaftliche Entwicklungen in Polen werden im Kapitel *Tendenzen* analysiert. Eine Chronik der politischen und kulturellen Ereignisse sowie der deutsch-polnischen Beziehungen rundet das Profil der Publikation ab. Die in *Ansichten* veröffentlichten Bibliografien werden online fortgeführt.

Jahrbuch Polen 26 (2015)
Umwelt

Polen wird „grün". Die Vorboten der neuen Entwicklung sind überall im Lande zu sehen: Zunehmend prägen Windkraftparks und Solaranlagen die beschauliche polnische Landschaft; in den Städten wachsen Null-Emissions-Häuser wie Pilze aus dem Boden, Hybridfahrzeuge erobern die Straßen, selbst der Müll wird neuerdings getrennt gesammelt und dem Stoffkreislauf wieder zugeführt. Die umweltpolitischen Erfolge seit 1990 gehen auf die Transformation, Privatisierung und Schließung vieler „Umweltschleudern" zurück. Polens moderne Industrieanlagen – Grundlage des spektakulären Wirtschaftsbooms der letzten Jahre – lassen den Energiebedarf jedoch wieder steigen. Bei dem gegenwärtigen Energiemix sind so keine Einsparpotenziale mehr vorhanden – es sei denn, die Politik setzt sich neue Ziele und betrachtet die Förderung der erneuerbaren Energien als nicht weniger „patriotisch" als die heimische Kohle.

Das Jahrbuch Polen 2015 geht auf die umwelt- und energiepolitischen Diskurse in unserem Nachbarland ein und lässt viele an der Diskussion beteiligte Akteure zu Wort kommen. Schnell wird ersichtlich, dass sich die polnische Umweltdebatte keinesfalls vor den globalen Herausforderungen drückt. Im Gegenteil: Man findet in Polen zu allen dringenden Fragen differenzierte, kompetente und zugleich leidenschaftliche Stellungnahmen.

Kontakt
www.deutsches-polen-institut.de

HARRASSOWITZ VERLAG · WIESBADEN
www.harrassowitz-verlag.de · verlag@harrassowitz.de